绿 洲 科 学 丛 书

冯 起 主编

绿洲区农业资源调查和农业区划

朱国锋 童华丽 魏 伟等 著

科 学 出 版 社

北 京

内 容 简 介

本书系统介绍了绿洲区农业资源的现状和特征，揭示了绿洲农业在保障粮食安全、促进区域经济和社会发展及维护生态系统稳定方面的重要性；对现有的农业区划理论和绿洲区农业区划实践进行了梳理，展示了绿洲农业区划在实际操作中的应用与成效，从而为绿洲农业的科学区划与管理提供支撑。本书可为绿洲区乡村振兴、粮食安全和农业可持续发展提供科学依据和决策支持。

本书适合农学、地理学、生态学、资源科学等领域的专家学者以及农业管理部门、农业经营主体的从业人员阅读和参考，也可作为高等院校相关专业学生的学习参考资料。

图书在版编目(CIP)数据

绿洲区农业资源调查和农业区划 / 朱国锋等著. 北京 : 科学出版社, 2024. 11. -- (绿洲科学丛书 / 冯起主编). -- ISBN 978-7-03-080053-4

Ⅰ. F32

中国国家版本馆 CIP 数据核字第 2024WD1228 号

责任编辑：林 剑 / 责任校对：樊雅琼

责任印制：赵 博 / 封面设计：无极书装

科学出版社 出版

北京东黄城根北街 16 号

邮政编码：100717

http://www sciencep com

固安县铭成印刷有限公司印刷

科学出版社发行 各地新华书店经销

*

2024 年 11 月第 一 版 开本：787×1092 1/16

2025 年 1 月第二次印刷 印张：12 1/4

字数：300 000

定价：178.00 元

（如有印装质量问题，我社负责调换）

“绿洲科学丛书”
编 委 会

总　序

绿洲指在荒漠背景基质上，以小尺度范围内具有相当规模的生物群落为基础，构成能够稳定维持的、具有明显小气候效应的异质生态景观，多呈条带状分布在河流或井、泉附近，以及有冰雪融水灌溉的山麓地带。绿洲土壤肥沃、灌溉条件便利，往往是干旱地区农牧业发达的地方。我国绿洲主要分布在贺兰山以西的干旱区，是干旱区独有的地理景观，为人类的生产、生活提供基本的能源供应和环境基础，也是区域生态环境保持稳定的重要"调节器"，其面积仅占西部干旱区总面积的4%～5%，却养育了干旱区90%以上的人口，集中了干旱区95%以上的工农业产值和资源。

近年来，随着人类活动增强，绿洲数量、规模和空间分布发生了显著改变，其生态系统功能也发生了不同程度的变化，这种变化不仅反映了人类对干旱区土地的利用开发程度，更是对干旱区生态与资源环境承载力等问题的间接反映。人类活动对绿洲的影响包括直接影响和间接影响两个方面，直接影响主要是指人为对绿洲进行开发，导致水资源时空分布发生改变，从而导致绿洲和其他土地类型之间发生转变；间接影响是指地下水资源的过度开采，导致地下水资源不足，使得天然绿洲退化，土地荒漠化，而大量修建平原水库、灌溉干渠和农田漫灌，又使地下水位抬升，产生次生盐渍化和返盐现象，对绿洲的发展造成不利影响。因此科学分析和掌握绿洲的发展变化过程及由此产生的绿洲农业资源开发与环境问题、绿洲城镇格局演变与乡村聚落变迁、绿洲景观生态风险与安全、绿洲水土资源空间演变与空间优化配置等问题，对绿洲合理开发利用和实现绿洲生态环境持续健康发展具有重要的现实意义。

"绿洲科学丛书"是围绕干旱区绿洲变化和生态保护，实现干旱区绿洲高质量发展系列研究成果的集成。丛书试图从不同角度剖析干旱区绿洲在开发利用过程中的城镇发展格局与优化、乡村振兴与多元治理、农业资源利用与区划、绿洲生态安全与风险防控、绿洲土壤污染与修复、绿洲大数据平台开发与应用等关键问题，并从理论高度予以总结提升。该丛书的价值和意义在于，通过总结干旱区绿洲生产-生活-生态存在的问题及内在动因，探究绿洲社会经济发展与生态环境保护的协调关系，提炼绿洲区高质量发展和生态文明建设的实践与案例，提供有效防范因绿洲社会经济发展和资源环境的矛盾而引发的区域生态环境风险的应对及优化策略，提出解决绿洲城镇、乡村、农业、生态、环境统筹协调发展问题的新模式，为我国干旱区发展建设提供先行示范。

丛书致力于客观总结干旱区绿洲社会经济发展和生态文明建设的成绩与不足，力图为实现区域绿色发展，构建绿洲人与自然和谐共生提供理论依据与实践案例。丛书可为区域城乡规划管理、生态环境修复与治理、资源空间布局与优化等领域的专家学者和各级政府决策者提供干旱区绿洲高质量发展与生态文明建设的科学参考。

2024 年 5 月

前　言

绿洲农业资源调查与农业区划工作对于绿洲区乡村振兴工作的高质量推进、保障粮食安全、推进农业资源高效利用和农业可持续发展具有重要意义。农业资源包括土地、水、气候、植被、土壤等不同类型的资源，这些资源对农业的发展至关重要。农业区划根据自然条件、农业资源分布和社会经济因素将特定地域划分为不同的农业区域，以提供农业规划和管理指导。绿洲农业资源调查和农业区划工作有助于绿洲区确定适宜的农业类型和种植作物，在提高农业生产效率、确保粮食安全、助力农村发展、实现乡村振兴等方面发挥着不可或缺的作用。

古代文明，如埃及的尼罗河文明、中东的两河文明都依赖灌溉系统支持的绿洲农业而存在和发展。这些古代文明发展形成的部分绿洲农业技术至今仍在使用。中世纪，绿洲农业继续发展，许多新的农业作物被引入，农业技术得到改进，灌溉系统和水利工程得到进一步发展。在近现代，绿洲农业经历了一系列的变革。农业机械、化肥和农药的应用以及现代化的灌溉系统的建立，显著提高了农业生产效率。这一时期的农业研究强调农业资源管理、农业区划和高产作物培育。农业区划研究在 20 世纪初开始兴起，这一领域的研究侧重于根据地理、气候、土壤和资源分布等因素划定不同的农业区域，以更好地规划和管理农业资源。20 世纪 60 年代，随着一系列资源环境问题的凸显，为确保农业生产与资源环境保护之间的平衡，农业资源和农业区划研究开始关注农业可持续发展。绿色农业、有机农业和生态农业等概念相继出现。21 世纪以来，遥感、地理信息系统、气象预测和气候模拟等技术广泛应用于农业资源和农业区划研究，这些技术为农业资源调查评估和农业区划提供了更加精准、高效的数据与工具。

绿洲农业的社会、经济和生态价值巨大，尤其是在粮食安全和地区经济发展方面具有不可替代的作用。绿洲农业自产生以来，一直在不断演进以适应不断变化的自然条件和人类社会需求。在目前这个全球气候变化和社会经济挑战不断加剧的时代，绿洲农业资源和农业区划研究的重要性越发凸显。本书的出版有助于深入理解我国绿洲农业的现状，为我国绿洲区开展农业资源调查、农业区划和制定科学合理的农业政策提供科学支持，助力我国绿洲区更好地实现乡村振兴。

本书将农学、地理学、资源学和生态学理论和内容有机融合，全面分析绿洲区农业的重要性、历史发展和特点，明确了绿洲农业资源的类型、特点、评价方法和应用领域，梳理了绿洲区农业区划的原则和方法，提供了典型区划案例。希望本书的出版对绿洲区乡村振兴、粮食安全、农业区划、农业资源高效利用和农业可持续发展产生积极影响。

在撰写本书过程中，得到了国家自然科学基金委员会地学部、农业农村部、西北师范大学、甘肃省农业农村厅、甘肃省科学技术厅、甘肃省农业资源区划办公室的大力资助，在此向他们表示衷心的感谢！感谢所有为本书的研究和编写付出辛勤努力的作者和编辑们。

由于作者水平有限，书中难免存在疏漏之处，请读者不吝赐教。

朱国锋

2023 年 11 月

目录

第1章 绿洲农业概述

1.1 绿洲农业的定义与特征

1.1.1 绿洲农业的定义

绿洲农业，又称绿洲灌溉农业或沃洲农业，是指分布在干旱或半干旱荒漠地区利用有限水资源进行农业生产的方式，是一种在极端环境条件下实现农业生产的方法。这些地区由于地理位置、气候和水文等因素影响，，水资源极为稀缺。因此绿洲农业建立起了一种集约、高效的农业生产方式。绿洲与四周戈壁、沙漠景观截然不同，犹如沙漠中的绿色岛屿，是干旱荒漠地区农牧业较发达和人口集中的地方。

1.1.2 绿洲农业的特征

(1) 地域性和分散性

绿洲散布于广大荒漠，在空间上相互分割。因为绿洲只能形成在有水资源的地方，即有高山冰雪融水的山前地带、河流中下游河岸、泉和水井的周围，故绿洲大多呈条带状和点状分散分布，绿洲农业也因此具有同样的分布特点。例如，在新疆，大大小小的绿洲数以百计，散布在茫茫的沙海之中，绿洲与绿洲之间距离很远，乌鲁木齐绿洲至各地绿洲平均距离为742km，各地、州所属县（市）绿洲的平均距离为112.3km，县（市）和乡绿洲的平均距离为35km。新疆约14.76万km^2的绿洲区域被荒漠戈壁分隔成8000多片绿洲，散布在166万km^2的土地面积之中，平均每块绿洲面积仅有11.24km^2。近年来，为充分利用水资源，加强对地下水的开发利用，相继在荒漠中开辟了新的农业开发区和牧民定居点，出现了一批新的绿洲，其规模均较小，且地域更分散。

(2) 水资源的限制性

水是绿洲农业生态系统形成与发展的基本条件。干旱内陆河流域绿洲农业生态系统的形成和演变与水系的发育、变迁及水资源供给条件息息相关。没有水，就没有生机盎然的绿洲农业，绿洲的开发规模与潜力受水资源有限性的制约程度高。

在干旱地区，大、中型灌区多数是以地表水和地下水为主要水源，经平原水库通过各级输水渠系将水送至田间，由于水资源整体匮乏，供需不平衡问题长期存在。因此，一个流域内水资源的质量、数量及其变化直接影响着绿洲农业生态系统的结构、功能和兴衰。例如，20 世纪 50 年代以来，在甘肃河西走廊地区石羊河流域中游的武威绿洲，当地对地表水和地下水资源的过度利用，导致进入下游民勤绿洲的水资源大幅度减少，使其地下水位持续下降，1/3 以上的灌溉农田水源短缺，农田及草场生产力明显降低，生态林大面积退化，荒漠化程度加剧，绿洲农业生态系统的结构和功能受到严重损害。

（3）气候条件独特性

绿洲光能资源特别丰富，夏季光照时间长、强度大，光能利用率高，对农作物生长、瓜果品质提升有良好的作用。其中，河西走廊绿洲灌区太阳总辐射达 6300MJ/m^2，日照时数为 2600～3300h，年平均气温为 5～9.3℃，≥0℃积温为 2600～4000℃，无霜期达 130～170d，昼夜温差 12～16℃，年降水量为 36～160mm，有利于农作物生长发育，尤其有利于干物质积累；新疆绿洲地区太阳总辐射为 5000～6490MJ/m^2，光合有效辐射为 2400～3000MJ/m^2，日照时数为 2550～3500h，年降水量约 100mm。

另外，绿洲地区夏秋季热量资源较我国同纬度地区为更为丰富（4～9 月气温高 1～2℃，≥10℃积温多 200～300℃）。气温日较差大，如新疆南疆为 13～16℃，北疆为 12～14℃；≥10℃积温，塔里木盆地为 4000℃以上，吐鲁番盆地为 5500℃，准噶尔盆地为 2500～3600℃。绿洲区光能生产潜力可达 5.25×10^4～6.00×10^4kg/hm^2，比长江中下游高出 7.50×10^3～1.50×10^4kg/hm^2，适合发展粮食和多种经济作物。绿洲地区的气温日较差较大，白天有利于植物的光合产物的快速合成，形成更多的有机物，夜晚温度低，呼吸消耗少，这样有利于有机产物的积累，从而实现作物的高产。

（4）生态环境脆弱性

绿洲农业一般位于封闭的地理单元之中，干旱区内陆河流多以盆地、沙漠尾闾湖为归宿。封闭的地形、干旱的气候使得盐分向流域中下游聚集成为必然趋势，土地积盐强烈，土地原生盐碱化和次生盐碱化普遍。同时，因水分分配的时空变化使得绿洲与荒漠的过渡地带成为荒漠化过程和绿洲化过程强弱之势对立发展的最敏感部位。由于绿洲农业系统被大片沙漠戈壁包围，受风沙、干旱、盐碱等不利因素影响较大，因而不仅农业生物种类相对单调贫乏，农业生态系统也比较脆弱，稳定性差。

1.2 绿洲农业发展的历史与现状

1.2.1 绿洲农业发展的历史

(1) 全球绿洲农业的起源与演变

两河流域绿洲农业的起源与演变是人类农业史上的重要里程碑。约6000年前，美索不达米亚地区的两河流域（幼发拉底河和底格里斯河）出现了农业文明的萌芽。这一地区因其肥沃的土壤和丰富的水源成为人类农业的发源地之一。起初，农业在两河流域的绿洲地带主要依靠河流的泛滥灌溉，人们种植了小麦、大麦、蔬菜等作物。随着时间的推移，人们逐渐掌握了灌溉技术，引入了农业工具和种植方法，促进了农业生产的发展。同时，人们开始养殖家畜，形成了农业与畜牧业相结合的生产模式。在农业生产的基础上，两河流域的城市逐渐兴起，形成了以尼普尔、乌尔、巴比伦等城市为中心的古代文明，如苏美尔、阿卡德和巴比伦文明。这些城市的繁荣与农业的发展密切相关，农业生产的增加为城市提供了充足的粮食和资源。

撒哈拉以南非洲地区也有着悠久的绿洲农业历史。在尼日尔河流域地区，古代的西非撒哈拉文明就发展了灌溉农业。这些农业文明依靠尼日尔河的水源进行灌溉，发展了绿洲农业。此外，这一地区还发展了许多灌溉系统和水利工程，如马里的塞古河谷灌溉系统，为绿洲农业的发展提供了重要的支持。

在墨西哥和秘鲁，古代的玛雅文明和印加文明也发展了灌溉农业。在墨西哥的尤卡坦半岛地区，玛雅人发展了许多灌溉系统和水利工程，如卡巴尔鲁姆、切尼茨、苏亚、拉布纳、乌西马克因等地的古代水利工程，使得这一地区的绿洲农业得以繁荣。在秘鲁的纳斯卡地区，印加人发展了大面积的灌溉系统，如纳斯卡线条和地下渠道等，为当地的绿洲农业发展提供了重要的支持。

这些地区的绿洲农业发展历史悠久，并受到当地的地理环境、气候条件和历史文化背景的影响。这些地区发展了许多灌溉系统和水利工程，为绿洲农业的发展提供了重要的支持，同时也为当地的农业和经济发展作出了重要贡献。

(2) 我国绿洲农业的发展过程

对公元前2世纪末期的西域地区，我国文献还少有记载，但该地区有丰富的考古文化遗存。尽管尚未发现确切的石器时代遗存，学界根据现有考古资料普遍认为，西域在公元前2000年已进入青铜时代，并于公元前1000年前后进入早期铁器时代，所以本书主要利用考古资料，简略考察公元前2世纪末期以前这两个阶段西域绿洲农业生产情况。公元前2000年至公元前1000年，在东西方人群迁徙及其文明扩张影响下，西域绿洲的农业以牧养羊、牛的畜牧业经济为主，种植业和狩猎业并存。此时，西域居民对马的驾驭能力明显增强，这明显受到逐渐兴起的欧亚草原游牧文化的强烈影响，绿洲居民还饲养骆驼、驴等牲畜。种植业生产中，农作物有小麦、糜、粟、大麦和麻、葡萄等，生产工具则主要是木器和石器。

公元前1000年左右至公元前2世纪末，西域绿洲普遍依赖畜牧业经济，种植业经济仍处于相对次要地位，但根据考古资料，可知种植业经济在农业生产中的地位较上一阶段增强，只是在不同绿洲区占比或有所不同。

公元前2世纪末期至公元1世纪初，西域绿洲人口资源的分布很不均衡，主要集中在自然环境较为优越且地处交通要道的较大型绿洲上。这一时期，绿洲的农业品种与之前似乎并无明显变化。绿洲的农业生产结构总体上依旧是种植业和畜牧业并存，以畜牧业为主，种植业为辅，两者所占的具体比例存在地域性差异。

公元1世纪初至5世纪前期，绿洲中增加的农业品种最为重要的当属桑树和棉花。中原内地早在史前时期就已植桑育蚕。关于西域植桑的最早记载见于《后汉书》，表明哈密盆地的伊吾绿洲在东汉时期已种植桑树。与之紧邻，同样由中原政权积极经营的吐鲁番盆地，当时也已经植有桑树。公元4世纪末吐鲁番盆地绿洲已广泛植桑。蚕桑西传及其在绿洲的发展，反映出农业发展与社会文化及经济利益刺激的密切关系。考古资料与文献记载反映，此时绿洲种植的粮食作物仍主要是粟、糜、大麦、小麦等。至于绿洲内的畜种，除上面提到引进蚕种外，与前一时期相比似乎没有大的变化。但根据考古资料，可以确定绿洲内已有鹿、猪和鸡。

在绿洲农业发展初期，技术力量薄弱，表现为农作物产量低、品质不佳。20世纪六七十年代，根据气候特点，绿洲居民创造了作物的“密、矮、早”技术体系，体现了生物与环境协调发展的创新模式。随着地膜的使用，到了80年代，该技术体系得到进一步的发展和完善，极大地提升了绿洲特色农业，主要表现为生物、环境及工程性技术的有机结合。

进入21世纪，通过新方法将作物的节水、压盐、增产与化控技术结合，绿洲农业表现出高效、简便的效果；与机采棉的结合推进了植棉机械化，将绿洲农作物特殊生产技术演变到了更高层次。近现代绿洲完善了在特殊的地理环境下节水作物的水肥耦合效应的研究，发展节水条件下提高水肥利用效率和产量的途径，为绿洲农区大面积推广多形式高效节水技术提供了科学依据。同时，也为实现精准农业技术与绿洲高效农业技术结合，向现代集约化农业转变，以精确农业理论和技术为基础探索绿洲农业的发展潜力作出了重要贡献。其中主要以“3S”精准农业和智能机械技术为切入点，结合现有的农业技术模式，科学、合理、系统地配置绿洲农业生态系统中的水、肥等各种资源，优化的投入模式，建立合理的耕作制度，调整种植结构，提出配合绿洲农区高效畜牧业和保障绿洲生态安全的生态农业措施。

近年来，随着我国西部开发战略、高标准农田建设、乡村振兴战略和水资源的综合利用等工作的推进，绿洲农业得到了进一步发展。政府加大了对绿洲农业的扶持力度，通过引进先进的灌溉技术和改良作物品种，提高了绿洲农业的产出效益。同时，加强了对地下水资源的保护和管理，确保了绿洲农业的可持续发展。

1.2.2 绿洲农业发展的现状

（1）全球绿洲农业的发展现状

全球范围内，绿洲农业的发展呈现出多样化的特点。在中东地区，绿洲农业一直是该地区农业生产的主要形式之一，尤其是在埃及的尼罗河流域和伊拉克的幼发拉底河流域，绿洲农业发展较为成熟。此外，北非地区的摩洛哥、突尼斯等国家也有着较为发达的绿洲农业；亚洲地区的印度、巴基斯坦、中国等地区，澳大利亚的内陆地区，美国的西部地区也有绿洲农业的发展。中东地区是全球绿洲农业最具代表性的地区之一。由于该地区大部分属于沙漠或半沙漠地区，因此绿洲农业在这里有着特殊的地位。中东地区的绿洲农业主要集中在伊朗、伊拉克、沙特阿拉伯等国家，这些地区依靠河流水源进行灌溉，种植水稻、小麦、棉花等作物，同时也发展了枣、橄榄等特色农产品。北非地区也是全球绿洲农业发展的代表性地区之一。埃及、摩洛哥等国家依靠地下水源进行灌溉，发展了大片的绿洲农业区，种植小麦、大米、棉花等作物，同时也以种植水果和蔬菜为主要特色。澳大利亚内陆地区是全球绿洲农业的另一个特色区域。由于该地区干旱缺水，因此绿洲农业主要依靠地下水源进行灌溉，种植小麦、棉花、葡萄等作物，同时也发展了牛羊养殖业。

（2）我国绿洲农业的发展现状

目前，我国的绿洲农业主要分布在西北地区，包括甘肃、新疆、青海、宁夏等地。这些地区以其丰富的地表水和地下水资源及适宜的气候条件，为绿洲农业的发展提供了有利条件。我国的绿洲农业生产规模较大，水稻、小麦、玉米等粮食作物，以及水果、蔬菜等经济作物。这些作物不仅满足当地居民的生活需求，也为国内市场提供粮食和农产品。绿洲农业对当地经济发展和农民生活产生了重要影响，为当地居民提供了就业机会和经济收入，促进了地区经济的增长和稳定。

我国绿洲农业的发展也面临着一些问题和挑战。首先，地下水资源的过度开采和不合理利用，导致了地下水位下降和土壤盐碱化等问题，严重影响了绿洲农业的可持续发展。其次，传统的灌溉方式存在严重的水资源浪费问题，需要加强节水灌溉技术的推广和应用。最后，由于气候变化等因素的影响，绿洲农业也面临着干旱和水资源短缺的风险。为了解决这些问题，我国政府已经采取了一系列的措施，包括加强对地下水资源的保护和管理、推广节水灌溉技术、引进先进的农业生产技术以促进绿洲农业的可持续发展。

在新疆，常规灌溉体系下，大田农业生产方式已经逐渐被膜下滴灌大田农业生产方式替代，新疆绿洲现代农业中95%的大田农业生产采用了膜下滴灌技术，以棉花、番茄等特色经济作物为主。特色林果农业生产和设施农业生产采用节水灌溉技术的比例相对较小，一方面是由于节水灌溉技术的成本相对常规灌溉的成本较高，另一方面是由于节水灌溉技术的发展有待完善。同时，新疆的农场的机械化装备水平位居全国之首，大田种植的耕作、播种和收获三个环节的机械化水平分别达99%、98%和40%，长期高于全国平均水平。

河西走廊地区80%左右的绿洲采用春麦套种制种杂交玉米种植模式，既利用了夏季的降水，也发挥了秋季降水稀少、日照充足、玉米种子质量高、经济效益好的优势，种植的春麦还避免了冬季的寒冷、干燥气候对其越冬的不利影响。宁夏回族自治区的银川平原绿洲灌溉面积为347km^2，在行政区划上，涉及宁夏吴忠市利通区、青铜峡、中宁、永宁、银川、灵武、平罗、陶乐等市县。主要种植作物有水稻、玉米、小麦和各类瓜果蔬菜等。由于优越的光热和水土资源组合，该地区农业生态系统第一性生产的初级产品普遍达到高产、优质，由此而成为西北地区重要的商品粮生产基地及宁夏粮食安全和农产品供给的保障基地，在不足全区1/3的耕地上生产了全区近80%的粮食。

第2章 绿洲农业的价值

2.1 绿洲农业的社会经济价值

2.1.1 保障粮食安全

全球范围内，绿洲农业为许多干旱地区提供了稳定的粮食生产基础，减轻了对绿洲外农产品的依赖。首先，绿洲农业能够有效利用有限的水资源进行农业生产，绿洲农业通过科学合理的灌溉方式，最大限度地利用水资源，提高了粮食生产效率。其次，绿洲农业能够提高土地利用效率，提高粮食产量。在干旱地区，绿洲农业大多采用多层次种植、轮作轮休等方式，有效利用了土地资源，提高了粮食产量，确保了粮食供应的稳定性。最后，绿洲农业通过引入先进的农业技术和管理模式，提高了农民的种植技术和管理水平，增加了农民的收入来源，改善了农民的生活条件，促进了当地经济的发展。总的来说，绿洲农业在保障全球和我国粮食安全方面发挥着重要作用，通过有效利用有限的水资源，提高土地利用效率，促进经济发展，为全球粮食安全作出了重要贡献。我国的绿洲农业规模庞大，绿洲区大多成为主要的粮食和其他农产品输出地，如我国宁夏河套灌区、河西走廊、天山北坡西部、伊犁河谷、天山南坡及喀什三角洲等绿洲区供给水稻、玉米、棉花、甜菜和油料作物等农产品，发挥了绿洲区农产品供给功能。

2.1.2 保障绿洲区农业人口就业

保障绿洲区农业人口就业是指绿洲农业作为社会生产部门的一部分，能容纳绿洲区劳动力就业和向农村人口提供生活保障。近年来我国一直面临着巨大的就业和社会保障压力。从长远看，在我国中西部地区，随着我国的工业化和城市化的演进，农村人口和农业劳动力逐步向城市和非农产业转移是发展的趋势，也是解决“三农”问题的途径。但考虑到我国农村人口基数巨大，城市和工业吸纳农村人口、农业劳动力的能力有限，在今后相当长的一段时期内仍然需要由农业提供就业，缓解社会就业压力。当今社会存在大量的“农忙时从事农业、农闲时外出务工”的兼业型农户，由于农业容纳隐性失业的能力很大，因此大量兼业型农户的存在可以缓冲由非农产业发展波动产生的就业问题。在我国西北绿洲区，由于城市化、工业化发展水平相对较低，就业和社会保障能力有限，因此农业产业化发展及农业服务业的发展潜力较大、吸收就业能力较强。

乡村振兴是当前我国经济发展的重要战略，旨在推动农村经济社会全面进步。而绿洲区农业作为乡村振兴的重要组成部分，与农村人口就业密切相关，两者之间存在着紧密的关系。首先，乡村振兴促进了绿洲区农业的发展，为农村人口提供了更多的就业机会。随着乡村振兴战略的实施，政府加大了对农业的支持力度，提高了农业生产水平和效益。绿洲区农业作为农村经济的支柱产业之一，得到了更多的政策支持和投入，为当地农民提供了更多的就业机会。其次，乡村振兴与绿洲区农业的协同发展，不仅推动了农业生产方式的转变，还促进了农村人口就业结构的优化和升级。随着乡村振兴战略的深入实施，农村经济结构发生了转变，传统农业劳动力逐渐向现代农业和农村产业转移。绿洲区农业的发展为农村人口提供了更多的就业选择，促使农村人口向技术密集型、知识密集型和服务型的现代农业和农村产业转移，实现了农村就业结构的优化和升级。

2.1.3 促进绿洲区域经济社会发展

农业和农村经济的可持续发展是人类社会发展的基本目标之一，更是人类社会经济持续发展的基本前提和保障。绿洲可以满足本区内的农村衣、食、住等基本需求和保障农村社会经济环境的良性发展，满足农民收入可持续，保证其基本生活需求及人口数量的控制和素质的提高，以及社会公平的不断增加、资源和环境的不断改善、农村剩余劳动力就业机会的不断增加等。社会财富分配的过度悬殊，会影响农村社会的安定。要实现社会财富的公平分配，可以通过提高绿洲农业生产力，增加农民收入，提高生活质量，缩小城乡收入差距，保持社会安定。

影响绿洲农业与农村经济发展的因素很多，而且在不同的发展条件下，各因素之间作用的过程、强度均不同，呈强动态性。由于农户是农村生产活动的微观行为主体，是政策、经济等因素发生作用的直接对象。在一定区域资源环境背景下，政府可以通过经济、法律、行政手段对农业与农村经济的运行进行调控，最终影响农户的经营行为，并通过对市场的干预而影响农户的经营行为。市场是中介要素，通过价格沟通着生产者和消费者之间的关系，从而影响农户的经营行为。科技进步是技术要素，是摆脱资源环境刚性约束的主要手段和途径，同样最终作用于农户的经营行为。

例如，新疆垦区绿洲立足资源优势，以高产、高效、优质为指针，以市场为导向，把垦区绿洲建设成结构协调、功能高效的农业生态经济系统，成为在国内市场有优势的棉、粮、畜专业化生产区。同时，走生态农业的发展道路，因地制宜，以市场为导向，明确重点，量力而行，在专业化基础上适度综合发展以谋求综合效益最大化。

2.1.4 促进农产品国际贸易

我国绿洲区农产品具有独特的优势和特色，促进绿洲区农产品的国际贸易对于拓展我国农产品出口市场、提升农产品国际竞争力具有重要意义。要促进我国绿洲区农产品的国际贸易，需要采取一系列措施来提升产品的竞争力和市场影响力。首先，提升绿洲区农产品的品质和加强安全管理，确保产品符合国际贸易标准和要求，提高产品的市场认可度。其次，积极开拓国际市场，参加国际农业展会和交流活动，寻找合作伙伴，拓展销售渠道，提高产品的知名度，增加市场份额。再次，加强与国外买家的沟通和合作，了解其需求和市场动态，调整产品结构和营销策略，提高产品的市场适应性和竞争力。最后，加强政府支持和政策扶持，制定有利于绿洲区农产品出口的政策措施，提供贸易保障和支持，促进绿洲区农产品的国际化发展。通过以上措施的综合推进，可以有效促进我国绿洲区农产品的国际贸易，提高产品的市场地位和竞争力，从而实现绿洲区农业的可持续发展和国际化进程。

绿洲农业是绿洲经济的基础，没有绿洲农村地区的农业产业化，就不可能有绿洲农业结构的进一步优化。依据农业的不同产品和产业的特点，通过产业链条的延伸，形成产加销、贸工农一体化的经营体系。重点发展建设以农副产品加工为主的各类龙头企业，带动绿洲农业产业化进程，促进绿洲农业产业结构调整。

在我国绿洲区农产品国际贸易中，新疆的贸易额占总贸易额的比例超过60%。新疆是通向中亚、西亚及欧洲的重要国际大通道，与多个国家毗邻，开放口岸29个，是我国对外开放口岸最多的省区，是我国向西开放的重要桥头堡和连接欧亚的经济枢纽。新疆还是新亚欧大陆桥和中欧班列的重要枢纽节点，向西辐射亚欧大陆30多个国家和地区。此外，新设喀什、霍尔果斯两个经济特区，乌鲁木齐国家级高新技术开发区和三个边境经济合作区以及石河子、乌鲁木齐经济技术开发区，初步形成了向国际、国内拓展的多方位对外开放的发展格局。2023年，新疆外贸进出口总值为3573.3亿元，同比增长45.9%，增速居全国第2位，高于全国总体增速45.7个百分点。这是新疆外贸进出口总值首次突破3500亿元大关，实现了连续26个月月度进出口值两位数及以上增长。其中，中亚五国依然是新疆第一大对外贸易市场，新疆与中亚五国进出口值同比增长50%，占同期新疆进出口总值的79.4%，与前三大贸易伙伴国哈萨克斯坦、吉尔吉斯斯坦、塔吉克斯坦进出口值分别同比增长70.8%、25.8%、93.4%。新疆的互联互通卓有成效，积极推动公路口岸全线有序开放，与中亚五国公路、铁路运输进出口值分别同比增长52.5%、44.5%，占同期新疆公路、铁路运输进出口总值的90%、95.1%。

2.2 绿洲农业的生态价值

2.2.1 支持功能

(1) 养分循环

绿洲农业在养分循环方面发挥着重要作用。绿洲地区的农业生产依赖于地下水灌溉，通过灌溉系统向农田输送水分，同时也将富含养分的地下水带入土壤中，为作物提供养分。同时，人类向土壤中施加的肥料、豆科植物的固氮作用以及其余生物遗体的分解也会增加土壤的养分。农作物在生长过程中吸收土壤中的养分，形成生物量，并最终通过收获将养分带出农田。这些养分在农作物的生长周期中实现了循环利用，同时也通过作物残体和根系残留物质的分解，将养分还原到土壤中，为下一轮作物生长提供养分支持。这种养分的循环利用不仅保障了农作物的生长，也有助于维持土壤的肥力，促进土壤健康和生态平衡（图 2-1）。

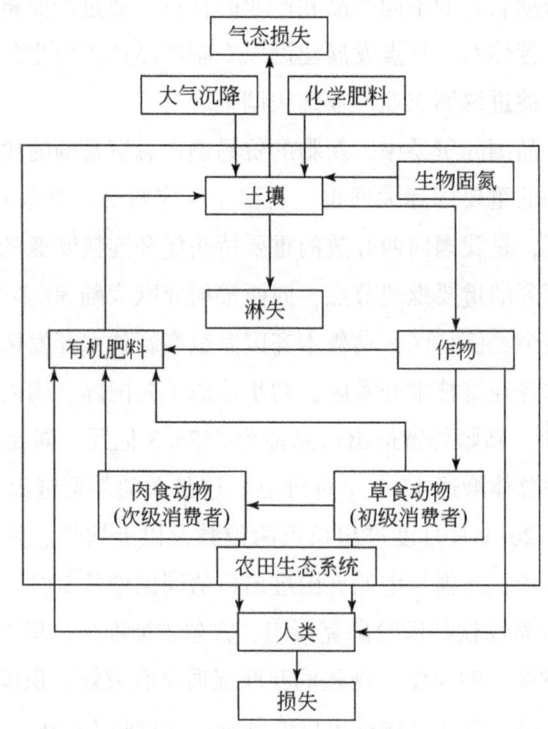

图 2-1 养分循环示意图

(2) 水循环

绿洲农业对水循环具有重要影响。在干旱地区，地表水和地下水是绿洲农业生产的重要水源。通过灌溉系统，地下水被提取到地表，为农田提供灌溉水源，支持农作物的生长。随着灌溉水被作物吸收和蒸发，部分水分通过作物蒸腾作用释放到大气中，形成降水，从而参与了水循环过程。同时，一部分灌溉水渗入土壤深层，补充了地下水资源，维持了地下水位的稳定。因此，绿洲农业在水循环中发挥着调节和平衡的作用，促进了地区水资源的合理利用和循环使用。绿洲农业对水循环的影响是复杂的。一方面，农业用水通常是绿洲地区水消耗的主要部分，这可能导致水资源的过度开采和地下水位的下降。另一方面，绿洲农业的灌溉和作物蒸腾也会增加大气中的水蒸气含量，对当地的降水模式和水循环过程产生影响。

总体来说，绿洲地区的农业活动通常需要大量的灌溉水，这可能导致地下水位下降和土壤盐碱化的问题。同时，由于农业活动增加了土壤蒸发和作物蒸腾，这可能对地区的降水模式和水循环过程产生一定程度的影响，进而影响当地生态系统的平衡。

(3) 生产力

绿洲农业的生产功能在生态系统中扮演着重要的角色，不仅可以提供粮食和农产品，还在促进生态平衡、保护生物多样性、提高土壤质量等方面发挥着重要作用。首先，绿洲农业的生产功能在粮食安全和农产品供应方面具有重要意义。由于绿洲地区拥有相对丰富的水资源，适宜农作物种植，因此可以为干旱地区提供稳定的粮食和农产品供应。通过科学合理的农业生产管理和水资源利用，提高粮食和农产品的产量和质量，绿洲农业可以满足当地居民的生活需求，促进农村经济的发展。其次，绿洲农业的生产功能有助于提高土壤质量和保护土壤资源。在绿洲地区进行农业生产，通过合理施肥、轮作休耕等方式，可以改善土壤结构，增加土壤肥力，提高土壤的产出能力。再次，绿洲农业还可以减少土壤侵蚀和水土流失，保护土壤资源，维护土地生态系统的平衡和稳定。最后，绿洲农业的生产功能有助于促进生态平衡和保护生物多样性。在绿洲地区进行农业生产，可以通过合理种植和生态修复，保护当地的植物和动物物种，实现生物多样性的保护和恢复。同时，绿洲农业还可以减少化学农药和化肥的使用，减轻对生态环境的污染，保障生态系统的健康和稳定。

2.2.2 生态调节功能

(1) 大气调节功能

虽然绿洲被大片沙漠戈壁包围，受风沙、干旱等气候条件影响，但作为干旱荒漠背景下独特的生态系统，对大气候及局部气候均有调节作用，包括对温度、降水和气流的调节，从而可以缓冲极端气候对人类的不利影响。

1）绿洲“冷岛效应”保证了绿洲温度低于周围荒漠，据对河西走廊张掖的实际观测，绿洲同戈壁在距地面 1m 高处的温差最大达 54℃，平均温差达 20℃（两观测点相距

20km)。

2）绿洲“湿岛效应”使绿洲地表蒸散量比荒漠大一个量级，其地表相当于大气的水汽源，不断加湿绿洲大气，维持了绿洲的湿度，观测表明，在1m高处绿洲大气湿比最大能达到10g/kg以上，是同高度邻近荒漠的大气的4倍左右。

3）绿洲大面积灌溉会产生“增雨效应”，特别是在农业灌溉比较发达的绿洲，在和沙漠边缘地区存在较大的温度和湿度差异时，容易诱发对流，产生降水。据统计，新疆库车地区总云量和低云量均明显少于北京地区，但其积雨云出现次数却高于北京。

4）绿洲生态系统中各个子系统均具有固定二氧化碳和释放氧气功能，通过光合作用和呼吸作用与大气交换二氧化碳和氧气，对维持大气中二氧化碳和氧气的动态平衡有不可替代的作用。林地和草地子系统具有固定二氧化碳和释放氧气的显著效应，农田则主要通过其作物类、果园类及饲草类完成。

（2）水土保持功能

绿洲生态系统水土保持功能主要通过减少表土损失量、减少风沙灾害、减轻泥沙淤积灾害、保护土壤肥力四个相互联系的生态过程实现。

风蚀是荒漠区主要的土壤侵蚀类型，风力对地面物质的破坏和搬运作用会使表土变粗、有机质减少，造成土地生产力下降，是导致沙尘暴频繁发生的主要因素。然而，当气流经过绿洲时，绿洲植被特别是树木等能够有效消耗气流的动能或动量，同时林木根系也起到固结沙粒作用，这使得气流进入绿洲后风速立即减弱，尤其是绿洲边缘的防护林区，作为维护绿洲生态安全的第一道防线，起到风速屏障的作用。绿洲植被群落中的树木多为杨柳科和榆科植物，植被结构分为乔木、灌木和草本三层，属于喜光和抗旱性植物，其根系可以固着土壤颗粒，防治其沙化，或者将固定的沙土经过生物作用转化为具有一定肥力的土壤；一些沙生植物，如梭梭、沙枣、柽柳等根系发达，可以随着沙的堆积而持续上升，形成被固定的沙包，有效地减少了风沙灾害的影响及表土损失量。在特定条件下，农田林网可降低风速40%~50%。黑河中游绿洲防护林效应分析表明，沙枣加柽柳的阻沙效果最好，杨树加柽柳的次之。随着植被盖度的减小，风蚀率会呈指数增加。当植被盖度>60%时，为轻微风蚀或无风蚀；当植被盖度20%~60%时，为中度风蚀；当植被盖度在<20%时，为强烈风蚀。在甘肃临泽的观测个例中，如果在1m高处沙漠吹来的风速大约为3m/s时，进入绿洲后风速就减弱为不到0.5m/s。

绿洲子生态系统中，如林地生态系统、草地生态系统，凡有发育良好的植被地段，由于植被和枯枝落叶层的覆盖，雨水对土壤的直接冲击被极大削弱，减少了土壤侵蚀，保护了土地生产力。同时能保护河岸，防止湖泊、河流和水库的淤积。

（3）营养物质循环功能

绿洲农业与生态系统的养分循环密切相关。在绿洲农业中，大量的营养元素如氮、磷、钾等被作物吸收并储存在生物体内。这些营养元素通过作物的生长和代谢进入生物库，随着作物的收割和凋落，部分营养元素以有机形式进入凋落物库，另一部分则通过残体分解和土壤微生物的作用进入土壤库。这些养分在土壤中发挥着重要的作用，为植物提供生长所需的营养物质。

为了促进生态系统中营养元素的循环，可以采取一些措施。例如，实施合理施肥措施，避免过量施肥造成养分流失和土壤污染；推广有机农业和生物肥料的使用，以提高土壤质量并促进养分循环；采用节水灌溉技术，减少灌溉水对土壤中营养元素的冲刷和淋失。这些措施有助于维持土壤中营养元素的平衡，促进生态系统中营养元素的循环，保护生态环境的可持续发展。

（4）保护生物多样性

绿洲通常位于干旱或半干旱地区，这些地区往往拥有独特的生态环境和丰富的生物多样性。在进行农业开发和生产时，需要特别注意保护当地的生物多样性。这包括保护当地植物、动物和微生物的多样性以及维护当地生态系统的平衡。农业活动可能会对生物多样性造成负面影响，如土地开垦、化肥农药的使用和水资源过度利用等。因此，为了保护生物多样性，绿洲农业需要采取可持续的农业生产方式，包括有机农业、生态农业和保护耕作等方法，以减少对生态系统的破坏。强调绿洲农业对生物多样性的保护，如多样化种植，在绿洲农业中种植多种作物和本土植物，以增加生态系统的多样性，提高其抵抗病虫害和气候变化的能力。

2.2.3 供给服务功能

（1）食物供给

绿洲农业作为当地居民的主要食物供应来源，不仅满足了他们的生活需求，还为其他地区提供了粮食和农产品。农业生产的粮食、蔬菜、水果等食物，不仅能够保障当地居民的食品安全，还能够通过贸易与交流，将剩余的农产品输送到其他地区，满足更广泛的需求。这种农产品交流也促进了绿洲与周边地区的经济繁荣和文化交流，对地区的发展起到了积极的作用。

（2）原材料供给

绿洲农业不仅为当地居民提供了丰富的食物，还产生了大量的原材料，如棉花、羊毛、木材等，这些原材料在当地以及其他地区都具有重要的经济价值。棉花是绿洲农业中的重要产品之一。例如，两河流域的棉花种植具有悠久的历史，古代的苏美尔人就开始种植棉花，棉花是纺织工业的重要原料，它的纤维可用于生产布料、纱线等，具有广泛的用途。由于两河流域棉花产量丰富，所以棉纺织品成了当地重要的贸易品，也为纺织业提供了重要的原材料。羊毛也是绿洲农业的重要产品之一。两河流域适合养殖羊，这些羊提供了丰富的羊毛资源。羊毛是纺织品的重要原料之一，具有保暖性好、耐磨性强等特点，因此在纺织业中有着广泛的用途。绿洲地区的林木资源丰富，为当地和周边地区提供了大量的木材。木材是建筑、家具、造船等行业的重要原料，其经济价值不言而喻。

（3）遗传资源供给

绿洲农业地区通常拥有丰富的遗传资源，这包括各种作物品种、畜禽种类等。这些遗传资源对于农业的持续发展和品种改良至关重要。这些地区因为其特殊的生态环境，孕育了适应当地气候和土壤条件的各种作物品种，这些品种往往具有丰富的遗传多样性，能够抵御病虫害、耐受干旱等不利环境因素。绿洲地区的畜禽种类丰富，如山羊、绵羊、骆驼等，它们的遗传资源也为畜牧业的发展和品种改良提供了基础。保护和利用绿洲农业地区的遗传资源，不仅有助于保持生物多样性，还能够促进农业的可持续发展和保障粮食安全。

（4）药用资源供给

绿洲地区的植物资源往往具有丰富的药用价值，农业生产中的许多植物都可以用于药用，为当地居民提供药材和药物。其中，仙人掌、甘草、红枣、枸杞、苦豆子和麻黄等植物，不仅丰富了生态多样性，同时也为当地居民提供了具有药用价值的自然资源。

（5）生物化工产品供给

绿洲农业生产的植物不仅能提供食品，还可以产出生物化学产品，如植物油、树脂等，这些产品在工业和商业领域具有重要的应用价值。绿洲农业还涉及香料和香草植物的种植，如薄荷、迷迭香、罗勒等，这些植物不仅丰富了烹饪的口味，还是提供植物精油的重要原料。同时，一些绿洲地区的植物可用于提取精油和香脂，这些产品在香水、化妆品和芳香疗法中得到了广泛应用；一些绿洲种植可用于提取染料和色素的作物，这些天然产品广泛应用于食品、纺织品和其他工艺品的着色；一些绿洲地区的植物可产生树脂和胶类物质，这些物质在制造工业、医药和美术品中应用；一些绿洲地区还种植用于生产生物燃料的作物，如油料作物用于生产生物柴油，甘蔗或甜菜等用于生产乙醇，这为可再生能源领域的发展提供了有力支持。

2.2.4 文化服务功能

（1）休闲与旅游

绿洲农业地区的宁静环境和丰富的自然景观为休闲与旅游提供了绝佳的场所。游客可以在这里享受大自然的美景、体验农村生活、参与农业生产活动、感受不同的文化氛围。这对于促进当地经济发展、吸收引进人才、增加就业机会、推动乡村旅游业的发展都具有重要意义。

（2）美学价值

绿洲农业地区的田园风光、农村民居、传统手工艺品等都具有独特的美学价值。这些景观和文化元素反映了当地的历史、传统和文化特色，吸引着许多人来此感受美好的乡村生活，促进了文化交流和传统文化的传承。

（3）教育和科研

绿洲农业地区还为教育和科研提供了宝贵的资源。农业生产过程涉及种植、养殖、农业技术等方面的知识，为农业科研和教育提供了实践基础和研究对象。同时，绿洲农业地区的生态系统、物种多样性、自然资源等也为生态学、环境科学等领域的研究提供了重要的实地考察和研究对象。

（4）文化遗产与文化传承

1）文化物质遗产保护功能。在我国绿洲区有新疆坎儿井、宁夏平原的古灌溉渠系等水利工程遗址。

2）文化多样性保护功能。这主要体现在内蒙古牧区的蒙古族游牧文化、伊犁及北疆牧区的哈萨克族游牧文化、南疆—喀什—吐鲁番—哈密盆地（简称吐哈盆地）绿洲区的维吾尔族农耕文化，以及南疆西部牧区的柯尔克孜等民族游牧文化等方面。

3）地名文化传承功能。地名不仅反映出当地历史时期和现今阶段的地理环境特征，还记录着诸如民族兴衰、社会变迁、经济生产、军事活动等纷繁多样的文化景观信息，折射出自然-人文双重因素的叠加影响和交互过程。作为重要的历史痕迹，地名鲜活地反映了人类生产生活情况及其与自然环境的互动关系，对挖掘地域文化、传承文化记忆、重塑乡村价值具有重要意义。我国千余片绿洲星罗棋布，分布在广阔的西北沙漠地区，绿洲聚集了全国5%~6%的人口。其极端的气候环境、匮乏的生物资源、偏远的地理区位塑造出绿洲独特的聚落形态和文态，深刻地影响着聚落命名。

自然景观类乡村地名的分布特征与绿洲盆地特殊的自然环境特征相吻合，受水文及方位影响显著，生动地反映出沙漠绿洲区的历史水系格局，为绿洲农业区的生态调水、跨区补水、湿地修复等生态文明建设提供了历史参考。

人文景观类乡村地名的分布特征反映了绿洲历史上的人类活动与移民迁徙，揭示了各历史时期对偏远绿洲区的开发利用情况，这为沙漠绿洲区开展族源文化、边塞文化、古城文化、屯垦文化、民俗文化等研究提供了历史借鉴。

地名使用习惯、特殊时代要求、生态移民迁徙等因素影响沙漠绿洲区乡村地名的时空变迁，表现出传承、简化、赋新等特征，为迁村并点、集中安置以及新村命名等工作提供了历史启示。

第3章

绿洲农业资源的类型

3.1 绿洲农业土地资源

3.1.1 绿洲农业土地资源的类型

1. 耕地

耕地是绿洲农业的重要土地资源类型之一。这些土地通常用于种植粮食作物、蔬菜、水果等农作物，是绿洲农业的主要生产基地。耕地的利用对于绿洲地区的粮食安全和农业发展至关重要。河流绿洲耕地是干旱区绿洲耕地最主要的类型，位于河流两岸，这些河流绿洲耕地拥有充沛的水资源和优质的土壤条件，非常适合农业生产。

2. 草地

草地是绿洲农业中的重要土地资源类型之一。草地通常用于放牧、提供牲畜饲料、支持畜牧业的发展。在绿洲地区，草地也是重要的生态环境组成部分，对于维持当地的生态平衡和生物多样性具有重要意义。

草地资源是指在一定范围内所包含的草地类型、面积及其蕴藏的生产能力，是有数量、质量和分布地域概念的草地。草地资源是一种可更新的农业自然资源，它的生态功能主要表现在调节气候、涵养水分、防风固沙、保持水土、改良土壤、增肥地力、净化空气、美化环境等方面。其经济价值主要反映在草地资源是重要的国土资源，旱区草地畜牧业是国民经济的支柱产业，草地资源是发展民族地区经济的主要生产资料，同时还是旱区发展多种经营的重要原料基地，绿洲地区主要草地资源类型如下。

1）温性荒漠类。其主要分布在内蒙古、甘肃、宁夏、青海、新疆等地，以超旱生和旱生的灌木、小灌木为主体，旱生草本植物较少。主要优势种有蒌蒿、驼绒藜、红砂、合头草、猪毛菜、锦鸡儿等。亚建群成片小丛禾草主要有沙生针茅、短花针茅、无芒隐子草等。草地质量普遍不高。

2）温性草原类。其主要分布在甘肃、青海、宁夏、新疆等省区温带半干旱地区，建群种与优势种类均以典型旱生草本植物为主，尤以旱生丛生禾草占绝对优势。主要优势植物有大针茅、针茅、长芒草、冷蒿、糙隐子草等。此外这些地区草质较好，属优质低产草地，是旱区的主要草场。

3）低地草甸类。其主要分布在中温带的内蒙古，以及陕西、甘肃、宁夏、青海、新疆等省区的平原、河滩地，以多年生湿中生或中生草本植物为建群种。主要优势种有樟、芦苇、乌拉草、泥胡菜、结缕草、碱蓬等，不同草甸生产力差异较大，大部分可放牧。

4）温性荒漠草原类。其主要分布在温带干旱地区，如内蒙古阴山山地北部的低山丘陵，向西南可延伸到鄂尔多斯高原中西部及西部的甘肃、宁夏、青海、新疆等省区，主要建群种由强旱生丛生禾草组成。主要优势种有短花针茅、沙生针茅、戈壁针茅、糙隐子草、无芒隐子草、冷蒿、野葱等，优质低产，适宜放牧。

5）山地草甸类。其主要分布在西北五省区，占旱区草地面积的5.17%。建群种为温性中生乔草和杂草类。主要优势种有野古草、野青茅、披碱草、羊茅、早熟禾、鸭茅、无芒雀麦、委陵菜、珠芽蓼、老鹳草等草原普遍适宜放牧。

6）温性草甸草原类。其主要分布在甘肃、宁夏、青海、新疆等省区，建群种为中旱生或广旱生的多年生草本植物，并混生大量中生或旱生杂类草。代表类型有以狼叶草为建群种组成的丛生禾草草原、以羊草为建群种组成的根茎禾草草原、以线叶菊为建群种组成的杂草草原。牧草种类多、产量高、质量好，是优良的牧场。

7）温性草原化荒漠类。其主要发育于温带干旱地区，分布在内蒙古西部、新疆北部、河西走廊、黄土高原北部等地区，占旱区草地面积的3.30%。以强旱生小半灌木和小灌木为优势植物，但也有一些真旱生的多年生草本植物和一年生植物，中等草质，产草量低，适宜放养绵羊和骆驼。

8）暖性草丛类。其主要分布在暖温带的甘肃等省区，是以中温性的中生或旱生多年生草本植物为建群种，与散生落叶灌木组成的草地。主要优势植物有白羊草、野古草、白茅等。属中等高产草地，适于放牧。

3. 林地

林地在绿洲农业中也占据重要地位，它不仅可以提供木材、竹材等林产品，还可以保护土壤、调节气候、维持生态平衡。在绿洲地区，林地的保护和合理利用对于防治水土流失、提高环境质量、促进可持续发展具有重要作用。

农田防护林是指在农田周边或分散在农田内的一种特殊类型的林地。它在绿洲农业中扮演着至关重要的角色，在防治水土流失、提高环境质量、促进可持续发展等方面发挥着重要作用。

农田防护林在防治水土流失方面具有不可替代的作用。通过在农田周边或内部种植树木，形成天然的防护屏障，可以有效地减少水流对土壤的冲刷侵蚀，有助于保持土壤肥力，减少水资源的浪费，保障农田的可持续生产能力，对于提高环境质量具有重要意义。它能够吸收大量的二氧化碳，释放氧气，净化空气，改善气候环境，为农田提供良好的生长条件。同时，农田防护林还能够吸收周边地区的粉尘、颗粒物等污染物，减少环境污染对农田的影响。

此外，农田防护林对于维护生态平衡具有重要意义。它为农田生态系统提供了丰富的物种多样性，提高了生态系统的稳定性和抗干扰能力，有助于保护和维护农田的生态环境，促进农田生态系统的健康发展。农田防护林不仅是绿洲农业中不可或缺的一部分，更是实现可持续发展目标的重要保障。

4. 园地

园地是另一种重要的绿洲农业土地资源类型，主要用于种植水果、蔬菜和其他经济作物。园地的种植方式多样，可以是果树园地，还可以是蔬菜园地、药用植物园地，花卉园地等，为当地提供了丰富的农产品资源。

1）果树园地。绿洲地区的气候条件较为温和，加之丰富的水资源，非常适合各种果树的种植。当地居民常常在绿洲中开垦大片果树园地，种植如葡萄、无花果、石榴、枣树等经济价值较高的果树。这些果树园地不仅为当地居民提供了丰富的水果产品，也成为发展乡村旅游业的抓手，吸引了大量游客前来观光。

2）蔬菜园地。绿洲地区肥沃的土壤和充足的水源，为各类蔬菜的种植创造了良好的条件。当地居民在绿洲中开垦大片蔬菜园地，种植如西红柿、茄子、辣椒、瓜类等经济价值较高的蔬菜作物。这些蔬菜园地不仅满足了当地居民的生活需求，也为外部市场提供了大量新鲜蔬菜产品。

3）药用植物园地。绿洲地区的独特气候条件孕育了众多稀有的药用植物资源，当地居民十分重视对这些资源的开发和利用。他们在绿洲中建立了各类药用植物园地，种植如枸杞、当归、柴胡等珍稀药材。这些药用植物园地不仅为当地居民提供了重要的中药材来源，也成为当地特色产业的重要组成部分。

4）花卉园地。绿洲地区的优美环境和充足的水源，为各类观赏性花卉的种植创造了良好条件。当地居民在绿洲中开垦大片花卉园地，种植如玫瑰、郁金香、百合等色彩艳丽的花卉。这些花卉园地不仅为当地增添了美丽的景观，也成为重要的旅游资源，吸引了大量游客前来观赏。

5. 湿地

绿洲湿地资源是指位于绿洲地区的各类湿地生态系统，其类型多样丰富，对当地生态环境和生物多样性保护起着重要作用。

1）沼泽湿地。沼泽湿地是一种富含有机质的湿地生态系统，常常位于绿洲地区的低洼地带。这些沼泽湿地拥有丰富的水资源和湿润的环境条件，为各类湿生植物和水生生物提供了理想的生长环境。当地居民常常将沼泽湿地视为重要的渔业资源，从中捕捞各类淡水鱼类、虾蟹等水产品。同时，沼泽湿地还是重要的鸟类栖息地，吸引了大量候鸟在此繁衍生息。

2）湖泊湿地。绿洲地区常常分布着一些天然或人工形成的湖泊，这些湖泊湿地是重要的淡水资源和生态系统。

3）河口湿地。河口湿地位于河流与海洋相交汇的地带，是淡水与海水交错的重要生态系统。这些河口湿地拥有丰富的生物多样性，是各类水生生物的繁殖和栖息地。

4）人工湿地。为了保护和恢复湿地生态系统，当地政府和居民常常积极建设人工湿地，如人工湿地公园、人工湿地保护区等。这些人工湿地通过模拟自然湿地的生态功能，为当地生态环境提供了重要的补充和保护。人工湿地不仅可以改善水质、净化环境，还可以提供重要的休闲娱乐场所，促进当地旅游业的发展。

例如，张掖国家湿地公园就是一个重要的湿地，包括多种湿地生态类型，吸引着众多珍稀鸟类和野生动物栖息；新疆的巴音布鲁克草原湿地则是我国最大的内陆淡水湖泊巴音布鲁克湖的所在地，既是重要的湿地生态系统，也是鸟类的重要栖息地。这些湿地资源的保护和管理对于维护当地生态平衡、促进可持续发展具有重要意义。

6. 设施农业用地

设施农业用地是指通过建筑设施（如温室、大棚）和技术手段（如水肥一体化、智能化设备）来进行农业生产的土地类型。在干旱或半干旱地区的绿洲农业中，设施农业用地的利用可以扩大农业生产规模，提高作物的产量和质量，增加农民的收入。

3.1.2 绿洲农业土地资源的特点

1. 空间分布不均

绿洲内农业土地资源的空间分布不均是由于地形、水文、气候和人类活动等多种因素综合作用的结果。在绿洲地区，农业土地资源的空间分布存在明显的不均匀性。

受地形和水文条件的影响，绿洲地区内部山地、丘陵、盆地等地貌类型的分布不均匀，不同地貌类型对土地资源的利用具有不同的适宜性。例如，盆地地区通常具有较好的灌溉条件，适宜发展农业，而山地则土地资源相对较少，不适宜农业开发。而气候条件的不均匀也是影响农业土地资源分布的重要因素。绿洲地区内部存在着明显的干旱和多雨区域，导致农业土地资源的利用受到气候条件的限制。多雨地区通常适宜种植水稻等水田作物，而干旱地区则更适合发展旱作农业。此外，人类活动也对农业土地资源的空间分布产生影响。人类在农业生产中的开发利用行为，如农田开垦、水利工程建设等，也会导致土地资源的不均衡分布。一些地区可能由于长期的过度开发而土地退化，而另一些地区则可能因为有效的土地保护和合理的利用而拥有较为丰富的土地资源。因此，了解绿洲内农业土地资源的空间分布不均，有助于合理规划土地利用，优化农业生产结构，提高土地资源的利用效率，促进绿洲农业的可持续发展。

2. 开发利用集约化程度高

绿洲地区通常拥有较为丰富的水资源，肥沃的土壤，适宜农业和畜牧业发展。因此，绿洲地区的土地资源在种植业、畜牧业、水资源利用等方面得到了高效的开发和利用。

（1）农业生产集约化

1）农作物种植区划明确。绿洲地区根据当地的气候、土壤条件和市场需求，选择适宜种植的农作物，如小麦、玉米、棉花等。这些农作物在绿洲地区的土地上得到了广泛种植，为当地居民提供了丰富的粮食和经济作物。

2）农田基础设施较完善。绿洲地区的农田通常配备了完善的灌溉和排水系统，有利于提高农业生产的效率。通过实施节水灌溉技术，绿洲地区在保障农业生产的同时，减少了水资源的浪费。

3）农业生产技术较先进。绿洲地区的农业生产采用了现代化的技术，如精准农业、智能化设备等，这些技术的应用提高了农业生产效率，降低了劳动成本。

（2）畜牧业集约化

1）家畜养殖规模化。绿洲地区实现了家畜的规模化养殖，包括牛、羊、马等大家畜。这些家畜在绿洲地区的草原和饲料基地上得到了集中养殖，为当地居民提供了丰富的肉类和乳制品。

2）养殖设施现代化。绿洲地区的畜牧业采用了现代化的养殖设施，如温室、养殖大棚等，这些设施有助于提高畜牧业的生产效率，降低动物疫情的传播风险。

3）畜牧废弃物利用率高。绿洲地区积极推广畜牧业废弃物资源化利用技术，如有机肥生产等。这些技术将废弃物转化为可再生能源和有机肥料，既减少了环境污染，又提高了资源利用率。

（3）水资源利用集约化

1）灌溉用水效率较高。绿洲地区广泛采用了节水灌溉技术，如喷灌、滴灌等，这些技术在保证农作物生长的同时，减少了水资源的浪费。

2）水资源利用率高。绿洲地区的居民生活用水通常经过处理和回收利用，如污水处理厂将生活污水转化为可利用水资源，用于农田灌溉和绿化等。

3）水资源管理制度较先进。绿洲地区普遍实行严格的水资源管理制度，包括水资源规划、用水许可、水资源费征收等。这些措施有助于保障水资源的合理利用，防止水资源的过度开发。

总之，绿洲土地资源开发利用集约化程度较高，表现在农业生产、畜牧业和水资源利用等方面。水资源集约化开发利用对干旱区社会经济提供了有力的支撑，但是也引起了流域生态环境格局的改变，带来了诸多生态环境问题。因此，在今后的发展中，绿洲地区需要继续优化土地资源开发利用策略，实现经济发展与生态环境保护的协调发展。

3. 农业生产潜力大

绿洲地区具有巨大的农业生产潜力，包括良好的自然气候条件、丰富的水资源、适宜的土壤肥力等优势。这些条件为农作物种植、畜牧业发展等提供了良好的基础，有利于提高农业产量和质量，满足当地和其他地区的需求，促进农业经济的持续发展。因此，绿洲地区的土地资源特点使其成为重要的农业生产基地，对当地和周边地区的经济发展具有重要意义。

4. 土地退化风险大

土地资源的分布与类型在社会经济发展和气候变化影响下不断发生变化，如土地沙化、盐渍化等，这使得土地资源管理面临新的挑战。在干旱荒漠区，土地盐渍化往往发生在土壤短暂或周期性湿润之后。因此，绿洲内排水不良，地下水位偏高，在气候干旱、蒸发强烈的特定荒漠条件下，土壤极易盐渍化。特别是一些河流的中、下游地段或湖泊边缘，这些地区由于地势低洼，为盐分积累提供了有利条件，如额济纳河下游、居延海沿岸一带等，盐渍化严重，导致绿洲衰退甚至废弃，进而影响了土地资源的分布和利用。

3.2 绿洲农业水资源

3.2.1 绿洲农业水资源类型

（1）地表水资源

地表水资源是指地表水体中的水资源，包括河流、湖泊、水库等。在绿洲地区，地表水资源往往是农业生产的主要水源之一。通过引水渠、灌溉渠等人工渠道，地表水资源可以被引入农田进行灌溉，满足农作物的生长需求。地表水资源的利用需要进行合理规划和管理，以确保水资源的充分利用和保护。此外，地表水资源还可以用于农业生产以外的用途，如家庭生活用水、畜牧业用水、生态用水等，因此需要综合考虑各种用水需求，进行统筹安排。

（2）地下水资源

地下水资源是指地下岩层中储存的水资源。在绿洲地区，地下水资源通常是农业生产的重要补充水源。由于地下水受到地下岩层的保护，相对稳定，因此在干旱地区，地下水资源被广泛用于农业灌溉。然而，地下水资源的开采和利用也面临着一些问题，如地下水位下降、地下水污染等。过度开采地下水资源可能导致地下水位下降，甚至形成地下水超采区，对当地生态环境和农业生产造成不利影响。因此，合理利用地下水资源，加强地下水资源的保护和管理，对于绿洲农业的可持续发展至关重要。

（3）降水资源

绿洲水资源主要来源于内陆河，其次为降水，主要来源是西风环流携带的大西洋水汽和夏季太平洋季风携带的水汽遇冷后形成的降水。中国西北及中亚夏季的山前平原绿洲农区很难形成有效降水，农业灌溉用水主要依靠西风环流或太平洋季风在“山地-绿洲-荒漠系统”的山地产生抬升性降水及冬季积雪融化产生的冰雪融水汇流形成的内陆河水。

3.2.2 绿洲农业水资源的特点

（1）水资源的稀缺性

水资源紧缺是绿洲地区面临的最大生态挑战。区域间水资源竞争、生产与生态用水竞争、产业间用水竞争、水污染日趋严重、地下水超采与水质恶化、植被退化等，都与水资源紧缺直接相关。缓解水资源紧缺，只能通过开源和节流。在工业化和城市化的进程中对水的竞争使用，一般会造成城市用水和工业用水大量挤占农业用水，而农业用水又挤占生态环境用水的恶性局面，导致自然植被退化、森林草原面积减少、河流尾闾湖泊逐渐消失、土地沙化、水土大量流失、灌区次生盐渍化严重、沙尘暴频发、地表水和地下水体污染、河流断流、河床淤积、海水倒灌、地面塌陷等严重的生态后果。这些水生态问题的影响，使得有效水资源量减少，水资源短缺愈加严重。

区域经济发展不能以牺牲资源和环境为代价，资源和环境才是区域可持续发展的基础。以石羊河流域为例，其是内陆干旱区相对封闭的一个生态系统，流域水资源基本来源于南部祁连山区。1975 年以来，在流域上游祁连山区和流域中游兴建了近 30 座水库，实现了流域水资源的完全人工控制，对当地的社会经济发展起到了极大的推动作用。但从另一个角度来说，水库的修建使得流域下游来水量越来越少，红崖山水库年入库水量急剧减少。在下游民勤绿洲耕地面积不断增加的情况下，地表来水量的减少使得地下水开采量逐年增加，对当地生态环境造成极大破坏。20 世纪 50 年代以来，人口增长、社会经济发展和资源的高强度开发等原因，直接或间接导致区域生态系统的退化，引发了一系列生态环境问题，给社会和经济发展带来了极大的阻碍和损失，给人民生命财产安全带来了威胁。石羊河流域的生态环境问题引起了党和国家领导人的高度关注。2011 年，为了解决石羊河流域的生态环境问题，政府部门实施了石羊河综合治理工程。这一工程包括水资源管理、生态恢复、土地治理等多方面的措施，旨在改善石羊河流域的生态环境，保护水资源，防止土地沙漠化，提高生态系统的稳定性和可持续性。在石羊河综合治理工程中，政府加大了水资源管理力度，实施了水资源调度和利用控制措施，以确保水资源的合理分配和利用。同时，通过实施植被恢复和生态修复工程，加强了对石羊河流域生态系统的保护和恢复工作，促进了当地植被的生长和土地的生态稳定，也为当地社会经济的可持续发展奠定了良好的基础。这一工程也成为我国生态环境治理的成功案例，为其他地区的生态环境保护提供了有益的借鉴和经验。

(2) 水资源时空分布不均

绿洲地区的水资源时空分布不均。由于地理位置和气候条件的影响，绿洲地区的水资源在时间和空间上表现出不均匀的特点。在时间上，降水量季节性变化明显，春、冬季干旱，夏、秋季多雨，农业生产需要根据降水情况进行合理的灌溉安排。在空间上，绿洲地区内部的水资源分布也不均匀，有些地方地下水丰富，而有些地方地下水资源相对匮乏，因此需要进行合理的水资源调配和利用。

此外，修建水坝、水库等水利工程，也导致绿洲地区的水资源时空分布发生了变化。水坝和水库的建设可以调节水资源的分配和利用，提高水资源的利用效率。在时间上，水库可以储存雨水，使得干旱季节也能够有一定的水源供应，从而减轻了农业生产的压力。在空间上，水坝和水库的建设可以改变地区内部的水资源分布格局，使得原本干旱的地区也能够获得充足的水源供应，从而促进了当地农业的发展和生态环境的改善。然而，水坝和水库的建设也可能带来一些负面影响，如可能会影响当地生态系统的平衡，导致生态环境的破坏。因此，在水利工程建设过程中需要进行科学评估和合理规划，以最大限度地发挥水资源调节的作用，同时最大程度地减少对生态环境的影响。

(3) 水资源对气候变化的敏感性

绿洲地区的水资源对气候变化具有敏感性。气候变化可能导致绿洲地区降水量和温度的变化，进而影响农作物的生长和水资源的供应。在气候变化的背景下，绿洲农业需要加强水资源管理和适应性措施以减轻气候变化对农业生产的影响。例如，通过改进灌溉系统，提高水资源利用效率；选择适应气候变化的作物品种等措施，以应对不断变化的气候条件。

3.3 绿洲农业气候资源

3.3.1 绿洲农业气候资源类型

(1) 光照资源

光照对绿色植物是光合作用、生长发育必不可少的条件。绿洲地区全年光照 2600 ~

3500h，是我国光照时数最多的地区之一，尤其是6～8月每月的光照时数都在300h以上，较同纬度的东部地区每月多40～60h，这对绿洲的特色农业非常有利，是造就绿洲特色产业的重要条件。

此外，大量的光照资源也为绿洲地区发展光伏发电提供了天然的条件。光伏发电的发展也带动了绿洲地区的进步，光伏发电可以提供清洁的能源供应，减少对传统能源的依赖，有助于改善绿洲地区的能源结构，降低对化石能源的需求，减少对环境的污染。光伏发电系统的建设还可以为绿洲地区带来就业机会，促进当地经济的发展。同时，光伏发电系统的运行和维护也需要一定的人力资源，为当地居民提供了就业机会。

光伏发电系统的建设可以提高绿洲地区的能源供应稳定性，降低能源供应的不确定性，有利于农业生产的持续发展。光伏发电系统的运行还可以减少温室气体的排放，有助于提高当地的环境质量，为绿洲农业提供更加清洁的生产环境。因此，光伏发电技术的推广应用对于绿洲地区的农业生产和可持续发展具有积极的促进作用。

（2）热量资源

热量是生物一切生化作用强弱的重要环境条件，生物的一切生命活动都是在一定温度范围内进行，尤其是植物的生命活动所需要的温度条件更直接决定着作物生育期进程、产量高低及品质优劣。因此，热量条件也是绿洲农业不可或缺的重要环境资源。绿洲区的热量资源现状因地域差异而有所变化，但整体上相对充足。以酒泉和乌鲁木齐为例，这些绿洲地区通常具有丰富的太阳辐射和较长的光照时间，为农业生产提供了良好的热量条件。然而，热量资源的分布并不均匀，受地形地势和气候变化的影响，绿洲区的昼夜温差也较大，这些特点对当地的农业生产布局和农作物品质产生深远影响。

（3）风能资源

空气流动形成风，而风的流动可以是由温度差异引起，也可能是由高空气流辐合或辐散所致。新疆、河西走廊较大的风速往往是由于冷空气入侵，在相应地貌条件下形成。入侵我国的冷空气主要从西北方、西方和北方山体的峡谷、隘口等处进入，新疆西部、北部都有峡谷、隘口，首当其冲地遭遇大风；河西走廊及银川平原的狭管效应，也使风力较大、较多，而也正因如此，风力发电作为一种利用风能转动风力发电机产生电能的清洁能源技术成为西北地区发挥其资源优势的首要条件，特别是位于甘肃省的酒泉市，更是我国著名的风力资源富集地之一，拥有丰富的风力资源。酒泉风电基地也是我国最大的风电基地之一，拥有大量的风力发电项目，利用当地丰富的风能资源，通过建设风力发电机组，将风能转化为电能，为当地的能源供应作出了重要贡献。

风力发电对绿洲农业的影响是显而易见的。一方面，风力发电为绿洲地区提供清洁的能源供应，减少对传统能源的依赖，有助于改善能源结构，降低对化石能源的需求，减少环境污染。另一方面，风力发电项目的建设和运营为当地带来了就业机会，促进了经济的发展。

风力发电系统的建设提高了绿洲地区的能源供应稳定性，降低了能源供应的不确定性，有利于农业生产的持续发展。风力发电系统的运行减少了温室气体的排放，提高了当地的环境质量，为绿洲农业提供了更加清洁的生产环境。因此，风力发电技术的推广应用对于绿洲地区的农业生产和可持续发展具有重要的促进作用。

3.3.2 绿洲农业气候资源的特点

（1）热量资源时空差异大

我国的绿洲分布在暖温带、中温带、寒温带及青藏高原北缘地区，热量条件变化较大，但有一个共同特点，与我国同纬度的东部地区相比，暖季的热量资源较东部地区丰富，气温高、日夜温差大，加上光照强、灌水可控性等资源耦合的特殊气候条件，孕育了绿洲高效特色农业的生态环境基础，创造了优质棉、优质番茄酱、绿色葡萄干、宁夏红枸杞、哈密瓜、黄河蜜瓜等众多的特色农产品，成为我国绿洲农业的亮点。认真而全面地研究绿洲农区的热量及其他有关资源，分析其机理，趋利避害地开发利用是发挥绿洲农业优势的必由之路。

（2）光照资源丰富

在农作物生长期间，绿洲农区的太阳辐射（日照）较东部地区高，加上白天的高温有利于农作物的光合作用，而夜间又较凉爽，有利于光合产物积累，故光能利用率高，农作物产量高。西北内陆干旱区日照长、辐射强、热量足、温差大，可谓是西北内陆干旱区资源的重要特征，更是绿洲光合生产力位居我国各类型气候区之上和产品品质优良的资源优势。

绿洲区年日照2600～3500h，是全国日照最长的农区，尤其是6～8月每月平均长达300h以上，较同纬度其他农区多40～60h。由于云量少，云层薄，大气水含量少，对太阳辐射削弱少，绿洲区的太阳辐射强度也是全国最高的。

1）绿洲农区暖季的热量资源。暖季太阳进入北回归线，我国各地的气温均上升。但同纬度地区间由于海拔、地貌状况（山地、盆地、谷地、走廊等）、地面条件（沙戈壁、农田、湿地等）等的差异，气温上升的速度不同，其中西部绿洲地区的气温较同纬度的东部地区更丰富。基于荒漠区对绿洲区的增温效应，使得绿洲区的热量条件明显地好于同纬度东部地区。同属一个纬度，海拔1286m的新疆喀什≥10℃积温为4300℃，比海拔31.2m的北京≥10℃积温（4169℃）高3.14%；海拔423m的石河子≥10℃积温（4169℃）3478℃，比海拔215m的长春（3168℃）高9.79%。而海拔与北京相当的吐鲁番绿洲区（海拔不足35m）7月气温平均33.6℃，8月33.7℃（极端值达48.1℃），远较北京高≥10℃积温接近4500℃。从各季和全年积温看，吐鲁番绿洲区理应被划属热带-亚热带气候区。然而，由于1月的-9.6℃平均气温，它实际上被归类为极端干旱的暖温带。绿洲区夏、秋季温度的日变幅比东部地区大3~4℃，如7月的银川、酒泉、喀什的日变幅为12~14℃，比北京高2.8~4.5℃，10月比北京高3~4℃。作物生长季节，特别是秋季较大的温度日变幅，有助于作物光合产物的积累。

2）绿洲农区相较于我国同纬度的东部地区更为寒冷。冬季，我国北方地区受蒙古冷高压控制，地处西北的绿洲农区不仅受到北方入侵的冷空气的直接影响，还首当其冲地面对从西北方向入侵的冷空气。在地面覆雪时，沙漠原有的增温效应也将不再存在。对于无雪覆盖下的干燥沙漠、戈壁，虽然在冬季日晒下也能提高温度，但无论是气温还是地表温度都保持在较低水平，难以出现暖季时的增温效应。因此，绿洲农区的冬季相较于同纬度的华北、东北地区更为寒冷，且时间更长，1月平均气温低1.5~3.5℃。

(3) 风能资源丰富

绿洲地区的地理环境决定了其具有丰富的风能资源。绿洲地区通常地势较为平坦，没有高山阻挡风力传播，且大部分地区气候干燥，风速较大。这种地理环境使得绿洲地区具备了较为理想的风力发电条件，适宜建设风力发电设施。绿洲地区的风能资源分布不均匀。由于地形、植被和人类活动等因素的影响，绿洲地区的风能资源分布存在一定的不均匀性。一些地区风力较大，适宜建设风力发电项目，而另一些地区风力较小，建设风力发电项目需要进行详细的风能资源评估和调查。

风可以给绿洲农业带来有利影响：①微风有利传播花粉，使作物群体内部空气有序流动，二氧化碳得以补充，光合作用顺利进行；②可以加快蒸腾作用，降低叶温，避免灼伤。

3.4 绿洲农业生物资源

3.4.1 绿洲农业生物资源类型

1. 植物资源

(1) 粮食作物

1）小麦。小麦属禾本科小麦属，一年生或多年生草本植物。小麦是一种温带长日照植物，适应范围较广，自18°N到50°N，从平原到海拔4000m的地区（如西藏）均有栽培。按照小麦穗状花序的疏密程度、小穗的结构、颖片、外稃和芒，以及谷粒的性状、颜色、毛绒等，种下划分为极多亚种、变种、变型和品种。根据对温度的要求不同，小麦分为冬小麦和春小麦两个生态型，不同地区种植不同类型。在西北绿洲区种植春小麦，于春天3~4月播种，7~8月成熟，生育期短，为100天左右。小麦是世界上最重要的粮食作物之一，其总面积、总产量及总贸易额均居粮食作物的第1位，全球有1/3以上人口以小麦为主要粮食。我国干旱地区，小麦的种植面积和产量也居粮食作物首位。

2）玉米。玉米属禾本科玉米属，一年生草本植物。玉米喜温，是一种短日照植物，在砂壤土、壤土、黏土上均可生长。全世界玉米播种面积仅次于小麦、水稻居第3位。在我国，玉米的播种面积很大，分布也很广，是我国北方和西南山区及其他旱作地区的主要粮食和饲料作物。我国的玉米产量居世界第2位。河西走廊是粮食生产优势区之一，日照充足、气候温和、生长期较长，适合小麦套作玉米多熟种植。新疆北疆和甘肃河西走廊生产的玉米种子优良，制种业发达，为提高种粮效益创造了条件。今后需在粮食深加工等方面进一步提高种粮效益，使之成为高种粮效益的粮食生产基地。

3）马铃薯。马铃薯性喜冷凉，是喜欢低温的作物，其地下薯块形成和生长需要疏松透气、凉爽湿润的土壤环境。对温度的要求较高，块茎生长的适温是16～18℃，当气温高于25℃时，块茎停止生长；茎叶生长的适温是15～25℃，超过39℃时停止生长。河西走廊绿洲区因其独特的气候条件，已成为我国马铃薯栽培的主要区域。

马铃薯既是粮食作物、蔬菜作物，又是畜禽良好的饲料，随着科学技术的飞速发展，它已成为轻工业的重要原料。利用马铃薯可以生产淀粉、糊精、酒精，也可以酿醋和制作果脯、果酱、糖浆等食品。近年来，马铃薯的营养价值和药用价值逐渐被人们所重视，尤其是加工后的马铃薯食品更是受到国内外消费者的青睐，成为国内外餐桌上必不可少的佳肴，在食品工业中所占比例越来越大。随着马铃薯加工业的发展，对各类专用型种薯的需求量也越来越大。

我国绿洲地域分布广泛，气候差异大，不少地方的光、热、水、土条件十分适合马铃薯制种。例如，河西走廊绿洲的天祝县，耕地大部分分布在海拔2040～2900m地区，耕层深厚，土壤肥沃、疏松、富含有机质，化肥、农药用量少，土壤、水源及空气污染程度低，气候凉爽，昼夜温差大，空气湿度低，加上自然沟谷形成了得天独厚的隔离屏障，传毒蚜虫少，马铃薯病毒病及早、晚疫病发生轻微，生产的种薯质量好，退化慢，异地增产明显（增产幅度一般可达30%），历史上就是河西走廊及周边地区的马铃薯种源地，天祝县被甘肃省作为全省四个种薯基地县之一进行重点扶持。因此，在实施乡村振兴战略中，按照区域优势，合理安排马铃薯制种，积极培育马铃薯种薯市场，对于提高绿洲地区农业和农村经济的整体效益具有重大的现实意义。

（2）经济作物

1）棉花。我国是世界棉花生产及消费第一大国，其中绿洲棉区又是我国优质棉的重要产地，种植面积占全国棉花种植总面积的25%左右、皮棉产量占全国总产量的34%左右，显示了绿洲棉区举足轻重的地位。

棉花是典型的喜温作物，要求>10℃积温在3000℃以上，其中开花结铃期对温度的要求更高、更严格（25～30℃），而绿洲许多地区的热量水平是能够满足植棉的基本条件。

例如，新疆南疆塔克拉玛干大沙漠周边、东疆吐哈盆地及北疆古尔班通古特沙漠周边地区因其热量条件优良，而成为绿洲棉区的主产区，面积占绿洲棉区的95%以上。甘肃的绿洲棉区面积只占绿洲棉区总面积的5%左右，但与新疆北疆棉区的生态条件、棉花品种、栽培技术等都十分近似，共同构成了我国的特早熟内陆棉区。

纬度、海拔是影响热量最主要的生态因子。我国的绿洲棉区之所以表现优异，除纬度、海拔的作用外，主要还是由地貌（盆地、谷地、走廊）及周边等的地面状况（沙漠、戈壁）对热量的作用所致，地区性（绿洲）的热量条件被改善，遂成为我国最北的优质棉区，如位于44°N以北的新疆准噶尔盆地的古尔班通古特沙漠周边绿洲、伊犁谷地的莫合尔沙漠周边绿洲，棉花生长发育好、产量高；位于43°N，沙漠、戈壁广布且海拔较低的吐鲁番、哈密盆地绿洲，棉花生长发育好，尤其适于种植长绒棉；又如位于新疆塔里木盆地的塔克拉玛干大沙漠周边绿洲、甘肃河西走廊西部位于库姆塔格沙漠边缘的敦煌、安西及位于腾格里沙漠、毛乌素沙漠之间的民勤绿洲，由于沙漠增温效应及地貌的良好作用，使之也成为绿洲棉区之一。

2）蔬菜作物。蔬菜业是绿洲高效益的优势产业，绿洲独特的光、热、水资源决定了蔬菜业是绿洲高效益的优势产业。绿洲中的农田处在荒漠气候条件下，太阳辐射资源丰富，是我国光能生产潜力最大的地区之一。农田白昼的气温较高，而夜间很快变凉，形成昼夜温差大的热量分布特征，利于光合产物的积累，表现出绿洲农业气候的一个良好的叠加效应。同时，绿洲水源较为充足，年际变化小，比较稳定。丰富的水资源造就了绿洲的灌溉农业，于是出现了农田的光热资源再加上丰富水资源的第二个良好的叠加效应。这两种叠加所形成良好的光温水生产潜力，是沿海内陆地区所没有的优势农业生产条件，很适合瓜果蔬菜等园艺作物的生长，使瓜果、蔬菜品质优良，享誉海内外。目前，绿洲瓜果、蔬菜品种十分丰富，产品销往20多个省（区、市），以及港澳台地区，并出口日本、加拿大、东南亚等十几个国家和地区，深受消费者的喜爱，获得了巨大的经济、社会效益。此外，蔬菜业尤其是设施反季节蔬菜栽培在目前生产中还显示出高效益的特点。

3）药用植物。在我国的不同气候带都分别有一大批相应种类的中药材及其产业。绿洲地区地处西北干旱、半干旱地区，以其特殊的生态环境，生产出了许多人无我有的特色中药材。该区域野生药材资源丰富、蕴藏量大，是许多名贵中药材的地道产区，也是出口药材的重要产区，药材生产在这里的农业经济中占有重要位置，栽培种类以红花、枸杞、天麻、杜仲、当归、党参等为代表，野生种类则以甘草、苦豆子、麻黄、大黄和锁阳为代表。合理开发野生药材资源与扩大人工种植相结合，是关系到西北地区的荒漠化治理和水土保持的大事。把握住国家西部大开发的战略契机，加快西北绿洲的药材生产与产业化进程，对于西部地区农业产业结构的调整、发展农村经济、增加农民收入和生态环境的保护具有重要意义。列举部分代表药用植物：

甘草。甘草是西北地区重要大宗中药材，为多年生豆科植物，是主要药用植物之一，同时也是防风固沙，防止水土流失的天然植物资源。甘草属植物作为干旱、半干旱地区重要的药用植物资源，也是我国著名传统的大宗中药材。20 世纪 60 年代起，我国开始人工繁殖甘草试验，进入 80 年代，人工种植甘草在新疆、甘肃、内蒙古、宁夏等绿洲农区得到普及。

麻黄。麻黄是北方的道地药材之一，20 世纪 90 年代，内蒙古、宁夏、新疆开始人工种植麻黄草。截至 2020 年，全国人工种植麻黄面积 2500 ~ 3500hm^2，主要集中在内蒙古鄂托克前旗、鄂托克后旗和杭锦旗等地，约 1300hm^2，宁夏约种植 1300hm^2，其余在绿洲农区零星分布。

枸杞。在我国分布有宁夏枸杞、新疆枸杞、截萼枸杞、柱筒枸杞、云南枸杞等品种，以及黄果枸杞、密枝枸杞等变种。其中，宁夏枸杞在我国已有悠久的栽培历史，是名贵的中药材，具有极高的食用价值和药用价值。

肉苁蓉，又名金笋、地精，别名蓉、大芸，为列当科肉苁蓉属多年生寄生草本。其主产于内蒙古、新疆、甘肃、宁夏、青海等省区，素有“沙漠人参”之称。

红花，亦称栽培红花，为菊科 1 ~ 2 年生草本植物。红花为油花两用的古老名贵药用植物，我国不是红花的起源中心，但栽培历史悠久，自西汉张骞通西域以来，从近东经丝绸之路传入我国，新疆是我国红花种植历史最久远的地区，也是发展速度最快的地区。

4）饲料作物。紫花苜蓿是优质、高产、适应绿洲生态环境的多年生牧草，被称为“人工牧草之王”“牧草皇后”。它营养丰富、饲用价值高，同时也是优良的改土培肥植物，对干旱、半干旱地区有广泛的适应性。紫花苜蓿是我国当前种植面积最大的牧草，现有面积 104.53 万 hm^2，约占全国人工草场面积的 78.5%，绿洲地区占比更高，是推动绿洲农业产业结构由“二元”向“三元”转变的切入点，是产业的先锋。大量试验表明，目前绿洲地区还没有比紫花苜蓿更好的草种。

2. 动物资源

（1）家畜

作为农业区域的一部分，绿洲地区常常饲养各种家畜。其中最常见的家畜包括牛、羊和马。这些家畜为当地居民提供奶、肉类和皮革等产品。

（2）家禽

绿洲地区还饲养了各种家禽，包括鸡、鸭和鹅等。这些家禽不仅提供蛋白质和肉类，还可以用于控制害虫和提供补充肥料。它们一般自由放养在绿洲的农田和河流附近，享受着充足的食物和水源。

（3）水产

绿洲地区通常拥有丰富的水源，包括湖泊、河流和温泉。这些水体提供了优质的水产资源。绿洲地区的水产资源主要包括鱼类和虾类。有些绿洲地区的湖泊是各种淡水鱼的栖息地，如鲤鱼、鳜鱼和鲈鱼等。此外，一些地区的水体中富含盐分，适宜开展咸水养殖业。

3.4.2 绿洲农业生物资源特点

（1）物种多样性丰富

绿洲地区的农业生物资源物种多样性丰富，包括植物、昆虫、鸟类和其他野生动物等。丰富的物种多样性对绿洲地区的农业生态系统具有重要的意义。

1）植物多样性。绿洲地区的农业植物包括了广泛的作物种类，如小麦、大麦、燕麦、油菜、高粱等。这些植物的多样性有助于提供不同的农产品和食物选择，使农业生产更为丰富和可持续。

2）生态系统资源。在绿洲区的生态系统中，不仅有陆地生态系统，还有水域生态系统，如湖泊、河流等水域生态系统。这些不同类型的生态系统相互联系、相互作用，形成了一个复杂而完整的生态系统网络。水域生态系统为绿洲区提供了水资源，维系着当地植物和动物的生存和繁衍，是绿洲区生态系统多样性的重要组成部分。

3）遗传资源。绿洲地区的农业生物资源中存在着许多珍稀的植物品种和野生种群，这些物种具有重要的遗传资源。保护和合理利用这些遗传资源有助于提升作物的抗病虫害能力和适应性，提高农业的可持续性。

（2）农业生态系统脆弱

1）水资源短缺。绿洲地区的水资源是农业生态系统的关键要素。然而，由于气候变化和人类活动等因素的影响，绿洲地区的水资源面临着不稳定和供应有限的问题。水资源的短缺性使得农业生产面临着风险和不确定性。

2）土地退化。长期的农业生产和不合理的土地利用方式导致了绿洲地区土壤的退化问题。土壤侵蚀、盐碱化和土地沙漠化等现象加剧了土壤质量和肥力的下降，制约了农业生产的可持续性。

3）极端事件的发生。绿洲地区在全球气候变化的影响下，面临着更加频繁和严重的灾害风险，如干旱、洪水和暴雨等。

第4章 绿洲农业资源评价

4.1 绿洲农业资源评价目的

4.1.1 制定合理的农业资源开发利用规划

合理开发农业资源必须遵循有计划、适度开发的原则，处理好利用与保护之间的关系。保护是为了更好地开发利用，是实现农业资源可持续利用的前提。因此，各地区应制定农业资源开发利用规划，有计划、分步骤、科学合理地利用农业资源，解决好农业资源开发利用与资源再生和保护之间的关系，做到近期利益与长远利益相结合，经济效益、社会效益和生态效益兼顾，使农业资源的开发利用步入良性循环轨道。

4.1.2 确定合理的农业发展规模

在干旱地区，确定水资源量与适宜绿洲面积的关系尤为重要。水资源是维持地球生态平衡最积极的要素之一，生态系统的稳定和平衡是可持续发展的基础，充足、优质的水资源是21世纪可持续发展战略实施的重要保障。绿洲耕地无限制地增加，会导致水土不匹配，而绿洲耕地弃耕比例过高会导致绿洲环境质量及稳定性降低。因此，绿洲耕地面积必须维持在一个合理的规模，要与当地的水资源水平相匹配。

例如，塔里木河及其支流冲积洪积扇、河西走廊三大河流的冲积平原、柴达木盆地各河的冲积扇缘细土带等，均是绿洲形成和发育的良好场所。这些地段既不可能由于荒漠化过程而消失，也不会因为绿洲化的出现而改变整个干旱区的荒漠化过程，荒漠和绿洲将长期共存。人类的任务在于认识和掌握荒漠化和绿洲化的形成、发展规律，寻求一个合理的荒漠-绿洲结构，包括面积数量结构和空间布局结构。面积数量可理解为规模，空间布局可理解为分布。开展绿洲合理规模与发展空间研究，将为绿洲的有效建设提供理论和应用依据。一般而言，某一绿洲规模取决于水土资源匹配程度，水资源丰富和土地资源宽广的区域便会形成规模较大的绿洲。但在人工调控下，通过节约用水、因地制宜开发土地资源，则有可能扩大绿洲规模，发展新绿洲。绿洲的空间分布随水土资源空间匹配关系的变化而变化，当水资源在河流上段开发强度加大、下游得到的水量减少时，往往会形成上段绿洲得到发展而下段绿洲萎缩的局面。石羊河流域的武威绿洲和民勤绿洲，黑河流域的张掖绿洲和居延绿洲，塔里木河流域河源绿洲的上游绿洲与中下游绿洲都存在这种局面。这一演替是否合理？人类应该肯定这一演替过程还是应该否定这一过程？是应该促进绿洲的区域转移还是维持绿洲的现状格局？要回答这些问题是复杂的，应该从干旱区绿洲和荒漠合理格局的高度，从环境、资源、社会和经济的综合效益出发，去开展这一领域的研究。

4.1.3 实现绿洲农业资源的优化配置

资源优化配置一方面应提高资源的分配效率和利用效率，合理解决各部门之间的竞争问题，促使各部门内部高效利用资源；另一方面应减少污染物，促使环境容量合理调配。科学利用资源应成为资源合理利用的核心和资源管理的首要任务。

资源优化配置的最终目标是在保护好生态环境的前提下追求效益最大化，即单位资源量所创造的经济效益、生态效益和社会效益尽可能达到最大值。为此，在优化配置过程中必须统筹考虑，力求保持不同时段内需求资源变量、供应资源变量和资源质量的动态平衡。

为了更好地利用农业资源，需要进行农业区划，对不同类型的农业区域进行不同的农业生产布局和资源配置。例如，在农业开发区内，应优先利用土地资源和水资源，集中发展高效经济作物的种植，提高土地资源和水资源的综合利用效益。在农业保护区内，应加强土地资源和水资源的保护，防止过度开发和污染，保护生态环境和自然资源。

绿洲农业结构调整主要涉及资源配置与产业结构的优化。从资源配置的角度看，绿洲农业结构调整是从边际生产率较低的传统行业、传统产品向边际生产率较高的新型行业、新型产品的转移。这一转移可以改善旱区农业资源，进而提升全社会资源的配置效率，加速农业增长和国民经济发展。它依据的是资源禀赋理论，资源禀赋理论是对比较利益理论的进一步发展，它既强调了市场交换的基础，同时也相对独立地描述了一个地域内资源的自然存量特征与比例关系。而产业结构调整则侧重于其主体与外部系统间，以优化产业结构为目的的活动。结构调整中的优化配置原理主要有资源配置原理、主导产业选择原理和产业结构专业化调整的演变机制。

4.1.4 提高农业资源综合利用的技术和能力

目前我国对农业资源的利用普遍存在着综合利用水平低的问题，造成资源浪费、效益低下、产品结构单一、产品科技含量不高等现象。所以必须摒弃过去单一的利用方式，树立综合利用的新观念。随着社会经济持续快速发展和科技进步，我国经济实力迅速提高，人们对农业资源开发利用的认识水平也在不断提高，这为农业资源综合利用，建立多种经营、全面发展的多元型经济结构提供了物质保证和科学理论支持。同时，人们对农业资源产品的多方面、不同层次的巨大需求，给农业资源的开发提供了广阔的市场，使农业资源综合利用成为可能。

造成农业资源综合利用水平低的主要原因是农业资源综合利用技术水平不高和综合利用能力不足。迅速提高我国农业生物资源综合利用技术和能力，是提高我国农业生物资源综合利用水平和效益的关键。

4.1.5 提升农业风险管理水平

为了保障绿洲农业的持续发展，政府需要制定完善的规划方案。规划应该充分考虑当地资源环境特点和农业生产需求，制定合理的农业用地和水资源管理方案，并制定相关政策措施，支持绿洲农业的发展。政府应该制定相关政策，如税收优惠、土地使用权优惠、贷款支持、技术培训等，鼓励农民和企业参与绿洲农业，为绿洲农业提供必要的资金和技术支持。水资源是绿洲农业持续发展的关键因素，政府应该加强水资源管理，合理规划和分配水资源，加强水资源的保护和治理，防止水资源浪费和污染，保障绿洲农业的持续发展。为了促进绿洲农业的发展，政府应该建立起完善的农产品市场体系，通过市场机制调节农产品价格，提高农产品的附加值，增加农民的收入，推动绿洲农业的持续发展。

绿洲农业作为一种有效的干旱地区农业生产方式，对改善当地环境、促进经济发展和满足当地居民的粮食需求具有重要意义。为了促进绿洲农业的发展，需要建立完善的政策体系和支持机制，提高绿洲农业的技术水平和管理水平，促进绿洲农业的可持续发展。

4.1.6 应对全球气候变化

近30年以来，全球变暖的趋势不断加强，其中，有14个最暖年份出现在1990年以后。2005年是有记录以来最热的一年，而1998年与2007年则并列第二。变化最为剧烈的是北极地区，然后依次是俄罗斯、加拿大及中国的北部。1970年以前，新疆一直低于全球温度的平均值，而1970年以后，新疆的温度则逐渐高于全球平均温度，作为典型的依靠高山融水补给的旱区，这种温度的变化直接影响着山区的降水，进而影响山前绿洲的稳定。此外，2016年、2019年和2020年被确认为有史以来最热的三年，2010~2024年的其他年份也普遍位于气温历史纪录的前列，在此期间出现了更频繁的干旱、水资源短缺、洪涝灾害、生态系统失衡、食品安全和经济挑战等问题。特别在2017年夏季，中国西北地区遭受了严重的旱灾，尤其是新疆、甘肃等地深受影响，旱情严重影响了农作物生长，导致农田干旱，水资源紧缺，给当地农民的生活和生计带来了严重挑战。

在未来气候变暖背景下，我国农业热量资源将会重新调整。研究结果表明，当年平均气温增高1℃时，东北平原地区≥0℃积温约增加130℃，华北地区约增加250℃，长江流域增加350～450℃，华南地区增加350～450℃，云贵高原增加300～350℃，西北干旱半干旱地区增加250～350℃，青藏高原约增加190℃。

未来气候变化对绿洲农业发展利弊共存。一方面，夏季降水增多有利于增加径流量，冬季降雪有利于增加冰川区域储水量，有利于抑制冰川后退；植被覆盖增加，固定和半固定沙丘面积有可能扩大；温度增高，有效积温增加，使得作物产量增加；无霜期延长，复种指数将会提高；气候变暖使冬季负积温减少，减轻了室外越冬作物的覆盖作业强度，同时也减少了温室大棚燃料消耗量。另一方面，由于全球变暖导致蒸发加剧，土壤水分蒸散加大，同时耕地面积的扩大挤占了荒漠-绿洲过渡带的生态空间，导致荒漠-绿洲过渡带萎缩，物种多样性减少，生态功能下降；气候变暖使灾害性极端天气增加，干热风、沙尘暴、低温冻害的危害加重，对设施农业、大田生产造成的损失增加。气候变化通过影响水资源的时空分布，进而影响到风沙、植被等因素，最终作用于绿洲，其影响具有直接性和间接性。绿洲区是我国气候变化的敏感和脆弱区，了解我国未来气候的可能变化，分析干旱的发展趋势，对于合理利用水资源，针对气候变化对农业的影响制定科学的对策，从而促进绿洲农业可持续发展是非常必要的。

近百年来现代气候变化对荒漠化的影响主要是通过气候变化对旱地土壤、植被、水文循环的影响而缓慢、渐进发生的，其中降水变化起关键作用。全球气候变暖对我国沙区荒漠化发展趋势做出的预测结果表明，随着全球气候变暖，我国西北干旱区气候可能向暖湿化方向发展，这对于抑制自然荒漠化扩展过程、促进其逆转过程是有利的。但干旱区降水的增加对荒漠化逆转过程的作用是缓慢的。同时，气候变化特别是降水预测仍有很大的不确定性，加之降水增加不多而气温上升较高，蒸发量加大，这有可能使区域气候变得更为暖干化。要遏制荒漠化的扩展，应采取适应于减缓气候干旱化的对策。需要特别指出的是，有关气候变化及其影响的研究很多，观点结论各有不同，加上气候变化的研究存在很大的不确定性，因此，必须继续加强气候变化规律和干旱趋势的监测和研究，增强社会意识，及早采取应对气候变化的适宜对策。

4.2 绿洲农业资源评价方法

4.2.1 传统评价方法

(1) 实地考察

实地考察是地理学研究的重要方法，强调要到大自然中去观察和体验，通过实地考察获取第一手资料。

实地考察要全面细致，在考察中要详细记录自然现象，包括地形地貌、气候、植被、动物等各个方面，还要观察当地居民的生活状况。通过大量翔实的考察，才能准确认识一个地区的地理特征。同时，考察要具有比较视角，单一地区的考察是不够的，还要通过比较不同地区的异同，才能发现事物的规律性。最后，考察成果要形成体系，要将零散的考察记录整理成系统的地理著作，用来阐明自然界的普遍规律。此外，实地考察要与其他学科相结合，用多学科的眼光来考察自然，考察涉及地质、气象、生物、人文等诸多领域，体现了地理学的综合性特点。

（2）历史分析法

历史分析法是具体分析方法的一种，即运用发展、变化的观点分析客观事物和社会现象的方法。客观事物是发展、变化的，分析事物要把它发展的不同阶段加以联系和比较，才能弄清其实质，揭示其发展趋势。有些矛盾或问题的出现，总是有它的历史根源，在分析和解决某些问题的时候，只有追根溯源，弄清它的来龙去脉，才能提出符合实际的解决办法。

历史分析法通过对有关研究对象的历史资料进行科学的分析，说明它在历史上是怎样发生的，又是怎样发展到现在状况的。换言之，就是分析事物历史和现状的关系，包括历史和现状的一致方面以及由于环境、社会条件的变化而造成的不一致方面。历史分析的目的，是为了弄清楚事物在发生和发展过程中的“来龙去脉”，从中发现问题，启发思考，以便认识现状和推断未来。对于社会学研究人员来讲，离开了对调查对象的历史分析，研究就缺少历史感，而没有历史深度的表述和结论都是不彻底的。

4.2.2 多指标综合评价法

多指标综合分析方法按照权数产生方法的不同大致分为主观法和客观法两类。主观法是指根据经验和重要程度人为给出权数大小，再对指标进行综合评价，主要包括层次分析法、综合评分法、功效系数法、指数加权法和模糊评价法等方法。客观法则根据构建的综合评价模型以及指标自身的作用和影响确定权数，从而进行综合评价。这类方法主要有熵值法、主成分分析、变异系数法、聚类分析、判别分析等多元分析方法。上述方法在进行综合评价分析中各有所长，需要根据评价指标性质和评价目的进行选择配合使用。

（1）多指标综合评价法类型

1）因子分析法。因子分析（factor analysis）是由英国心理学家 C. Spearman 提出的，是主成分分析的发展。其利用降维的思想，通过研究众多变量之间的内部依赖关系，把相关性很高的多个指标转化为少数几个互相独立的综合指标，从而实现用较少的变量反映绝大多数信息，同时也大大简化了原指标体系的指标结构。

2）层次分析法。层次分析法（analytic hierarchy process）是 20 世纪 70 年代由著名运筹学家 T. L. Satty 等提出的一种定性和定量相结合的多准则决策方法。它的基本原理是用两两比较的方法确定判断矩阵，然后根据判断矩阵的最大特征跟相应的特征向量的分量作为相应的系数，最后综合出各方案各自的权重。该方法由于让评价者对照一张相对重要性函数表给出因素集中两两比较的重要性等级，因而可靠性高、误差小。不足之处是遇到因素众多、规模较大的问题时，该方法容易出现问题，它的应用限于诸因素子集中的因素不超过 9 个的对象系统。

3）灰色关联分析法。在多指标综合评价中，评价目标往往具有灰色性，因而，用灰色关联分析方法（gray correlation analysis）进行综合评价是适宜的。它由样本资料确定一个最优参考序列，通过计算各样本序列与该参考序列的关联度，就能对评价目标做出综合分析。在进行综合评价时，这种方法可避免主观因素对评价结果的影响。另外，灰色关联分析法对数据量没有太高的要求，在系统数据较少和条件不满足统计要求的情况下，更具有实用性。但是，这种方法要求样本数据具有时间序列特性，并且只是对评价对象的优劣作出鉴别，并不反映绝对水平。

4）人工神经网络评价法。人工神经网络（artificial neural networks）评价法通过神经网络的自学习、自适应能力和强容错性，建立更加接近人类思维模式的定性和定量相结合的综合评价模型。目前有代表性的网络模型已达数十种，使用最广泛的是由 David E. Rumelhart 等于 1985 年提出的反向传播（BP）神经网络，其拓扑结构由输入层、隐含层和输出层组成。已有定理证明，三层 BP 网络具有可用性，故只要给定的样本集是真正科学的，其结果是令人信服的。

5）模糊综合评价法。模糊综合评价（fuzzy comprehensive evaluation）利用模糊数学的原理来开展多指标问题的评价。模糊数学就是试图利用数学工具解决模糊事物方面的问题。以模糊数学为基础，应用模糊关系合成的原理，将一些边界不清、不容易定量的因素定量化，从多个因素对被评价事物进行综合性评价。它将评价对象和评价指标运用模糊数学方法转变为隶属度和隶属函数，通过模糊复合运算来得到模糊结果集，可以较好地解决综合评价中的模糊性，在许多领域广泛应用。

6）数据包络分析法。数据包络分析（data envelopment analysis，DEA）是著名运筹学家 A. Charnes 和 W. Copper 等学者在 1978 年提出。它以“相对效率”概念为基础，以数学规划为主要工具，以优化为主要方法，根据多指标投入和多指标产出对相同类型的决策单元（可以是部门或者企业等）进行相对有效性或效益评价的一种系统分析方法。根据各决策单元的观察数据判断其是否有效，本质上是来判断决策单元是否处于生产前沿面上。

（2）多指标综合评价法应用的原则

1）指标选取要合理。对于指标的选取，应增加相对指标的比例，这样不仅可以反映评价对象的规模数量，而且可以反映评价对象的结构质量。同时，要加强指标间关系的研究，处理好整体和局部的辩证关系。

2）指标体系构建要精简。尽管确定最优指标体系是不现实的，但这并不是说可以随意地确定指标体系。建立指标体系不能单纯追求大而全，而应以目的性为导向，将注意力放在指标在评价过程中所起作用的大小上，从中遴选出最有代表性、最核心的指标，这样不仅能更灵敏、更准确地体现评价目的，而且能减少评价的复杂程度，评价结果也更具有现实指导意义。

3）评价方法选择要匹配。多指标综合评价方法虽然很多，但是每种方法考虑问题的侧重点不尽相同。在进行评价工作时，应具体问题具体分析，在熟悉各评价方法基本原理的基础上，根据评价者本身的目的和评价对象的特点选择合适的评价方法。

4）数据处理要统一。在对数据进行标准化处理上，所选用的转化公式要根据客观事物的特征及所选用的统计分析方法确定。在多种方法均具可行性的情况下，应遵循简易性原则，尽可能采用直线型转化公式。此外，当综合评价的指标都是客观数值时，一般来说应该用均质化方法对指标进行处理，而当指标是主观分数时，则用标准化方法更好。

4.2.3 生态足迹分析法

生态足迹也称生态占用，是指特定数量人群按照某一种生活方式所消费的自然生态系统提供的各种商品和服务功能，以及在这一过程中所产生的废弃物需要环境（生态系统）吸纳，并以生物生产性土地（或水域）面积来表示的一种可操作的定量方法。一个地区的生态承载力小于生态足迹时，出现生态赤字，其大小等于生态承载力减去生态足迹的差数，生态赤字表明该地区的人类负荷超过了其生态容量。

生态足迹模型作为一种判别可持续发展程度的重要方法在国际上被广泛应用。通过对区域生态足迹及生态承载力的计算及比较，可以定量评价该地区自然资本使用和可持续发展状况。当生态足迹大于生态承载力时，该地区处于生态赤字状态，即该地区自然资本已经处于不可持续发展状态；反之为生态盈余状态，即该地区仍处于可持续发展状态。

人类要维持生存所必需消费的各种产品、资源和服务均来源于生物生产性土地。生物生产性土地是为计算各类自然资本提出的统一度量标准。根据生产力大小，将其划分为耕地、林地、草地、水体、建设用地及化石能源用地。其中，化石能源用地是指吸收化石能源燃烧过程中排放的 CO_2 所需的林地面积。均衡因子和产量因子均基于以上 6 种生物生产性土地计算。

同区域相同土地利用类型之间也存在生产力差异，产量因子是用以平衡给定区域内某种土地利用类型与整体平均水平上生产力的差异，不同区域同种类型土地通过乘以各自的产量因子转化为直接比较的标准面积。

（1）资源消耗评估

生态足迹根据不同尺度的消费（个人、城市、区域、国家）确定其生态占用空间，并与其实际可利用的生态承载力进行比较，在此，可根据生态足迹分析法测定人类对绿洲农业资源的利用状况，以及衡量绿洲地区的经济发展是否在生态承载力的范围之内。

生态承载力是指区域所提供给人类生物生产性土地（包括水域）的面积，其计算公式如下：

$$E_c = \sum c_j = \sum a_j \times r_j \times y_j \tag{4.1}$$

式中，E_c 为总生态承载力；c_j为人均生态承载力分量；a_j为人均生物生产面积；r_j为均衡因子；y_j为产量因子。

按照世界环境与发展委员会（WCED）的报告建议，人类应将生物生产土地面积的12%用于生物多样性保护。因此，在生态承载力计算中，要扣除12%生物多样性保护面积。

（2）环境影响评价

个人或区域生态足迹是指生产这些人口所消费的资源和吸纳这些人口所产生的废弃物所需要的生物生产性土地总面积和水资源总量，其计算公式如下：

$$F = N \times f = N \sum r_j \times \left(\frac{c_i}{p_i}\right) \tag{4.2}$$

式中，F 为总生态足迹；f 为人均生态足迹；i 为消费商品类别；c_i为第 i 类土地人均年消费量；p_i为相应生态生产性土地第 i 项消费项目的全球年平均产量。

（3）农业可持续性分析

“生态生产性土地”（ecologically productivearea）是生态足迹分析法为绿洲地区各类农业资源提供的统一度量基础。生态生产也称生物生产，是指生态系统中的生物从外界环境中吸收生命过程所必需的物质和能量转化为新的物质，从而实现物质和能量的积累。生态生产是自然资本产生自然收入的原因。自然资本产生自然收入的能力由生态生产力（ecological productivity）衡量。生态生产力越大，说明某种自然资本的生命支持能力越强。

由于农业资源总是与一定的地球表面相联系，因此生态足迹分析用生态生产性土地的概念来代表自然资本。所谓生态生产性土地是指具有生态生产能力的土地或水体。这种替换的一个可能好处是极大地简化了对自然资本的统计。并且各类土地之间总比各种繁杂的自然资本项目之间容易建立等价关系，从而方便于计算自然资本的总量。事实上，生态足迹分析法的所有指标都是基于生态生产性土地这一概念而定义的。根据生产力大小的差异，绿洲地区的生态生产性土地可分耕地、牧草地、森林三大类。

1）耕地（arable land）。从生态分析来看，耕地是所有生态生产性土地中生产力最大的一类，它所能集聚的生物量是最多的。根据联合国粮食及农业组织（FAO）的报告，目前世界上的可耕地几乎都已处于耕种的状态，并且每年其中大约 100 万 hm^2 的土地又因土质严重恶化而遭废耕。

2）牧草地（pasture），即适用于发展畜牧业的土地。绝大多数牧草地在生产力上远不及耕地。不仅是因为它们积累生物量的潜力不如耕地，也因为由植物能量转化到动物能量过程存在着著名的 1/10 定律而使得实际上可为人所用的生化能的量减少了。

3）森林（forest），指可产出木材产品的人造林或天然林。同时，森林还具有防风固沙、涵养水源、改善气候、保护物种多样性等其他功能。目前，除了少数偏远的、难以进入的密林地区外，全球大多数森林的生态生产力并不高。此外，牧草地的扩大已经成为森林面积减少的主要原因之一。

生态赤字/盈余是指通过计算比较生态承载力与生态足迹大小，来确定研究区域处于生态赤字或者生态盈余状态。当生态足迹大于生态承载力时，则处于生态赤字状态，表示区域土地生产压力负荷大；当生态足迹小于生态承载力时，则处于生态盈余状态，表示区域土地资源呈可持续利用状态。其计算公式如下：

$$D = C - F \tag{4.3}$$

式中，D 为生态赤字/盈余；C 为生态承载力；F 为生态足迹。

4.2.4 成本效益和投入产出分析

（1）成本效益分析

在比较不同的成本效果时，由于各种因素可能产生不同类型、多种的效果，仅用成本效果比（cost effectiveness ratio，CER）难以进行相互比较。此时，可将不同的效果转换成统一的货币单位形式，称为效益，一般将效益分为直接效益、间接效益和无形效益。成本效益分析（cost-benefit analysis，CBA）是将成本和效果都转换成货币单位，用相同的单位来分析成本与效果之间的关系。

（2）投入产出分析

投入产出分析是研究国民经济各部门间平衡关系所使用的方法。该方法从一般均衡的假定出发，把各部门的产品量的依存关系表现为方程组；再依据统计材料，制成一种矩阵形或棋盘形的平衡表，表现国民经济各部门产品的供给和需求相平衡的全貌，并由此求得每一部门的产品总量与它生产这个总量所需其他部门的产品量的比例（称“技术系数”），从而确定上述方程组中的有关参数值。从含有这些参数值的方程组，推断某一部门产销情况的变化对其他部门的影响，计算为满足社会上一定的“最终消费”（即个人及政府消费、投资和输出）所需生产的各种产品总量，并预测国民经济发展的前景。投入产出分析是通过编制投入产出表来实现。

4.3 绿洲农业资源评价

4.3.1 绿洲土地资源评价

1. 土地利用现状与变化分析

绿洲所在区域的土地利用类型与其他区域不仅有许多共性，也有自己的特色。例如，它们的基本利用类型是一致的，只有类型结构有所区别，如干旱区的林地面积相对较少，草地类型相对较多、面积也较大。在未利用地中，绿洲区域的表现形式也具有区域特色，沙漠、戈壁、盐碱地及裸土、裸岩地都占有相当比例。

根据第三次全国国土调查，可把土地利用类型划分耕地、园地、林地、草地、商服用地、工矿用地、住宅用地、公共管理与公共服务用地、特殊用地、交通运输用地、水域及水利设施用地、其他土地 12 个一级类。

1）耕地。耕地一般指用于种植农作物的土地，主要分布在山前冲洪积扇中下部、大小河流冲积平原及三角洲，以及一些山间盆地，主要包括水田和旱地两个二级类。水田是通过灌溉、排水等设施保证农作物生长的耕地。旱地是主要依靠天然降水种植农作物的耕地。

2）园地。园地指种植以采集果、叶、根、茎等为主的集约经营的土地，包括果园、茶园、橡胶园等。

3）林地。林地指生长乔木、竹类、灌木的土地，包括有林地、灌木林地、疏林地、采伐迹地等二级类。

4）草地。草地指生长草本植物为主的土地，包括天然草地、人工草地等。

5）商服用地。商服用地指商业、服务业等设施用地，如零售商业用地、餐饮用地、旅馆用地等。

6）工矿用地。工矿用地指工矿企业的生产、加工、仓储等用地，如采矿用地、工业用地、仓储用地等。

7）住宅用地。住宅用地指城乡居民生活居住用地。

8）公共管理与公共服务用地。公共管理与公共服务用地指行政、文化、教育、体育、卫生等机构和设施用地。

9）特殊用地。特殊用地一般包括军事设施、宗教、外交、监教等用地。

10）交通运输用地。交通运输用地指交通、运输、管道运输等用地，如铁路、公路、机场、港口等用地。

11）水域及水利设施用地。水域及水利设施用地指河流、湖泊、水库、冰川及永久积雪、水工建筑用地等。

12）其他土地。其他土地一般包括沙地、裸地、荒地等难以利用的土地。

绿洲区土地资源利用现状分析如下。

1）土地利用空间分布。绿洲主要分布在西北干旱半干旱地区，以新疆塔里木盆地最为集中，其次为甘肃河西走廊和内蒙古。东北、华北等地区绿洲较少。西北干旱区农用土地面积仅占总土地面积30%，还有大量土地没有利用，但大多为沙漠、戈壁，开发利用难度较大。荒漠面积大，也是干旱区土地构成的一个突出特点。

2）土地利用强度。我国旱区耕地分布区域间差异较大。根据第三次全国国土调查数据，全国耕地面积为12 786.19万hm^2（191 792.85万亩①）。其中，位于年降水量200～400mm（含200mm）地区的耕地面积为1280.45万hm^2（19 206.75万亩），占10.01%；位于年降水量200mm以下地区的耕地面积为740.32万hm^2（11 104.8万亩），占5.79%。

此外，旱区约30%的耕地分布在山区和丘陵，旱地中的坡耕地以黄土丘陵为主，约70%的旱地分布在黄土高原、东北平原和黄淮海平原；旱地中的水浇地主要分布在华北、东北平原、河套平原、河西走廊及新疆等地区。

3）土地利用结构。绿洲自然条件具有多样性，因而绿洲土地利用亦呈现多样性特点，主要模式有农业（农村）绿洲、城镇绿洲与工矿绿洲，并且都各有特色。同种绿洲（如农业绿洲）的土地利用类似，具有明显的同构性。如图4-1所示，绿洲土地利用类型一般包括城镇绿洲、农业绿洲和工矿绿洲。作为农业绿洲，为了防风固沙、保护农田，还要大力植树造林，人工林地和园地一般占绿洲面积的5%～15%。与农业绿洲不同，工矿绿洲与城镇绿洲在用地上的共同特点是以工矿和居民用地为主体，其比例一般可达70%以上。

4）土地利用效率。绿洲是干旱区人类的集聚地。人类在干旱区活动的广度和强度相对较大。但真正算得上人类投入和有效利用的土地并不多，在新疆尚有近1/3土地并未得到有效利用。

以西北干旱区为例，1990～2000年，土地利用程度综合指数为230，说明在这段时间内土地利用综合水平变化增大，但是增加幅度较小，人类活动对土地利用影响程度相对较低。但是在各地类中只有草地和未利用地指数小于0，说明在这10年内人类活动对这两地类的影响程度在减小。2000年、2010年和2020年西北干旱区土地利用程度综合指数分别为251.92、260.77和270.19，2000～2020年，西北干旱区土地利用程度整体上呈现增加趋势，20年间土地利用程度综合指数增加了18.27。这主要得益于西北地区社会经济的快速发展，土地利用方式由粗放型向集约型转变，土地利用效率得到提升。

① 1亩≈666.67m^2。

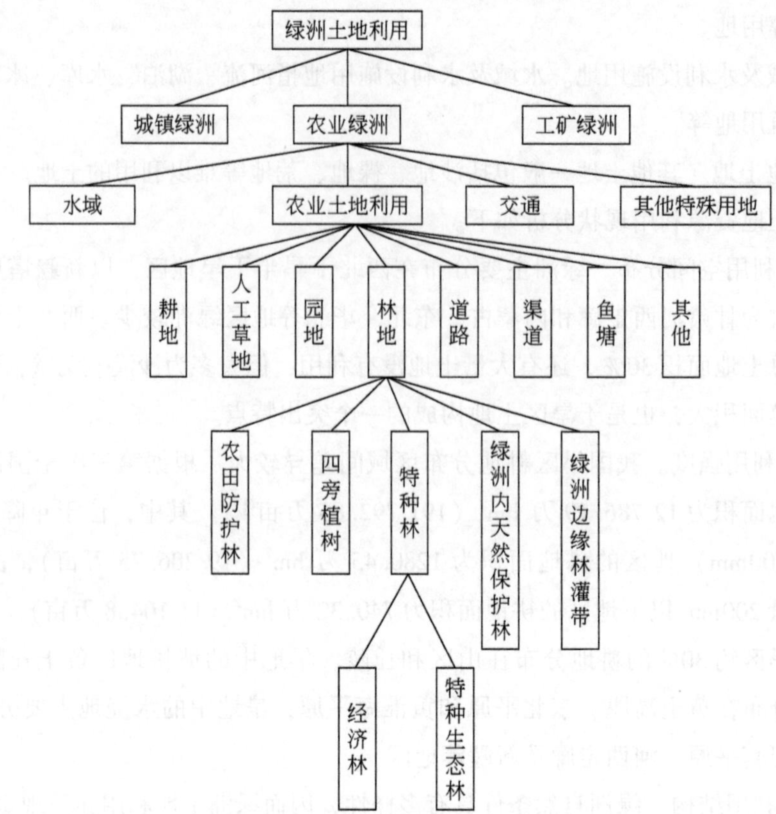

图 4-1　绿洲土地利用的结构层次

我国典型绿洲土地利用状况对比见表 4-1。

表 4-1　中国典型绿洲土地利用状况对比

区域		内流荒漠、半荒漠区绿洲					外流半荒漠区绿洲	
		南疆	北疆	河西走廊	柴达木盆地	阿拉善高原	银川平原	后套平原
自然要素	地貌类型	冲积平原	山前冲洪积扇平原	冲洪积倾斜平原	山间盆地洪积扇	干燥剥蚀低山丘陵	断陷冲积平原	断陷冲积平原
	海拔/m	1000～1400	100～600	1000～1500	2700～3200	1000～1500	1100～1300	1000～1200
	≥10℃积温/℃	3300～4300	2600～3300	3000～3500	950～2000	3600	3150～3400	2800～3000
	无霜期/d	185～250	150～170	140～210	190～220	230	130～200	220
	年降水量/mm	50～100，且末、若羌 20	100～300	50～200	东部大于 150，西部小于 100	50 以下	150～300	130～250
	主要水系	塔里木河及其三大源流等	天山北麓小河、伊犁河等	石羊河、黑河、疏勒河等	格尔木河、柴达木河等	弱水、（黑河下游）东河、西河	黄河	黄河 山洪沟
	主要生态环境问题	干旱、风沙、沙尘暴、盐渍化	季节水、冻害、土壤侵蚀、土层薄、沙化	土质较差、盐渍化、风蚀	干旱、风蚀、风沙、盐渍化	干旱缺水、风蚀流沙	盐渍化、沙化、工业污染	排水困难、次生盐渍化、风蚀沙化

续表

区域		内流荒漠、半荒漠区绿洲					外流半荒漠区绿洲	
		南疆	北疆	河西走廊	柴达木盆地	阿拉善高原	银川平原	后套平原
人文要素	开发历史	丝绸之路南道，农业开发历史悠久	清朝前主要为游牧，清朝屯垦，新中国成立后大举开发	古丝绸之路要道，开发较早，一直为西北商品粮基地	人类活动早，种植业始于18世纪，大规模垦殖为20世纪50年代	汉朝大举屯垦，为当时西北主要粮食基地	垦殖历史悠久，一直以来"塞外江南"享誉西北	战国兴起农业，被誉为"塞外米粮川"
	农业经济	棉花种植为主，还有瓜果业	以粮食、棉花和畜牧业为特色	西北最大的商品粮基地	以小麦为主的灌溉农业闻名全国	以畜牧为主，少量种植	盛产粮食、甜菜、水果、枸杞、啤酒花等	生产稻麦，适宜于春麦、糜谷、大豆、高粱和玉米，全国商品粮基地
	土地利用系数	0.18	0.29	0.38	0.58	—	0.87	0.72
	绿洲垦殖指数	0.5	0.71	0.36	—	—	0.27	0.37
	土地垦殖指数/%	2.5	5.8	3.4	—	—	6.3	—
	农、林、草用地合占绿洲比例/%	73.9	79.9	51.5	—	—	—	36.8
	人均国内生产总值/元	3528	7502	4289	9119	—	5353	—

2. 土地利用变化分析

(1) 土地利用类型变化

对干旱地区来说，最悠久的经济活动是畜牧业，但干旱地区荒漠绿洲的土地利用，说到底主要是水土资源的综合开发与合理利用问题。灌溉作为一门农业基本技术，在干旱区的历史也可追溯到史前时期。众所周知，长期以来干旱区人民通过精巧的技术和辛勤的劳动将冲积扇上的季节径流和季节洪水引用来养育半年或全年的灌溉农业。此外，坎儿井灌溉作为另一种灌溉技术，在北非和亚洲的伊朗、我国新疆等地的灌溉农业中也广泛采用。现代更出现了喷灌、滴灌、膜上灌等最新灌溉技术，使绿洲农业的更大发展成为可能。总之，灌溉农业已成为绿洲地区最广泛的经济活动，农业土地利用已成为绿洲地区主要用地类型。在我国西北干旱区，新疆绿洲最具典型。据初步调查，在新疆1.06亿亩人工绿洲中，耕地（含人工草地）达0.66多亿亩，占比达62.26%；如果将与农业耕地有关的人工林地、园地、水库、人工渠算在内，则农业利用土地可占到90%以上，其他地区的绿洲情况亦与此相仿。

（2）土地利用结构变化

从农业土地利用来看，绿洲系统中耕地、园地、林地占有举足轻重的地位，特别是耕地在干旱区占有绝对比例。新疆的水田、水浇地都分布在绿洲内，可占耕地的96.7%，园地基本集中在绿洲内，人工林地也主要在绿洲内。耕地、园地、林地三者用地合占绿洲土地的65.8%，北疆有些绿洲可占79.3%以上（如玛纳斯和伊犁分别占81.5%和79.3%）。河西走廊绿洲也基本如此，耕地、园地、林地三者用地合占绿洲土地的56.7%。

受历史上游牧民族的影响和干旱季节草场的存在，放牧活动主要在绿洲外围进行，因而草地的土地利用主要在山地、荒漠草场开展。所以草地在绿洲内的土地利用比例目前很低，新疆绿洲只占2.5%，河西走廊绿洲只占1.8%。而从整个干旱地区土地利用构成来说，新疆草地利用可占32.1%，河西走廊地区草地利用可占30.5%。

居民点和工矿用地主要集中在绿洲内。新疆人工绿洲内城乡居民点和各类工矿用地达1500多万亩，约占绿洲土地利用面积的13.5%。河西走廊绿洲的居民点和工矿用地占比高达23.1%。限于资料，柴达木盆地绿洲尚无确切定量数据，但像芒崖、大柴旦和冷湖等工矿型绿洲，其居民点和工矿用地的比例可能要更高，如新疆克拉玛依市的独山子矿区（镇）的居民点和工矿用地占比达75.2%。

从交通用地看，绿洲外围主要分布国道、省道等高等级公路，道路较为稀疏，而绿洲内各种交通道路四通八达，形成了网络，便于城乡联系，因此交通用地也主要集中在绿洲系统内。例如，新疆绿洲中交通用地可占绿洲用地的3.4%，河西走廊绿洲内交通用地也占到2.4%，而独山子矿区的交通用地高达14.6%。

从水域用地看，绿洲生态系统、生产系统的维持主要依赖于输水、储水、供水、排水网络。平原水库较多，灌区内干、支、斗、农各级渠道稠密，排水系统基本配套。例如，新疆有大小水库512座，绝大部分坐落在绿洲平原区，水面约达1832km^2；建有各类引水渠道总长32.7万km，排水渠道总长9.6万km。绿洲水域用地可占绿洲全部用地的8.9%。甘肃河西地区情况类似，河西走廊绿洲的水域（水库、渠道等）面积占绿洲全部用地的8.6%。

2000～2010年，西北干旱区耕地转化为其他地类面积为21 500km^2，其中转化为草地、建设用地和未利用地的比例分别为57.4%、14.0%和25.8%。同期，有24 180km^{2}的其他地类转变为耕地，主要来源于草地（62.5%）和未利用地（24.5%），最终耕地面积增加了2680km^2。草地转出面积为90 720km^2，其中76.6%转为未利用地，仅16.7%转为耕地，表明草地退化严重。转入草地的面积为92 600km^2，导致草地面积净减少1880km^2。未利用地主要转化为草地，其次为耕地和水域，但同期水域和耕地转为未利用地的面积是其转出面积的85%，未利用地面积有所减少。林地和水域面积随草地减少而有所增加，建设用地变化相对较小（表4-2）。

表4-2　2000～2010年土地利用类型转移矩阵　（单位：km^2）

	耕地	林地	草地	水域	建设用地	未利用地
耕地	—	280	12 350	320	3 000	5 550
林地	320	—	850	180	150	280
草地	15 120	1 200	—	2 800	2 100	69 500
水域	720	350	1 850	—	180	1 200
建设用地	2 100	120	1 050	150	—	1 250
未利用地	5 920	780	76 500	5 200	1 100	—

2010～2020年，耕地转出面积为22 220km^2，转化为草地、建设用地和未利用地的比例分别为55.4%、14.6%和26.8%。其他地类转入耕地面积为25 080km^2，主要来自草地（60.7%）和未利用地（25.0%），耕地面积增加2860km^2。草地转出94 500km^2，其中76.8%转为未利用地，16.1%转为耕地，草地退化仍然严重。转入草地面积为24 220km^2，草地面积减少70 280km^2。未利用地变化趋势与上一时期相似，林地和水域面积略有增加，建设用地变化不大（表4-3）。

表4-3　2010～2020年土地利用类型转移矩阵　（单位：km^2）

	耕地	林地	草地	水域	建设用地	未利用地
耕地	—	320	12 320	380	3 250	5 950
林地	350	—	920	210	180	300
草地	15 220	1 350	—	3 100	2 280	72 500
水域	780	400	2 050	—	220	1 300
建设用地	2 450	150	1 180	180	—	1 400
未利用地	6 280	850	7 750	5 600	1 250	—

3. 土地质量评价

(1) 土壤肥力

在绿洲地区，尽管土地资源总量较大，但人均占有量仍然有限，且质量较差。根据有关数据，绿洲地区的人均土地约为1.05hm^2，其中耕地约为0.15hm^2，林地约为0.12hm^2，牧草地约为0.40hm^2。尽管人均占有量较高于全国平均水平，但由于气候类型和经济状况的不同，各类土地的地域分布和利用方式也存在明显差异。

绿洲区的土壤通常富含有机质，具有较好的保水能力。这种土壤通常是由于河流或湖泊的水流，以及人类的灌溉和耕作等活动，使土壤富含营养物质和有机物质。例如，新疆第二次土壤养分状况调查得出的结果是新疆绿洲土壤“缺氮、少磷、钾有余”，这个结论为新疆农业生产特别是合理施用化肥起了重要作用。贺兰山西麓腰坝绿洲土壤地表无明显的腐殖质层，土壤养分含量贫瘠，属低肥力土壤。其中，0～20cm 土层有机质含量平均在0.5%～1.0%，全氮为0.0283%，速效磷为2mg/kg，速效钾为152mg/kg，酸碱度在9.0以上，呈强碱性反应。宁夏黄河平原绿洲灌淤土土层深厚，质地适中，含有一定的有机质及养分，耕作层土壤有机质含量为1.24%，全氮为0.083%，全磷为0.067%，碱解氮为71.5mg/kg，速效磷为16.5mg/kg。

1）灌淤土。我国西北及中亚“山地-绿洲-荒漠系统”产生的地面河（包括黄河）挟带的泥沙沉积，历史上形成了冲积扇、洪积扇和冲积平原等地貌，如今通过灌溉又形成灌淤土，是我国半干旱与干旱地区平原中的主要土壤。灌淤土广泛分布于中国半干旱与干旱地区。东起西辽河平原，经冀北的洋河和桑干河河谷，内蒙古、宁夏、甘肃及青海黄河冲积平原，甘肃河西走廊，至新疆昆仑山北麓与天山南北的山前洪积扇和河流冲积平原，多年引用含有大量泥沙的水流进行灌溉的地区，一般都有灌淤土的分布。这些地区有较为丰富的热量，但降水不足。年平均气温为6～10℃，10℃的积温达2500～3500℃。年平均降水量100～400mm。灌淤层可厚达1m以上，一般也可达30～70cm。土壤剖面上下较均质，底部常见文化遗物。灌淤层下可见被埋藏的古老耕作表层。土壤的理化性质因地区不同而异。西辽河平原的灌淤土，质地较黏重，有机质含量在2%～4%，盐分含量一般小于0.3%，不含石膏；河套地区的灌淤土，质地较砂松，有机质含量约1%，含盐量较高。宁夏黄河冲积绿洲平原主要由河流冲积而成，地势平坦，自然灌排条件较好，土壤盐化轻，是宁夏农业的精华之地，素有“塞上江南”的美誉。宁夏引黄灌区由青铜峡灌区和卫宁灌区组成，具有2000多年的耕种历史，形成了厚达数米的灌淤土。耕地主要土壤为灌淤土，洪积扇及高阶地为淡灰钙土，河滩地有潮土，低洼地为盐土、龟裂碱土及沼泽土，局部地区有风沙土。据宁夏水文水资源勘测局测定，宁夏每年随灌溉水进入灌区的泥沙约1550万t。

2）灌漠土。吐鲁番等特殊地区采用地下径流的坎儿井、泉水及机井清水灌溉，由此形成灌耕土（灌漠土）。灌漠土是指荒漠、荒漠草原土壤经长期灌溉、耕种、培肥，具有一定熟化程度的一种人为土壤。根据土壤的特征，灌漠土可划分为暗灌漠土、灰灌漠土、潮灌漠土、盐化灌漠土4个亚类。

暗灌漠土色暗，土壤熟化度高，有机质在20～40g/kg，结构良好，养分丰富，保肥保水性能强，阳离子交换量在12～17cmol（+）/kg。母土的特性已不明显，多种植小麦、蔬菜、果树与经济价值较高的作物，粮食产量约为7.5t/hm^2。

灰灌漠土的盐碱程度适中，土壤呈灰色，含有适量的有机质，适合种植一些对盐碱环境有一定耐受力的作物，如棉花、油菜等。在管理上，可以采取合理的轮作和施肥措施来维持土壤肥力和作物生长。

潮灌漠土受潮湿环境影响较大，土壤含水量较高，适合种植一些对湿润环境要求较高的作物，如水稻、莲藕等。在管理上，需要注意排水和灌溉措施，避免土壤过度湿润导致作物生长不良。

盐化灌漠土集中分布在吐鲁番盆地内，因地下水位较高，地下水矿化度亦高，除具有土类一般性状外，有可溶盐聚积，平均在0.4～0.8g/kg，盐分剖面呈工字形，以硫酸盐为主，交换性钠可达0.8～1cmol（+）/kg，碱化度7%～8%，有碱化趋势。其有机质与养分含量较低，仅有硝态氮与速效钾含量较高，适种哈密瓜、棉花、葡萄等作物。

灌漠土是酒泉绿洲主要的耕作土壤，也是农业土壤的精华所在，分布在洪水片大部分地区和泉水片地形相对较高的地方。贺兰山西麓腰坝绿洲土壤类型以灰漠土为主，此类土是阿拉善左旗境内分布面积最广的一类地带性土壤。土质以砂土为主，土壤剖面发育明显。灰漠土一般在表层5～20cm以下，有斑块石灰淀积层，其下部还有石膏淀积层，再下为可溶盐淀积层。

3）黄土。黄土是指原生黄土，即主要由风力作用形成的均一土体；黄土状物质是指经过流水改造的次生黄土。黄土是优质的土壤，它不仅具备土壤腐殖层、淋溶层、淀积层三层的分层特征，还有其他土壤所不具备的独特品质。黄土是一种很肥沃的土层，对农业生产极为重要；但在植被稀少时，水土流失严重，给农业生产和工程建设造成严重的危害，需要科学治理。

黄土的物理性质表现为疏松、多孔隙、垂直节理发育、极易渗水，且有许多可溶性物质，很容易被流水侵蚀形成沟谷，也易造成沉陷和崩塌。黄土颗粒之间结合不紧，孔隙度一般在40%～50%。黄土和黄土状物质是我国荒漠绿洲土状物质的重要来源之一。我国黄土72%以上分布于黄土高原及其毗邻地区，准噶尔西部山地、天山两侧山前带、昆仑—阿尔金—祁连山北侧山前带和河西走廊也是黄土分布区。准噶尔盆地黄土面积共有15 840km^2，黄土状岩石面积则达91 840km^2，其中准噶尔西部山地及库普河谷地一带黄土分布较广；天山特别是其北麓山前带黄土呈现带状广泛分布；塔里木盆地黄土面积共34 400km^2，黄土状岩石面积达51 000km^2，主要分布于盆地西部和西南部昆仑山北麓英吉沙、皮山克里阳一带。多数地区黄土覆盖在山麓面和洪积倾斜平原上，个别地方分布高度可达海拔4000m，并直接掩覆于古冰碛之上。柴达木盆地内陆流域内的黄土分布于昆仑山北坡和盆地东部的日月山地，海拔在2900～3400m，山顶、山脊、山坡和低缓的山前丘陵地等不同地貌部位均有。厚度则由西向东递减，希里沟以北最大厚度近20m，脱土为15m，香日德为10m，察汗乌苏仅5m左右。河西走廊的黄土主要分布于酒泉以东至乌鞘岭间，以张掖盆地东部的民乐一带和武威盆地面积最广且呈片状分布，多掩覆于玉门砾石层和酒泉砾石层之上，整个河西走廊黄土面积约1200km^2，黄土状岩石面积则达

15 520km^2。

绿洲区土壤突出的特点是具有一定深度的由冲积和灌溉形成的淤泥层，经过耕作与培肥，熟化度高，富含有机质和植物生长所需的矿质营养物质。绿洲土壤剖面有1m左右厚度的淤泥层，及其以下的以砂砾为主的荒漠土壤。淤泥层土壤理化性状好，有机质含量高，宜耕性能高，下层荒漠土壤有机质缺乏，通透性良好，持水性能弱。绿洲区的土壤分布虽然受多种因素影响，但从山麓到河流开阔区，土壤类型具有“灰钙土-灰漠土-灰棕漠土-棕漠土”的一般分布规律。

4）灰钙土。灰钙土主要分布区是不连续的，分东、西两个区，其间为荒漠土壤所间断。东区主要分布在银川平原、青海东部湟水河中下游平原、河西走廊武威以东等地区，在毛乌素西南部起伏丘陵、宁夏中北部一些低丘和甘肃屈吴山垂直带也有分布；西区仅限于伊犁谷地。在旱生植被下和干旱少雨条件下，腐殖质累积过程较弱，但由于有季节性淋溶及黄土母质的特点，其腐殖质染色较深而不集中，腐殖质层一般可达50～70cm，整个土体都有石灰反应，碳酸钙在剖面上出现的层位高，但分布曲线比较平滑，底部可能有石膏淀积。灰钙土的植被以荒漠旱生植被为主。根据主要成土过程表现程度及有关附加过程的影响，灰钙土可划分为三个亚类，即普通灰钙土、淡灰钙土与草甸灰钙土。

普通灰钙土亚类为灰钙土的典型代表，其表层有机质含量一般在1.1%～2.0%，腐殖质染色层厚达50～70cm；淡灰钙土亚类是由普通灰钙土亚类过渡而来，由于气候逐渐变干旱，有机质的积累也逐渐削弱，使淡灰钙土亚类表层有机质含量一般不超过1%，腐殖质染色体厚度也比其他灰钙土亚类薄，在40～60cm；草甸灰钙土亚类表层有机质含量一般在1.1%～1.6%，腐殖质染色层厚度大于60cm，它一般同时伴随有盐化现象。

5）灰漠土。灰漠土是石膏盐层土中较为湿润的类型，是温带荒漠边缘细土物质上发育的土壤，过去曾被称为灰漠钙土、荒漠灰钙土等，但现在统称为灰漠土。主要分布在内蒙古河套平原，宁夏银川平原的西北角，新疆准噶尔盆地沙漠的南北两边山前倾斜平原、古老冲积平原和剥蚀高原地区，以及甘肃河西走廊的西段的部分地区。整个土带东西长达2000km左右，但实际分布面积并不大。除东头和西头灰漠土比较集中外，其余都非常零星。灰漠土是在温带荒漠气候条件下形成的，年平均气温为6～8℃，气温接近暖温带的下限，与邻近的灰钙土相邻。年降水量为0～150mm，虽水分条件不及灰钙土地区好，但相比其他漠土来已经湿润得多。

6）灰棕漠土。灰棕漠土，也称灰棕色荒漠土，为温带荒漠地区的土壤，是温带漠境气候条件下粗骨母质上发育的地带性土壤，有机质含量相对较低，介于灰漠土和棕漠土之间。在我国西北地区占有相当大面积，主要分布于准噶尔盆地、河西走廊等地，青海柴达木盆地西北部戈壁也有分布。其成土过程表现为石灰的表聚作用、石膏和易溶性盐的聚积、残积黏化和铁质化作用。地表覆盖着一片黑色砾漠，表层为发育良好的灰色或浅灰色多孔状结皮，厚1～2cm；其下为褐棕色或浅紧实层，厚3～15cm，黏化明显，多呈块状或团块状结构；再下为石膏与盐分聚积层。腐殖质累积极不明显，表层有机质含量<0.5%，胡敏酸与富里酸比值为 2 ~ 4；表层或亚表层石灰含量达 7%~9%，向下急剧减少；石膏聚积层的石膏含量可达 20% 以上，盐分含量达 1% 以上，以硫酸盐为主。土壤呈碱性或强碱性反应，pH 在 8.0 ~ 9.5；交换量不超过 10mg 当量；黏粒硅铁铝率为 3 ~ 3.4，黏土矿物以水云母为主。

7）棕漠土。棕漠土主要分布于河西走廊的赤金盆地以西，天山、马鬃山以南，昆仑山以北。这一区域包括河西走廊的最西段，以及新疆的哈密盆地、吐鲁番盆地、噶顺戈壁及塔里木盆地边缘洪冲积扇中上部，甚至延伸到中低山带。

棕漠土分布的地形主要是塔里木盆地山前倾斜平原、哈密倾斜平原和吐鲁番盆地，其中包括细土平原、砾质戈壁。在昆仑山、阿尔金山北坡，其分布高度上升到 3000m 左右的山地上。棕漠土的成土母质主要有洪积-冲积细土、沙砾洪积物、石质残积物和坡积-残积物，一般粗骨性强。

绿洲土壤在颜色上也有区域性差别，可分为绿洲灰土、绿洲白土、绿洲潮土三类。基本分布在温带荒漠，以灌溉绿洲为主，土壤有机质含量高，无盐碱化侵扰。灰土绿洲多分布在山前平原的中下部，河西走廊的内陆河中游绿洲就是灰土绿洲。白土绿洲主要分布在热带、亚热带干旱区，有机质含量低，但也无盐碱化侵扰，其在非洲、南美洲、大洋洲、南亚分布比较普遍。潮土绿洲分布在河流的下游和特别低洼的地区，地下水位较高，土壤有夜潮现象，并且有一定的盐碱化。

（2）土壤生物多样性

绿洲土壤生物多样性是指在绿洲地区土壤中存在的各种微生物、植物和动物的丰富程度和多样性。这些生物包括细菌、真菌、藻类、植物根系、线虫等。土壤生物多样性对于保持土壤的健康和生态系统的平衡至关重要。它们可以提高土壤的肥沃度，增加植物生长所需的营养成分和水分吸收能力，同时也参与了土壤的分解、循环和修复过程。

A. 植物多样性

1）新疆北疆绿洲区。荒漠植被是北疆盆地平原的主要植被类型。准噶尔盆地的小乔木、半灌木荒漠植被大约由 500 种植物组成，建群种和优势种基本上为属于古地中海成分的藜科、菊科、十字花科、柽柳科与蒺藜科植物。盆地北部的额尔齐斯河—乌伦古河平原为草原荒漠，以盐生假木贼为建群种并有沙生针茅加入。盆地西部主要是梭梭荒漠，此外还有膜果麻黄、戈壁藜、红砂、短叶假木贼、松叶猪毛菜等亚洲中部类型的灌木、半灌木荒漠。古湖盆地与大河干三角洲为高达 3 ~ 4m 的梭梭群系形成的所谓荒漠丛林，其下发育白蒿、盐柴类植物，并有早春短生植物。盆地中部的古尔班通古特沙漠基本上为固定、半固定沙丘，发育中亚西部类型的沙漠植物，如沙蒿、白梭梭、梭梭、红砂和柽柳等，白梭梭分布尤其广泛。沙漠以南的冲积平原上发育以红砂为建群种的半灌木荒漠，而梭梭则在浅凹地呈片状分布。更向南的洪积扇缘带除个别地方发育芦苇和沼泽草甸植被外，主要是柽柳灌丛、胡杨林和由盐节木、盐穗木、盐爪爪等组成的盐柴类荒漠。盆地最南部，即天山北麓的洪积倾斜平原上部发育以小蓬为主的稀疏荒漠和零星盐生假木贼群落；中部多覆有黄土物质，植被主要为博乐蒿、喀什蒿组成的蒿类荒漠；下部黄土渐厚，地下水位渐浅，原生植被为榆、杨和柽柳，但早已被垦为人工绿洲。

2）新疆南疆绿洲区。南疆分布最广的土壤是风沙土，占据了塔里木盆地75%以上的面积。这是一类成土作用微弱、成土过程时断时续、发育不成熟，因而剖面极不完整、缺乏明显淀积层和有机质层、处于成土作用初级阶段的土壤。与北疆半固定和固定风沙土占优势的情况相反，南疆风沙土绝大部分还是流动风沙土，主要分布于塔克拉玛干沙漠、库木塔格沙漠，以及都善以南等一些较小的沙漠。

棕漠土是南疆的地带性土壤。这是在气候干旱、热量充足、化学风化作用极弱、风沙作用强烈、高等植物作用小、凋落物贫乏而有机质矿化迅速、钙质等易溶盐大量聚积、地表富砾石等条件下发育的一类荒漠土壤。它主要呈环状分布于昆仑山北麓海拔2500m以下、天山南麓海拔1700m以下的塔里木盆地边缘区，以及孔雀河以北至罗布泊洼地以东的广大地区。成土母质多为砂砾质洪积物或石质坡积-残积物。主要特征为有机质含量少，有孔状结皮，钙质等易溶盐积累强度大，甚至具有盐盘。比棕漠土海拔略高或温度略低或降水略多的地方，则发育灰棕漠土。此类土壤大面积分布于吐鲁番盆地以南和焉耆盆地东南。

绿洲土是荒漠区内经过人工灌溉、耕作与培肥而形成的，是具有深厚灌淤层和熟土层的土壤。其颗粒组成以粉沙为主，剖面呈强石灰反应，易溶盐经淋洗后含量很低，生物积累作用强，因而土壤腐殖质和营养物质积累多。在南疆主要有由棕漠土与盐土演变而成的绿洲白土和由草甸土、沼泽土演变而成的绿洲潮土两类，后者在新疆亦称"下潮地"。南疆绿洲区所在的荒漠盆地平原，植物区系及种类都比较贫乏。

3）河西走廊绿洲区。与温带、暖温带干旱气候特征相适应，河西走廊的主要植被类型为温带荒漠草原、和暖温带荒漠；主要土壤类型则是灰漠土、灰棕漠土和棕漠土，花草滩、南丰滩、马营滩等走廊是平原中海拔最高的地区，发育有亚高山灌丛草甸和草甸土。一般而言中纬度区域地带性植被土壤上限不超过海拔1000m，而河西走廊只有西段低于1000m，其余在1500m以上，个别地区甚至高达3000m，本研究认为只有暖温带荒漠属于地带性景观，广布于走廊东中段的温带荒漠草原和荒漠则应是由垂直带性派生的高原地带景观类型。河西走廊内的大黄山海拔已达到高山的标准，垂直带性分异更加显著。

河西走廊平原的植物区系多属泛北极植物区中的亚洲荒漠植物区，主要由旱生、超旱生植物组成。其区系成分包括地中海、中亚、西亚和亚洲中部成分，并含有红砂、多种猪毛菜、霸王、麻黄、沙拐枣、柽柳等荒漠特有的种或特征种。

4）柴达木盆地绿洲区。在干旱、极干旱气候条件下，柴达木盆地的基带植被和土壤呈现出荒漠化的显著特色，构建成荒漠景观。绿洲建设，关键在于对植被和土壤的荒漠化过程的认识的基础上，寻找一条防治荒漠化、建立新绿洲的途径。在柴达木盆地，植被的荒漠化具有如下特征。

第一，从植物的形态特征看，体现了干旱和盐化的特征。其表现如下：①叶面普遍呈退化状态，叶小或茎叶化或肉质化，如木本猪毛菜、多花柽柳、小果白刺、盐角草、白刺等；②植株矮小，天然状态下，大乔木几乎没有，小乔木亦很少，以草类、灌木和小半灌木为主；③根系发达且多为深根系植物，以便吸取土壤深处的水分来维持生命，如木猪毛菜主根平均粗10cm、深3～5m，沙蒿主根粗3～5cm、深3～4m；④丛生为主，一些在其他区域非丛生性植物，如芦苇、罗布麻，在柴达木干旱和盐化环境下形成丛生状态；⑤植物地下根系发达，大多数植物地下部分的生物量都超过地上部分，一般为地上部分的5～200倍；⑥泌盐功能植物种类多，如柽柳、白刺、盐角草、盐爪爪等，通过同化器官的肉质化提高细胞壁和原生质的渗透压，达到泌盐目的。

第二，从植被的群体特征看，则荒漠特征突出。其表现如下：①植被群落种类少，种类组成简单，群落常由一种植物组成，或仅由2～5种植物组成；②群落结构简单，盆地大部分地段植物十分稀疏，矮小的灌木彼此距离常在2m以上甚至10m多，群落的地上部分常常只有一个层片结构；③植被覆盖度小，荒漠戈壁植被覆盖度小于10%，荒漠草原的植被覆盖度亦不超过30%，只有山地的高山草原地带植被覆盖度才能达到50%以上；④群落组成种类以荒漠植物为主，主要建群植物有柽柳、麻黄、驼绒藜、芦苇、木本猪毛菜等。

第三，从植物的资源特征看，则具有品质优良、利用价值较高的特点。其表现如下：①在干旱荒漠环境和日照时间长、昼夜温差大的条件下，植物的营养成分含量普遍较高，品质较优良，如蚕豆等蛋白质含量均较高；②药用价值极高，如甘草、枸杞、麻黄、大黄等；③很多植物资源的利用以根部为主，如大黄、甘草均主要利用根。

B. 动物多样性

荒漠绿洲区土壤动物以节肢动物、线虫、蚯蚓和蚂蚁为主，数量众多且种类丰富，不同植被类型之间土壤动物的个体数量和物种丰富度存在显著差异。土壤动物不仅能够疏松土壤增加孔隙度，其洞穴本身就是土壤大孔隙的重要来源。动物洞穴产生的大孔隙一般具有连续性，相对比较长，呈管状。土壤动物通过挖掘洞穴，建立了地表及地下水分和养分联系，激发了优先流现象，影响着土壤水分的运动过程。例如，蚯蚓洞穴对绿洲农田地表水及杀虫剂向浅层地下水的运移有重要贡献。蚯蚓洞穴的深度达100cm时，不仅作为水流的快速通道，还可以和裂隙发生连通，促使土壤溶质快速向土壤深层渗透。免耕农田比耕作农田的蚯蚓丰富度和生物量大，导致土壤大孔隙增多，所以免耕农田灌溉入渗量是耕作农田的1.4～2.0倍，地表径流量减少。

在绿洲生态系统中，环境因子对地面节肢动物功能群的分布会产生不同的影响。地面节肢动物功能群的分布与土壤含水量、土壤温度、土壤全碳、土壤全氮和土壤全磷含量的相关性较大，说明地面节肢动物功能群的分布与环境因子间关系密切，特别是土壤因子的相互作用对其有显著影响。其中，土壤含水量是影响地面节肢动物功能群数量分布的主要因素。地面节肢动物功能类群对土壤含水量响应程度极高，土壤动物的各种生命过程均离不开水，同时决定了动物的部分生存环境，因此，土壤含水量也就成为土壤动物的重要限制因子，可以影响地面节肢动物功能群的数量分布。

C. 微生物多样性

土壤中细菌、放线菌与真菌有不同的生长模式。细菌作为单细胞微生物，不连续分布、丛生而居，且只能被动地扩散或移动，这种移动往往依赖于很多突发事件，如降雨、根生长等。绿洲农田地下根系密集且土壤湿润，pH 近于中性，给细菌的生长与繁殖创造了良好的条件。因此细菌数量增长迅速并明显高于荒漠。放线菌适宜在干燥且呈偏碱性的土壤内生长，其菌丝体比细菌营养体抗干燥能力强。盐生荒漠地表植被稀少、根密度低且土壤干旱偏碱性，因此其土壤中放线菌数量显著多于绿洲农田。土壤真菌比细菌和土壤小型动物能更好地适应水分带来的胁迫，同时，它们发达的菌丝体更有利于从土壤到表层有机残体间进行土壤养分的迁移，以满足菌体的生长，其适应与耐久能力均比细菌强，因此真菌在荒漠土壤养分循环中可能扮演更为关键的角色。

（3）土壤侵蚀情况

绿洲区耕地的土壤肥力普遍较低，盐碱、沙化、水土流失、污染等现象成为耕地的主要限制类型。第三次全国土地调查数据显示，全国受侵蚀限制的耕地面积为 3527. 11 万 hm^2，其中旱区受侵蚀限制的耕地面积达到 2293. 52 万 hm^2，约占全国受侵蚀限制耕地总面积的 65%。

土地资源的分布与类型在社会经济发展和气候变化影响下，不断发生变化，如土地沙化、盐渍化等，这使得土地资源管理面临新的挑战。在干旱荒漠区，土地盐化总是伴随土壤水分充分而发生。因此，绿洲内排水不良，地下水位偏高，在气候干旱、蒸发强烈的特定荒漠条件下，土壤极易盐渍化。特别是一些河流的中、下游地段或湖泊边缘，地势低洼，有着积盐的有利条件，如额济纳河下游，居延海沿岸一带，迪那河三角洲外的黑太克尔、着果特等，渭干河三角洲外的羊达克沁、于什加提、通古孜巴什等。盐渍化的结果是使绿洲衰退甚至废弃，土地资源的分布也随之产生变化。

干旱地区绿洲与荒漠对峙存在，世界各大洲除南极洲外都有荒漠，也都有绿洲。而干旱又是荒漠化形成的主要自然原因，给荒漠化提供扩大发展条件，干旱不改变，荒漠化就是自然发展趋势和规律。从中生代晚期以来，地质历史证明，干旱形成以后，荒漠化成为总的发展趋势，并随时间发展加强。至 20 世纪后期，荒漠化已成为世界上最大环境问题。2024 年 6 月 17 日是《联合国防治荒漠化公约》（UNCCD）通过 30 周年纪念日，该公约是关于土地管理和干旱的唯一具有法律约束力的国际条约。

（4）土壤污染现状

土壤污染已经成为严重的社会问题，不仅因为污染严重破坏了土壤的生产、环境和生态功能，也因为受污染的土壤会将污染物通过食物链的转移和积累直接而且严重地危害人类的身体健康。保护土壤环境，已成为社会各级政府和科学家特别关注的重要任务。绿洲土壤环境污染主要表现在耕地受农药污染、地膜污染、化肥污染及三废污染严重。

农民土地利用行为具有一定的外部性和非持续性。农民作为具有较强独立性的经济活动主体，一方面，在国家系列惠农政策的影响下，部分农民对土地改良的意愿有所增加，如平整耕地、兴修渠道、作物秸秆还田等，这一定程度上有利于减缓土地退化；另一方面，随着农民对收入预期的增加，会增加土地利用的投入，这些投入主要集中在肥料、种子、地膜、农药等方面，而有机肥、土地改良等方面的投入却较少，这对土地环境造成不同程度的污染，一定程度上又加速了土地退化。农民的这些土地利用行为不利于土地的可持续利用，亦不利于其长远收益的增长。另外，为推动农业发展，加速农业现代化进程，一些地区兴办现代工业。由于忽视环境保护，工业用地布局不当，将工业布局在城市上风口位置，致使工业废气、烟尘污染城市环境。此外，由于污水处理厂不能正常运行，废水处理能力严重不足，大量工业及生活废水直接排入水库，污水水质严重超标，致使水库富营养化严重。不仅使水库鱼类生物大量死亡，还导致土壤肥力衰退，土地板结，盐碱化程度加剧。另外，由于工业废水常含砷类、高价铬，以及汞铅等，还会带来土壤重金属污染，危害人体健康。

一些处在工矿与城镇绿洲下游的农业绿洲及湖泊—水库绿洲受工业污染日渐明显。例如，石河子市的纺织印染、造纸和制糖等行业的工业废水占全市废水的50%~60%。这些污水对下游的蘑菇湖水库造成污染，1995年污水入库总量达2450万t，使库水富营养化，高锰酸钾指数（以高锰酸钾作为氧化剂测得的化学需氧量，COD_{MN}）浓度达14.06mg/L。与此同时，污灌、过量使用农药和地膜及不合理使用化肥，也使农业环境污染加重，特别是使土壤质地变劣，使地下水和蔬菜、瓜果、饲料中硝酸盐富集，并使作物减产。

部分绿洲的水土流失也较严重，特别是处于山前地带的绿洲，每逢暴雨或大水漫灌，地表径流挟带大量细土向下游排泄，造成水土流失。

（5）土地生产能力

尽管干旱绿洲区面积仅占西北干旱区五个省区（内蒙古、宁夏、甘肃、青海和新疆）耕地的一部分，但其农业生产能力具有一定的代表性和参照价值。2020年，这五个省区的土地面积约占我国陆地面积的41.8%，但大多数农业生产指标仅占全国的5%~10%，与其广阔的土地面积不成比例。其中，水产品产量仅占全国总产量的0.6%，而棉花产量则占全国总产量的37.4%，其中新疆棉花产量就占全国总产量的35.7%。如果仅以绿洲面积计，农产品的产量占全国的比例会更高，但总体上仍明显落后于中国中东部地区省份。从个别作物来看，绿洲农业土地利用的增产潜力和经济效益十分显著，如新疆的棉花、玉米、甜菜和瓜果等种植都取得了高产效果。

西北内陆旱区面积约为285万km^2，约占我国陆地面积的29.7%。全区包括林地、草地、园地、农田等在内的绿洲农田面积已超过7500万hm^2，其中连同园地和农田在内的农耕地面积为657万hm^2，仅相当于绿洲区农用地总量的8.8%左右。宁夏黄河灌溉的“西套”绿洲区的农耕地比例最高，达到31.2%；其次为甘肃河西走廊绿洲区，占23.6%；新疆的绿洲区为8.2%，内蒙古河套地区的“前套”和“后套”绿洲区为9.1%。绿洲区现有农用地中有10%~15%的地形平坦、土质较好、土层深厚的土地，经灌溉并稍加改良后，即可转为良田沃土。在绿洲区以外还有约1065万hm^2土地具有农业开发价值，其中新疆约有930万hm^2，河西走廊约有105万hm^2。

西北内陆绿洲区光热资源丰富、地势平坦、土壤肥沃、灌溉便利、病虫稀少、温差悬殊，有利于农作物产量和质量的提高。人为的重用轻养，使得绿洲区存在较为严重的中低产田和弃耕地，制约了农业发展的后劲。发源于山区的河流由山后进入山前倾斜地带，流速减慢，所挟带的泥沙及风化物等成土物质逐级沉积，依次形成冲积洪积扇—泉水溢涌区—冲积平原—湖滨平原—湖沼湿地等逐渐和缓平坦的地貌，利于土壤发育、水分存留和植物生长发育。其中，以出山河流至山前平原的扇形地和冲积平原最为集中。这些地段区间，坡降和缓、河水流速散漫、地势平坦、土层深厚、地下水矿化度较低、盐碱害轻微、土体较深厚、有机质含量高，是天然绿洲和农业绿洲的适宜区间。

（6）土地发展可持续性

绿洲土壤基本特性由于绿洲区处于干旱荒漠气候条件下，地带性土壤是荒漠土。在冲积扇下部的泉水溢出带及河流沿岸还发育了非地带性土壤。土壤的形成还有草甸化过程、沼泽化过程、脱沼泽化过程，这些过程以特定组合形成灰漠土、潮土、草甸土、沼泽土、盐土、风沙土等14个土类。其中，灰漠土是主要的农业耕地土壤，占耕地面积的36.45%，广泛分布在各个区域，有机质含量低，一般小于1%；其次是盐土，占耕地面积的15.56%，大多是未开垦荒地，由于绿洲处于四周为高山环绕的盆地，地表水、地下水径流和盐分缺乏出路，出现积盐过程，各区域土壤盐渍化均比较普遍，其中盐土以硫酸盐为主，含盐量多在0.3%~1.5%。人为开垦后，因渠道、水库渗漏、灌溉不当等原因，引起地下水位上升，也会造成耕地次生盐渍化。风沙土面积也相当大，占耕地面积的11.88%，仅在沙漠边缘固定风沙土被开垦，成土过程短，不稳定，有机质含量仅0.5%，流动性风沙土含量更少，仅0.1%~0.2%。另外，由于草甸土、沼泽土和灰漠土人为灌耕后发育演变的潮土的比例，约占耕地面积的5.33%，因此开垦晚，熟化程度不高，土体潮湿，不利于作物前期生长。

根据第三次全国土地调查数据，我国旱区后备耕地资源主要分布在热量条件不丰富而降水又较少的干旱、半干旱地区，因此大部分土地质量较差。在中国北方旱区属质量好的一等地只有298.7万hm^2，属质量中等的二等地约有755.3万hm^2，属质量差的三等地约2470.6万hm^2，二、三等地占绝大多数。

在耕地后备资源中，东北地区与内蒙古呼伦贝尔市东部共有宜农荒地资源779万hm^2，

一、二等地约497万 hm^2，地势较平坦、土地肥沃、气候温和湿润，可以进行旱作，适宜种植粮食、大豆、甜菜等作物，但要注意排水防涝、保持水土，防止生态恶化。新疆、甘肃河西走廊、宁夏、青海柴达木盆地有荒地资源1128万 hm^2，90%以上为盐碱土和荒漠土，质量差，年降水量少于250mm，土地后备资源的开垦取决于灌溉水源，没有灌溉就没有农业，应以水定地，可以发展粮食、棉、甜菜与牧草等作物，但要注意进行盐碱土的改良。黄土高原约有宜农荒地资源91万 hm^2，但土壤侵蚀严重且干旱缺水，在综合治理黄土高原的同时，可以开垦成人工草地或进行草田轮作，发展畜牧业，并要注意水土保持。黄淮海平原约有荒地67.3万 hm^2，大部分为盐碱地，需大力排水除盐，方可成为农、林、果用地。

根据第三次全国国土调查数据，我国有后备林地资源面积14 108.53万 hm^2。其中，一等后备林地资源1495.57万 hm^2，二等后备林地资源7293.85万 hm^2，三等后备林地资源5319.11万 hm^2。而西北干旱区后备林地资源面积就达11 433.29万 hm^2，占全国的81.04%，其中一、二、三等后备林地资源面积分别为1157.73万 hm^2、5884.57万 hm^2、4391.02万 hm^2，并相应占全国一、二、三等后备林地资源面积的77.41%、80.68%和82.55%。可以看出，我国的后备林地资源面积主要分布在西北干旱区，所以无论是扩大森林面积，还是提高单位面积蓄积量，西北干旱区潜力都很大。

我国有牧草地面积26 498.98万 hm^2。西北干旱区的牧草地面积约26 390.49万 hm^2，占全国牧草地面积的99.59%，西北干旱区天然草地面积26 063.12万 hm^2，占旱区牧草地总面积的98.76%，占全国牧草地面积的98.36%。可见，我国绝大部分牧草地资源分布在西北干旱区，其中，内蒙古、西藏、新疆和青海是牧草地面积最大的4个地区，其面积占到全国的84.35%。

4.3.2 绿洲水资源评价

(1) 水资源量

西北干旱区除山区外，年均降水量多不足250mm，如新疆平均降水量为158.8mm，柴达木盆地为50～100mm，甘肃河西走廊为50～150mm。在西北干旱区，年降水量不足100mm的地区约占西北干旱区面积的60%，不足50mm的也占到50%之多。新疆南疆地区是我国海拔最低点所在的地区，吐鲁番盆地60%的地方年均降水量不足5mm，个别年份几乎是滴水不降，仅0.5mm。虽然新疆北疆地区对作物有所裨益的15mm一次性降水时有出现，但也为数不多，并且出现频率较高的微量降水还会导致土壤返碱、危害作物幼苗生长。由于降水数量少，蒸发强烈，整个绿洲区域的干燥度居高不下。

西北干旱区绿洲与祁连山、昆仑山、天山、阿尔泰山等高大山脉密切依傍。这些高大山脉发育着大量冰川且山区降水量较大，冰川雪线一般在4050～6200m，有的山地的雪线降至3000m，如阿尔泰山。高山冰川是高大的山地地貌形成高寒多降水的气候的结果，当降雪量大于融量时，在地貌条件适合的情况下发育了积雪与冰川，冰川水与山区降水是绿洲水流之源。甘肃省祁连山区的冰川总面积1596.04km^2，冰川储量786.875亿m^3，每年补给河西三大流域冰川融水量约9.46亿m^3，占河西山区河川径流量72.6亿m^3的13.03%。这些水量大部消耗于绿洲的灌溉引水、蒸发与河床渗漏。河西走廊山地地下水天然资源总量为26.374亿m^3/a，其中有10.208亿m^3/a参与地表水出山及入渗给平原区地下水，视为重复量，因此，河西走廊山地地下水天然资源净量为16.166亿m^3/a。

我国新疆绿洲分布最为广泛，其水资源的人均占有量为3190m^3，相对于全国平均水平而言，新疆的水资源量是较为丰富的。但是由于新疆地区面积广阔，水资源空间与时间分布不均匀，并且地处温带大陆性气候的干旱区域，降水量相对较少，蒸发量较大，水资源十分珍贵。新疆年平均降水量为158.8mm，年平均蒸发量为1500～2500mm，蒸发量是降水量的9.45～15.75倍。其中，塔里木盆地年降水量仅为50～80mm，而年蒸发量高达2000～3000mm，蒸发量是降水量的25～60倍，这表明新疆部分地区全年处于极端干旱的状况。

宁夏是全国地表水资源量贫乏的省份之一。宁夏河川年径流量9.49亿m^3，年径流深18.3mm。其中，绿洲区域黄河流域年径流深平均值（87.6mm）约是宁夏年径流深平均值的5倍，耕地亩占有水量311m^3，是宁夏平均值的6倍，人均占有水量493m^3，是宁夏平均值的3倍。黄河自宁夏中卫市南长滩入境，石嘴山头道坎出境，区境流程397km。多年平均径流量以1956～2020年65年系列计算，下河沿水文站实测入境水量为306.8亿m^3，石嘴山站出境水量281.2亿m^3，进出境相差25.6亿m^3。宁夏黄河冲积平原主要由河流冲积而成，包括银川平原和卫宁平原两部分，土地面积仅占宁夏总面积的14.57%，而地下水天然资源量即地下水天然补给资源量为25.3066亿m^3/a，占宁夏地下水总天然资源量的82.31%。宁夏地下水开采资源量为22.2061亿m^3/a，其中宁夏平原开采资源量为20.1964亿m^3/a，占开采资源量的90.95%。银川平原总面积7977.7km^2，其中引黄灌区面积为3404.8km^2，其余为贺兰山前洪积倾斜平原和银川平原上城镇、工业用地等面积4572.9km^2。

（2）水资源质量

西北干旱区河流在山口以上为径流形成区，而山口以下则为径流散失区，两个区水文情况相反。径流形成区越往下，水量越大，河网自然形成，密度大，河床稳定，坡度大，矿化度低，水质一般为淡水。径流散失区水量逐渐减少，河网散流而不稳定，大多被人工灌溉渠系所代替，河床不稳定，坡降小，水的矿化度急增，最后成为苦咸水。近几年来，我国绿洲区防治水源污染工作取得巨大成效，通过污水处理，可利用的水资源逐步增加。

根据《中国水资源公报》，我国工业废水处理率为95.5%，城镇生活污水处理率为86.8%。地表水国控断面中，Ⅰ～Ⅲ类、Ⅳ类、Ⅴ类水质断面比例分别为83.4%、12.4%

和 4.2%。主要污染指标为化学需氧量、氨氮和总磷。根据《全国地下水污染防治规划(2011—2020 年)》，西北干旱区地下水污染问题较突出。农业源是化学需氧量、总氮、总磷的最大来源，工业源是化学需氧量、氨氮、石油类等主要污染物的重要来源，生活源是氨氮的最大来源。随着污水处理设施的不断完善和环保政策的加强，近年来我国绿洲区水环境质量有所提高，但局部地区水污染问题仍然严重，水环境保护任重而道远。

(3) 水资源利用情况

在干旱地区，确定水量与适宜绿洲面积的关系尤为重要。水资源是维持地球生态平衡的最积极要素之一，生态系统的稳定和平衡是可持续发展的基础，充足、优质的水资源是21 世纪可持续发展战略实施的重要保障。绿洲耕地无限制地增加，会导致水土不匹配，而绿洲耕地弃耕比例越高，绿洲环境质量及稳定性就越低。因此，绿洲耕地面积必须维持在一个合理的规模，要与当地的水资源水平相匹配，这是绿洲稳定性的重要方面。

干旱区每养育 $1hm^2$ 绿洲需耗水 $5415m^3$。根据《中国水资源公报》，2020 年，西北干旱区地表水资源量为 1348.4 亿 m^3，占全国地表水资源总量的 4.7%。其中，黄河干流宁蒙段、甘青段和陕晋段年径流量分别为 156.8 亿 m^3、308.8 亿 m^3 和 44.6 亿 m^3。西北五省（区）常住人口 5924 万人，占全国总人口的 4.2%，粮食产量 6074 万 t，占全国粮食总产量的 7.2%。西北五省（区）水资源开发利用率分别为：宁夏 56.1%，新疆 54.3%，甘肃 45.7%，青海 31.1%，内蒙古 20.7%。总体来看，西北地区水资源利用效率仍有较大提升空间。

水资源紧缺是绿洲地区面临的最大生态挑战。区域间水资源竞争、生产与生态用水竞争、产业间用水竞争、水污染日趋严重、地下水超采与水质恶化、植被退化等，都与水资源紧缺直接相关。缓解水资源紧缺，只能通过开源和节流。在工业化和城市化的进程中对水的竞争使用，造成了城市用水和工业用水大量挤占农业用水，而农业用水又挤占生态环境用水的恶性局面，导致自然植被退化、森林草原面积减少、河流尾闾湖泊逐渐消失、土地沙化、水土大量流失、灌区次生盐渍化严重、沙尘暴频发、地表水和地下水体污染、河流断流、河床淤积、海水倒灌、地面塌陷等严重的生态后果。这些水生态问题的影响，使得有效水资源量减少，水资源短缺越加严重，水资源与生态环境的相互影响作用越加强烈。

绿洲水资源开发利用程度很不均匀，各地差异显著，如 2020 年新疆维吾尔自治区水资源开发利用率为 54.3%，甘肃省为 45.7%，青海省为 31.1%。不同区域内部也存在较大的空间差异，石羊河流域水资源开发利用程度达到了 140%，黑河流域为 85%，疏勒河流域为 65%，新疆乌鲁木齐河流域开发利用程度高达 150%，塔里木河为 75%，准噶尔盆地为 78%，而阿勒泰地区不足 25%。相对地表水资源较高的利用程度，地下水资源开发利用程度则较低，2020 年西北地区地下水资源开发利用程度平均为 22.3%，其中甘肃为 26.2%，新疆为 18.7%。

虽然西北水资源不甚丰富，但水资源粗放使用现象较为普遍。许多地区农业灌溉仍采用大水漫灌，西北内陆河地区灌溉用水量高达 10500～15000m^3/hm^2，远超全国平均用水量水平（7500m^3/hm^2）。河北、河南等地合理灌溉的实践表明，灌溉用水量 2250～3000m^3/hm^2 可基本满足作物生长需要，可见农业用水节水潜力巨大。

我国西北干旱区水资源不足，不能采用充分灌溉，而要采用补充灌溉或高效灌溉方式。在作物生长过程中浇几次关键水，以尽可能少的灌溉水量即可得到满意的产量。而要做到这一点，就要和作物的需水规律、作物对水分亏缺的忍受程度、作物受旱后得到水分的恢复和补偿程度联系起来。大量的试验证明，补充灌溉虽然不如充分灌溉作物产量高，但其水分利用效率却远高于充分灌溉。应用合理的补充灌溉方式，往往可以起到非常显著的增产作用。农业节水措施的合理配合对提高灌溉水的利用效率有着非常重要的作用。根据河西走廊地膜覆盖栽培节水灌溉的相关研究，地膜小麦单产 7500kg/hm^2，优化灌溉定额为 2700～3000m^3/hm^2；地膜玉米单产 10500kg/hm^2，优化灌溉定额为 4545～4665m^3/hm^2。研究表明，地膜小麦的定额与小麦全生育期叶面蒸腾耗水量基本一致，地膜覆盖种植措施使作物棵间的无效蒸发损失得到有效抑制，节水率高达 60% 左右，极大地提高了水资源的有效利用率。

（4）水资源可持续性

“山地-绿洲-荒漠”是绿洲得以存在的特有的结构体系，这个系统，使绿洲得益于山地降水转化而来的地表径流。虽然这些有限的冰雪融水，不足以使绿洲周边广袤的荒漠生态环境改观，但使绿洲能实现光、热、水、气的高效耦合。这种“山地-绿洲-荒漠”的结构体系，可谓是绿洲农业光合生产力和土地生产力显著优于其他任一气候区的综合条件之所在。

依照西北内陆区绿洲所处的内陆干旱区资源存在的状况，现阶段的山地、绿洲、荒漠在系统中占有的规模比重有一定差异。新疆大致为 52∶5∶43，甘肃河西走廊地区大致为 50∶10∶40。虽然地区间不尽相同，有所差别，但整体却表现为山地和荒漠面积较大，绿洲面积较小的格局。具体的结构比例应该依雪线区占有的山区规模大小、冰川面积及冰雪储量、融水数量及绿洲地形地貌，以及农业绿洲开发能力而定。

我国广大旱区是旱作农田集中分布的场所，天然降水是旱作农田主要的甚至是唯一的水分来源，充分利用自然降水发展旱作农业，是广大旱区农业生产的重要立足点。森林具有涵养水源、保护水土的功能，影响并调节陆地生态系统中的水资源。据统计数据，目前我国森林的年水源涵养量为 3471 亿 m^3，相当于现有水库总容量的 75%，减少水土侵蚀总量 246 亿 m^3，相当于减少废弃耕地面积 92 万 hm^2。森林是陆地自然生态系统的主体，参与并调节自然界水分的循环，对水的再分配有着直接或间接的作用；森林还具有调节洪水径流、遏制水灾的发生和净化水源的作用，从而改善水资源和水环境。因此，培育和保护森林资源、改善生态环境是水资源可持续利用的重要保证。

（5）水资源风险

绿洲地处干旱区，农业灌溉主要依靠河流。但是，干旱区的河流径流量年内分配极不均匀，其中洪水期（6～9月）径流量约占全年的75%；同时，由于缺乏大型水库，对水资源的调节能力差。农业灌溉受河流来水的制约，加之各耕作区作物品种、耕作制度等的影响，每到用水旺季，水资源往往供不应求，引发农业内部的农林牧用水的矛盾。

纵观人类对水资源开发和利用的历史，可以说人类对水资源的管理过程实质上就是一部人类对水资源管理制度和模式不断进行创新、发展和完善的历史。过去几十年，我国水资源管理模式的发展大体上经历了一个由单目标管理到多目标管理，再由多目标管理向流域综合集成管理的演变过程。在水资源单目标管理阶段，人们普遍认为地球表层的水资源是“取之不尽、用之不竭”的，并不存在水资源短缺问题。这一时期水资源管理的主要内容包括防治洪涝灾害、发展航运和农田灌溉等，采用的管理手段主要包括修建水库、建造堤坝、引水灌溉和河道整治等工程措施，水资源的管理水平相对较低。由于这一时期人类对水资源开发利用的能力有限，因而对水资源的需求量并未超出水资源供给能力的阈值，尚不会给一个流域的水循环过程及水资源的再生能力造成严重影响。然而，随着人口急剧增长和经济快速发展，这种单纯依靠工程措施获取水源以实现水资源供需平衡目标的水资源管理模式越来越不适应社会、经济和环境协调发展的需要。在此背景下，水资源的单目标管理模式逐渐被水资源的多目标管理模式所替代。在水资源多目标管理阶段，人类已逐渐认识到水资源的多维属性和多功能性，同时对流域水资源的自然循环与转化规律，以及水生态系统再生能力的形成机理也有了较深入的了解。这一阶段，人们在水资源的开发利用过程中，不仅考虑采用工程措施来获取水资源以满足社会日益增长的水需求，同时也考虑水生态系统水资源再生能力的保护。然而，随着生态环境建设和社会经济系统对水资源需求量的日益增长，在用水需求不断扩张与供给难以永续这一矛盾的驱动下，人类凭借雄厚的资金和先进的科学技术，加速了水资源的开采利用，其结果导致流域水生态系统的调蓄洪水、灌溉、净化水质、保护生物多样性等生态服务功能严重衰退甚至完全丧失，水资源的自然再生能力不断下降，对整个流域的生态环境和经济社会的可持续发展造成严重威胁。

面对严峻的水危机，人们通过深刻反思认识到，流域水文-生态-社会经济系统是一个相互依存和相互作用、具有复杂结构和整体功能的复合系统，它不仅涉及与水资源的形成、循环和转化有关的自然水生态过程，也涉及与水资源开发、分配和利用有关的社会经济过程。因此，只有将流域水文-生态-社会经济系统作为一个有机整体进行综合管理，才能真正实现流域水资源、环境和经济社会的协调与可持续发展。在上述的水资源管理发展过程中，也应运产生了一系列不同的水资源管理模式，这些模式概括起来主要有供给与需求管理模式、行政区域与流域管理模式、资源化与资产化管理模式等。近年来，在流域水资源管理模式的基础上，一些研究者又提出了流域水资源综合集成管理模式。

所谓流域水资源综合集成管理模式是指以生态水文科学和流域科学理论为指导，以流域为单元，以市场为导向，将流域水文–生态–社会经济系统的各个关键要素进行统筹考虑和规划，在最大限度减少对流域水生态系统结构及其整体生态服务功能损害的前提下，将流域水资源的开发、分配、消费以及污水处理和再循环利用等关键环节以生态产业链的形式连接起来，按照循环经济原理进行整合管理，更好地促进流域水、土、气、生物等相关资源的高效配置和合理利用。

4.3.3 绿洲气候资源评价

1. 气候类型分析

我国干湿气候类型的指标见表4-4。

表4-4 干湿气候类型指标

干湿类型	年降水量/mm	干燥度	自然景观	主要地区
干燥	<100	>16	荒漠	新疆东部和甘肃西部、塔里木盆地、柴达木盆地
干旱	100 ~ 200	4 ~ 16	半荒漠	准噶尔盆地、内蒙古西部、北羌塘高原
半干旱	200 ~ 400	2 ~ 4	草原	内蒙古东部、青海高原、南羌塘高原、金沙江河谷、元江河谷、海南岛西南部
半湿润	400 ~ 800	1 ~ 2	森林	
湿润	800 ~ 1600	0.5 ~ 1		
潮湿	>1600	<0.5		

根据表4-4的干湿指标，依据年降水量400mm的等值线，把全国划分为湿润的东南区域和干旱的西北区域。其界线大致沿大兴安岭西侧至张家口，顺长城至靖边，经兰州，沿黄河到拉萨以西。

我国绿洲主要分布在西北干旱区，全区除山区外，年降水量在400mm以下。降水的水汽主要有两个来源：一个来源是太平洋，降水自东南向西北逐渐减少，集中于夏季，冬季少雪；另一个来源是大西洋，降水自西北向东南逐渐减少，季节分配比较均匀，冬季有雪。新疆东部和甘肃西部成为全国最干燥的地方，年降水量只有十几毫米甚至几毫米。

2. 气候适宜性评价

绿洲作为干旱荒漠背景基质上的异质，地表植被形态、温度、湿度、粗糙度等性质在空间上有系统性不均匀分布，它们能够在较小尺度上引起大气的响应和影响大气的运动过程，形成一些特殊的气候特征。干旱区绿洲具有光能丰富、热能充足、小气候特殊等气候资源特点，为绿洲稳定、高效发展提供了基本条件。

IPCC 第六次评估报告指出，“科学家们一直在观测全球各个区域和整个气候系统的变化，观测到的许多变化为几千年来甚至几十万年来前所未有，一些已经开始的变化（如持续的海平面上升）在数百到数千年内不可逆转”。报告显示，自 1850 ~ 1900 年以来，全球地表平均温度已上升约 1℃，并指出从未来 20 年的平均温度变化来看，全球温升预计将达到或超过 1. 5℃。该评估基于改进的观测数据集，对历史变暖进行了评估，并且在科学理解气候系统对人类活动造成的温室气体排放响应方面取得了进展。

随着全球变暖的趋势不断加强，根据世界气象组织（WMO）发布的《2020 年全球气候状况声明》，2011 ~ 2020 年是有记录以来最暖的十年，其中 2020 年是有记录以来最热的三个年份之一，与 2016 年并列第一。根据 IPCC 第六次评估报告，北极地区的变暖速度是全球平均水平的两倍以上，然后依次是欧亚大陆北部、北美洲北部及中国的北部地区。1970 年以前，新疆的气温变化趋势与全球基本一致，而 1970 年以后，新疆的气温上升速率明显高于全球平均水平。作为典型的依靠高山融水补给的干旱区，这种温度的变化直接影响着山区的降水和冰川融水，进而影响山前绿洲的稳定。

荒漠戈壁中孤立的绿洲，由于下垫面力的非均匀性，在行星边界层内形成一种特殊的气候现象——冷岛效应。冷岛稳定层既抑制了绿洲内部的湍流发展，又抑制了绿洲的蒸发和蒸散。它的“稳定性”和“保守性”使得绿洲冷空气不易与周围干热环境进行物质和能量交换，成为一个独立封闭的系统，不被周围干热气团吞噬。这种特性决定了在干旱荒漠中犹如孤岛的绿洲的存在。绿洲的光合有效辐射（PAR）资源极为丰富，是导致绿洲高产出、高效率的重要气候资源。

西北内陆干旱气候十分显著，虽然降水稀缺、环境严酷，但由于日照长、云量少、云层薄、大气干燥、水汽含量低、对太阳辐射削弱少，绿洲区及周边的太阳辐射量得以增多，强度得以增强，这是绿洲区太阳辐射资源优于同纬度半干旱—半湿润乃至于湿润地区的基础，更是绿洲区植物光合产物积累、光合效率以及第一性生产力高居全国之上的重要条件。当然这也是西北地区内陆干旱绿洲区春秋季节短促，暖季升温快速，有效积温高，利于多种喜温作物生长的重要原因。这些都是西北内陆干旱绿洲区拥有我国种植规模最大、产量最高、品质最好的海岛型长绒棉基地不可欠缺的气候条件。

3. 气候灾害评价

1）极端天气与气候事件增加。全球变暖条件下，我国极端天气和气候事件的发生频率增加。几乎所有陆地地区高温天气都将增多，日最低温度在几乎所有的陆地地区也表现为增加，冰雪退缩地区增加较显著，霜日和寒潮减少。预测降水极值将比平均值增加更大，降水事件的强度也将增加，极端降水事件的频率几乎各地都会增加。

2）干旱区范围可能扩大。全球变暖条件下，我国干旱区的格局有可能发生变化。干旱区总面积将增加，湿润区面积将减少，半湿润半干旱区扩展最多，湿润区缩小的幅度较大，整个中国北方趋于干旱化。

3）低温冻害将减少。在未来气候变化情景下，地处中高纬度的东北地区增温可能比较明显，这将减轻低温冻害的发生及其影响，有利于种植制度的改善和粮食总产量的提高。但伴随的降水和蒸散的变化，仍有较大的不确定性。

4.3.4 绿洲生物资源评价

1. 生物资源的数量和质量评价

农业绿洲属于农业生态系统，虽然不同于周边的荒漠型自然生态系统，但作为“山地-绿洲-荒漠”系统一部分，绿洲与周边环境密切相关，通过能量转化、物质循环和物种交流成为一个有机整体。我国西北内陆干旱区地域辽阔、海拔悬殊、地形复杂，拥有世界主要干旱地区所不及的众多生物种群。统计表明，西北干旱区发现的700多种脊椎动物中的不少兽类、鸟类、爬行类、两栖类、鱼类经常出没于绿洲边缘地带，甚至深入农业绿洲核心区。蒙古野驴、野马、野牦牛、普氏原羚等一些国家级珍稀动物受到绿洲地区的保护；马鹿、原麝等具有药用价值以及科研价值的野生动物得到驯养。在西北干旱区近4000种的植物资源中，有利用价值的有近千种之多，如野扁桃、野胡桃可以作为油料植物利用，野蔷薇、神香草、百里香的芳香油可用于化妆品，还有大量的野生药用植物、防风固沙植物、工艺植物等有待开发利用。至于耐旱、耐盐的野生牧草资源，极富干旱区特点的胡杨、梭梭等森林资源以及荒漠区特有的医食共用的菌类生物资源蕴藏极为丰富，有待进一步地研究利用。

我国是世界上农业生物资源多样性特别丰富的国家之一，同时又是农业生物多样性受到严重威胁的国家之一。我国正处于经济快速发展时期，环境保护与经济发展的矛盾日益尖锐，农业生物多样性在生态系统多样性、物种多样性及遗传多样性三个层次上都受到严重的威胁。2004年国家曾对我国范围内10 211种动植物（其中动物5803种，植物4408种）的灭绝危险程度进行了新的评估。评估结果表明，我国濒危物种的比例远高于过去评估，各类生物物种受威胁的比例普遍在20%~40%，特别是植物受威胁物种比例远远超出了过去的估计。

我国干旱区农业生物资源受威胁的局面是多方面因素造成的：过度的资源开发活动、环境污染与开发建设、区域品种单一化、外来物种入侵、自然因素与气候变化、物种与遗传资源流失等。我国对农业生物多样性具有很强的依赖性，近年来经济高速发展，在很大程度上加剧了人口对环境特别是对农业生物多样性的压力。有关专家认为，如果不立即采取有效措施遏制这种恶化的态势，我国可持续发展将受到威胁。

2. 生物资源的经济价值评价

为以人工植被为主的农业绿洲，栽培植物物种门类虽不繁多，却极富绿洲农业特色。例如，米质精良的银川粳米，富有保健作用的内蒙古河套绿洲的油葵，河西走廊绿洲的马铃薯，柴达木盆地绿洲的油菜和春小麦等。至于棉花生产优势，唯新疆绿洲莫属。享誉海内外的绿洲瓜果、加工番茄、啤酒花以及以苜蓿为主体的草产业，都已成为绿洲特色农业的支柱产业。依托于种植业饲料、饲草为基础的特色畜牧业，以牛羊为主体的绿洲畜牧业使民族特色和地域特色兼收并蓄，诸如柴达木绿洲区的牦牛饲养规模和开发深度都稳居世界第一。绿洲区的奶牛养殖和奶业产业发展迅速，并打造出诸多著名品牌。

近年来，西北干旱区的经济林木、特种经济作物、药材和水果的种植开发都得到极大发展，为国家经济建设作出了重要贡献。但是，农业生物资源本底不清是影响西北干旱区生物资源保护、开发和利用以及建设生态区域、发展经济和改善环境的重要障碍。草地资源的经济价值主要反映在草地资源是重要的国土资源，西北干旱区草地畜牧业是国民经济的支柱产业，草地资源是发展少数民族地区经济的主要生产资料，同时还是干旱区发展多种经营的重要原料基地。

西北干旱区的农业生物资源调查基本上是在 20 世纪五六十年代进行的，其后再未做过较为详尽和全面的农业生物资源调查工作。当前应对西北干旱区现有的农业生物资源进行一次深入和全面的调查，并对农业生物资源的利用情况和环境改变情况进行回顾性评价，彻底摸清干旱区目前农业生物资源的种类、数量、分布以及利用现状和前景，同时在此基础上编写和修订各类农业生物资源图书，为合理保护和利用旱区农业生物资源，发展地方经济提供科学指导。

3. 生物资源的生态服务功能评价

绿洲主要分布在我国西北地区，其森林和草地资源的水源涵养、水土保持、防风固沙及生物多样性维护服务重要性均较显著。

西北山地林区主要包括新疆天山、阿尔泰山，甘肃祁连山等林区，总面积 8.77 万 km^2，约占全国国土面积的 0.9%，以天然林为主，大多分布在高山峻岭及水分条件较好的山地。主要树种：针叶树以云杉、冷杉、落叶松、油松、华山松、柏木等为主，阔叶树以栎、桦、杨类分布最广。西北山地林区是我国三大片国有林区之一，其国有林占全林区有林地面积近 90%。我国为了保护该林区，建立了相应的自然保护区，禁止进行开发性采伐。此外，天山林区的森林，除了生产木材外，对天山山脉涵养水源、保护高山积雪、延迟融雪期、保证农田灌溉用水和农业丰收作用很大，因此这些森林兼有用材和防护双重功能。对西北干旱区的自然环境而言，西北山地林区的森林在维护生态环境方面有着举足轻重的作用。

绿洲农业区应对灾害性天气防护林体系是以防护林为主、多林种结合，并以防护效益为主、多功能和多效益相结合的有机整体。因它在提高生物生产力、改善生态环境和充分利用自然资源等方面存在巨大潜力，而得到人们越来越多地关注。农田防护林的防护作用具体体现在以下 5 个方面：①降低风速，减轻大风、风沙、干热风等对农作物的直接危害；②夏季的降温和春秋季的保温作用，使作物少受或免受极端高温和极端低温（霜冻和寒害）的危害；③增加空气湿度、减少土壤蒸发和作物蒸腾，提高土壤含水量，使作物在较好的水分平衡状态下生长发育，减轻土壤和大气干旱带来的不良影响；④在低湿洼地，能改变地下水的溢出途径，降低地下水位，改良盐碱土，防止发生次生盐渍化；⑤改良土壤，维持土地肥力，增强土地的长期生产力。

草地资源是一种可更新的农业自然资源，在绿洲地区，它的生态功能主要表现在调节气候、涵养水分、防风固沙、保持水土、改良土壤、增肥地力、净化空气、美化环境等方面。固沙植物是荒漠与绿洲之间重要的生态屏障，通过降低风沙活动强度来减轻荒漠化对绿洲的威胁，并密切参与了土壤的生物地球化学循环。营造不同的固沙植物可使过渡带上生物多样性增加，其凋落物及根系分泌物向土壤中输入营养物质，能够为微生物的生长和代谢提供基质。另外，随着固沙植物的生长，一方面可起到固定沙丘的作用，另一方面日益增长的植物冠幅形成了天然的屏障，有效地减少了太阳辐射，降低了地表温度并减少土壤水分蒸发，从而改善土壤的水热状况。绿洲农业是一项综合性很强的研究项目，运用生态学的理论和方法，以绿洲生态作为主要研究对象，通过物质流、能量流、信息流和物种流的传输与交换，生物与非生物的相互转化，研究各种生态系统过程及关系的形成、动态和功能，从而有效地对绿洲农业与环境加以管理和调控，使其具有更高的生产力，维护其资源的持续利用。走农牧结合，合理调整农业结构，治理农业环境，提高绿洲生态系统的生产潜力，是干旱区农业持续发展的出路，也是生态农业、绿洲大农业的必由之路。

第5章 绿洲农业资源优化配置

5.1 资源优化配置的理论基础

5.1.1 可持续发展理论

可持续发展是指在不危及后代人需要的前提下，寻求满足当代人需要的发展。它包含公平（justice）、可持续性（sustainability）、和谐（harmony）、需求（need）、高效率（high efficiency）和质量升级（quality promotion），其中，可持续性是最基本的原则，就是要求生态系统（eco-system）在受有限度的干扰时，能持续地保持自身的生产能力。

可持续发展主要是来源于生态控制论里面的持续自生原理，之后逐渐被全球广泛接受，在范围上包括自然、环境、社会、经济、科技、政治等多方面内容，只要与人类活动相关，就存在可持续发展的考量，可持续发展与人类生存环境紧密相连，反映了生态与社会共同发展的迫切需求。它以公平性、持续性、共同性为三大基本原则。可持续发展理论的最终目的是达到共同、协调、公平、高效、多维的发展。可持续发展理念是科学发展观的核心内容，它强调在经济发展过程中，要注重环境保护和资源节约，以确保未来的可持续发展。在我国，可持续发展战略已经成为国家的重要战略之一。我国政府采取了一系列措施来推动可持续发展，包括加强环境保护、促进资源节约和高效利用、推动绿色发展等。总之，可持续发展理论是一个综合性的理论，它涵盖了经济、社会、环境等多个方面，旨在实现人类与自然的和谐共处。

可持续发展理论以发展为核心，它是对传统发展模式弊端的反思与改进，提出了一种全新的发展观念。从现实情况来看，发展不仅是提升国家综合国力和人民物质文化水平的基石，也是解决社会实践中的思想认识问题的关键。无论是提升人民的物质文化水平，还是解决人们在社会实践过程中产生的思想认识问题，最终都离不开发展。经济发展构成了我们一切社会实践的物质基础，在落后和贫穷的状态下，既无法实现可持续发展的目标，也无法确保人口、资源、环境与经济之间的协调发展。

5.1.2 生态系统服务理论

生态系统服务（ecosystem services，ES）是指人类直接或间接从生态系统中得到的产品和服务，直接反映了人类对生态系统的需求，是生态学、地理学和经济学等学科的前沿。目前学界在生态系统服务分类、价值评估和空间制图等方面取得了大量的成果。生态系统服务与人类福祉间的关系十分密切，一方面生态系统服务提供了人类社会生存和发展的基础和保障，另一方面人类通过各种活动影响生态系统服务的类型和质量。然而，无节制的人类活动，侵占了生态空间、破坏了生态系统结构，导致生态系统服务的退化，使得人类的生存和发展受到威胁。生态系统服务作为生态资产已经融入社会经济发展过程，具有公共物品外部性和有限增长特征，而市场失灵使生态系统服务质量不断下降。为了守住生态系统服务的底线，我国制定了"生态保护红线"的政策，用于有效保护那些重要、敏感和脆弱的国土空间，维持基本的生态系统结构和功能，为社会发展提供稳定的生态系统服务。生态保护红线和生态系统服务互为表里，使人们开始从认识到行动上保护生态环境，前者是外在强制力，后者是内生动力。

生态系统服务不仅为人类提供食物和其他生产生活原料，还创造和维持了地球生命的支持系统，形成人类生存所必需的环境条件。目前，生态系统服务研究在价值评估、时空变化格局、权衡关系和驱动机制等方面取得较为显著的进展，并在提高公众认知和构建理论框架方面不断完善，逐步进入管理决策和政策顶层设计与应用阶段。现有生态系统服务研究在供给需求匹配特征、服务传递数量与路径等方面仍存在很多不足。研究生态系统服务流有助于阐明服务供需匹配格局、耦合机制和服务动态流动过程，揭示服务传递的关键区位，是生态系统服务研究的热点，也是地理学、生态学和环境科学等学科交叉研究的重要内容。

5.1.3 最优配置模型

最优配置（optimumal location）是样本量的一种分配方法。分层随机抽样中，在给定费用下，使估计量的方差 V 达到最小，或在给定精度要求（如给定方差 V）下，使总费用最小。这种各层样本量 n^* 的分配称为最优配置，假定费用函数为线性费用函数，则

$$C = C_0 + \sum_{h=1}^{l} C_h n_h \tag{5.1}$$

式中，C_0为基本费用；C_h为第 h 层中调查的一个单元的平均费用，则最优配置为

$$\frac{n_h}{n} = \frac{W_h S_h / \sqrt{C_h}}{\sum_k W_k S_k / \sqrt{C_k}} \tag{5.2}$$

式中，W_h为层权；S_h为各层的标准差；k 表示第 k 层；W_k 表示第 k 层的权重；S_k 表示第 k 层的方差。若 $C_h=C$（$h=1, 2, \cdots, 1$）则最优配置为

$$\frac{n_h}{n}=\frac{W_hS_h}{\sum W_kS_k} \tag{5.3}$$

5.1.4 多目标决策分析

多目标决策是指系统方案的选择取决于多个目标的满足程度的决策问题，或称为多目标最优化。反之，系统方案的选择若仅取决于单个目标，则称这类决策问题为单目标决策或单目标最优化。多目标决策方法是从 20 世纪 70 年代中期发展起来的一种决策分析方法。

决策分析是在系统规划、设计和制造等阶段为解决当前或未来可能发生的问题，在若干可选的方案中选择和决定最佳方案的一种分析过程。在社会经济系统的研究控制过程中，我们所面临的系统决策问题常常是多目标的，如在研究生产过程的组织决策时，既要考虑生产系统的产量最大，又要使产品质量高、生产成本低等。这些目标之间相互作用和矛盾，使决策过程相当复杂，使决策者难以轻易作出决策。这类具有多个目标的决策就是多目标决策。多目标决策方法现已广泛地应用于工艺过程、工艺设计、配方配比、水资源利用、能源、环境、人口、教育、经济管理等领域。

多目标决策方法主要有以下几种：①化多为少法，将多目标问题转化成只有一个或两个目标的问题，然后用简单的决策方法求解，最常用的是线性加权法。②分层序列法，将所有目标按其重要性程度依次排序，先求出第一个最重要的目标的最优解，然后在保证前一目标最优解的前提下依次求下一目标的最优解，一直求到最后一个目标为止。③直接求非劣解法，先求出一组非劣解，然后按事先确定好的评价标准从中找出一个满意的解。④目标规划法，对于每一个目标都事先给定一个期望值，然后在满足系统一定约束条件下，找出与目标期望值最近的解。⑤多属性效用法，各个目标均用表示效用程度大小的效用函数表示，通过效用函数构成多目标的综合效用函数，以此来评价各个可行方案的优劣。⑥层次分析法，把目标体系结构予以展开，求得目标与决策方案的计量关系。⑦重排序法，即把原来的不好比较的非劣解通过其他办法使其排出优劣次序来。⑧多目标群决策和多目标模糊决策等。⑨逼近理想解排序法（TOPSIS），是将每个解决方案与理想解和负理想解之间的距离进行比较，然后计算方案与理想解之间的相似度（接近度），接近理想解的方案被认为是最优选择。

在多目标决策问题中，其目标或经过逐层分解，或依据决策主体要求和实际情况需要，形成多层次结构的子目标系统，使得在最低一层子目标可以用单一准则进行评价，称之为目标准则体系。

目标准则体系的层次结构，一般用树形结构图直观表示。最上一层，通常只有一个目标，称之为总体目标，最下一层，其中的每一个子目标都可以用单一准则评价，称为准则层。构建多目标决策问题的目标准则体系，是多目标决策分析的前提。构造目标准则体系应注意的原则：系统性原则、可比性原则、操作性原则。在决策信息量充分的前提下，尽量减少子目标的个数，决策分析方法思路清晰，便于在计算机上实现。在多目标决策中，制定了目标准则体系，不同的目标用不同的评价准则衡量。因此，必须将不同度量单位的准则，化为无量纲统一的数量标度，并按特定的法则和逻辑过程进行归纳与综合，建立各可行方案之间具有可比性的数量关系。

多目标决策中均可以由目标准则体系的全部结果值来确定。可行方案在每一个目标准则下，确定一个结果值，对目标准则体系，就得到一组结果值，经过各目标准则的效用函数，得出一组效用值。这样，任何一个可行方案在总体上对决策主体的满意度，通过这些效用值按照某种法则并合而得，满意度是综合评价可行方案的依据。

5.2 资源优化配置的原则

5.2.1 可持续发展原则

可持续发展原则是资源优化配置的首要原则，它要求近期与远期、当代与后代在资源的利用上有一个协调发展、合理利用，而不是掠夺性的开发和利用，甚至破坏。即当代人对资源的利用，不应使下一代人正常利用资源的权利受到破坏。资源总量与环境容量应在区域内的不同子区之间，不同时段间和不同部门之间进行合理分配，既要考虑区域远、近期经济，社会和生态环境持续协调发展，又要考虑区域内不同子区之间的协调发展；既要追求以提高资源总体配置效率为中心的优化配置模式，又要注重效益在全体部门之间的公平分配；既要注重资源的合理开发利用，又要兼顾资源的保护与治理。可持续发展原则要求一定的时期内对资源的利用必须科学，不可过度、无计划地利用。

5.2.2 节约高效原则

节约高效原则是指在资源利用和管理方面采取的一系列措施，旨在实现资源的有效利用和节约。这个原则适用于各个领域，包括能源、水资源、物资等。资源优化配置一方面应提高资源的分配效率和利用效率，合理解决各部门之间的竞争问题，促使各部门内部高效利用资源；另一方面应减少污染物，促使环境容量的合理调配。科学利用资源应成为资源合理利用的核心和资源管理的首要任务。

5.2.3 公平性原则

公平性原则的目标是满足不同区域间和社会各阶层间各方利益进行资源的合理分配。资源优化配置要求区域内不同子区域之间协调发展，以及发展效益或资源利用效益在同一子区内不同部门之间公平分配。

5.2.4 生态需求优先原则

生态需求优先原则指的是在发展和利用自然资源时，优先考虑和保护生态系统的需求和功能，以实现生态系统的健康和稳定。人类在进行生活与生产活动时，必须从环境中索取资源，并必然将资源所产生的废物排放到环境中去，但是生态系统承载人类活动的规模与性质是有限的，当资源的索取量与废物的排放数量和种类超过了生态系统承载能力，将会导致生态系统的结构与功能被破坏。当生产、生活与生态之间的矛盾达到一定程度，就会出现环境危机，为确保区域生态环境的良性循环，在分配资源时应对用于维持生态环境的需求给予优先保障，以促进区域社会经济可持续发展。

5.3 资源优化配置内容

5.3.1 水资源优化配置

从供水水源角度，农业水资源是指农业生产过程中可潜在利用的水资源，包括有效降水和灌溉水。灌溉水不仅包括由地表水、地下水所表征的蓝水，还包括污水处理再利用、雨水集蓄利用、微咸水利用等用于农业生产的其他水源。从用水构成角度分析，农业水资源包括农田灌溉用水和林牧渔畜用水。农业水资源优化配置是指在特定区域内，以节水高效、生态健康为原则，采用系统分析理论和优化技术，对有限的、不同形式的农业水资源在作物不同生育阶段、不同作物间和渠系间、不同农业部门间的优化分配，以期实现农业水资源利用的综合效益最大化。因此这是一个涉及多时空尺度的优化问题，内容包括作物灌溉制度优化、灌区种植结构优化及空间布局优化、渠系配置优化、灌区多水源联合调控、区域或灌区农业水资源承载力评价及优化配置、水-粮食-能源协同优化等。

农业水资源优化配置研究始于20世纪40年代由Masse提出的水库优化调度问题。20世纪70年代以后，水资源优化配置的理论与方法研究快速发展。随着计算机科学技术的发展，优化配置模型与方法经历了由常规的线性规划至非线性规划和动态规划，由单目标至多目标、由确定性至不确定性、由解析模型至数值模型、由单一系统至复杂大系统的转变过程。随着研究工作的不断深入，模型考虑的因素越来越多，功能越来越强，由优化模型向优化与模拟耦合模型发展，且随着模型考虑的变量和目标的增加，优化方法也由传统的数学优化方法，发展到智能优化算法的应用，如遗传算法、蚁群算法、粒子群算法、人工鱼群算法等。相对于传统的优化方法，智能优化算法由于对初值的要求不高，不要求目标函数和约束的连续性与凸性，甚至有时连有没有解析表达式都不要求，对计算中数据的不确定性也有很强的适应能力，是求解复杂优化问题的有效工具。

（1）作物灌溉制度优化

水分生产函数和灌溉制度优化是农业水资源优化配置的基础。灌溉制度优化是根据作物产量与灌溉供水之间的关系，把有限的灌溉水量，在作物不同生育阶段进行优化分配，以确定合理的灌溉次数、灌水时间及灌水定额，实现产量或效益最高的目标。近年来，基于作物生长过程的模拟模型为研究农田水分循环机理和灌溉制度优化提供了有力的工具，如 DSSAT 模型、CERES 模型、SWAP 模型和 AquaCrop 模型等。利用作物模型优化灌溉制度，与基于试验数据获得的水分生产函数方法相比，具有成本低、效率高、变量可控等优点，可以更全面地描述土壤水分动态和作物生长发育过程，已广泛应用于春小麦、有机稻、冬小麦、无膜滴灌棉花等各种作物的灌溉制度优化。

（2）灌区空间布局优化

种植结构的变化影响作物需水量和灌溉需水量，在灌溉工程规划时决定取水水源及渠系规模，在农业节水高效管理中，是估算区域农业需水量的重要基础。种植结构的选择，取决于可利用的水资源、气候、土壤、市场需求和收入等因素。依据作物适宜生长环境，在一定的水土资源约束下，将有限的可利用农业水资源在作物间进行合理分配，提高区域作物水分利用效率及效益，实现经济、社会及生态环境等综合效益最大化的目标，也是非工程农业节水的主要方式。

（3）种植结构优化

种植结构优化研究始于 20 世纪 80 年代，经历了从单目标到多目标、从结构优化到空间布局优化的发展过程。在给定灌溉制度下，单目标通常以粮食总产或效益最大，或农业用水量（或费用）最小为目标。随着水资源短缺和生态环境问题的出现，以提高经济效益和节约用水，或净效益最大和施肥量最小等为目标，建立更加科学合理的粮、经、饲三元种植结构。随着蓝绿水概念的提出，种植结构优化模型以农业净效益最大、蓝水利用量最小、绿水利用率最大为目标。同时考虑灌溉制度优化和作物结构调整的水资源优化是一个复杂的大系统问题。由于大系统理论可降低问题维数，且概念清楚，求解方便，得到了广泛应用。随着节水灌溉的发展，考虑来水不确定性及节水潜力的种植结构调整受到广泛关注。

（4）灌区多水源联合调控与优化配置

灌区的水循环及水资源演变受自然水循环和人类活动作用下的水循环共同影响，涉及

"降水-地表水-土壤水-地下水" 多要素多过程循环，水文要素的变化增加了灌区多水源配置的复杂性，如何在不确定性条件下考虑农田水循环过程，将有限的不同来源的水量高效地分配到作物不同生育阶段，对促进灌区精准灌溉具有重要意义。渠井结合灌溉模式通过地表水、地下水联合调控，考虑地下水采补平衡和盐分补排平衡约束，获得满足耕地农作物用水需求的渠井水配置比例、配水时间及分布等，以提高灌溉水有效利用率。联合调控常用的方法有基于水资源平衡原理的方法、非线性相关分析法、地下水-随机动态预测模型、多目标优化方法、大系统分解协调法等。然而渠井灌区水资源配置受地下水可开采量及水质的约束，不同的水资源利用时空格局则会影响地下水的补排关系，进而导致水质的变化。以地下水可开采量为约束的联合调控优化方法，难以反映规划年地下水补排关系的变化。为解决该问题，Safavi 等耦合水资源优化模型与基于支持向量机的模拟模型，优化配置流域地表水和地下水，解决了地下水对灌溉用水的响应问题。然而支持向量机模型缺乏物理机制，对于具有自然人工二元水循环转化模式的渠井灌区，将地下水数值模拟模型与水资源优化模型耦合是渠井灌区水资源优化的有效途径。例如，基于 SWAT 与 MODFLOW 的耦合模型、地下水模拟与水资源优化的动态耦合模型、线性规划方法与 MODFLOW 的耦合模型等，这些耦合模型可以模拟水资源利用的地下水位动态响应，但多为松散耦合式模型，难以模拟灌区水管理措施下水文生态过程的复杂响应关系。

近年来为化解水质型缺水危机，实现农业水资源充分利用与环境保护的双重目标，多水源下水质水量联合调控受到关注。研究方法可分为两类：以水质或分质供水为约束的优化模型和量质一体化双层配置模型。何莉等针对洋河流域水资源短缺与水环境污染问题日益突出，以及考核断面水质难以达标等问题，以洋河流域为研究对象，考虑水质约束，构建了农业水资源优化配置模型，并提出补水减排联合控制水质达标方法，以实现农业经济效益最大化。袁缘等基于系统分解协调理论提出"以供限配、按需分质，由质定供"原则，构建了多目标水资源量质一体化双层配置模型。

（5）区域农业水资源承载力评价及优化配置

农业水资源优化配置是提高农业水资源承载力的主要措施。区域农业水资源优化配置，是在遵循生态平衡原则、效率原则及公平性原则下，对可利用的农业水资源在区域或流域内进行配置。农业水资源承载力，是指区域、流域或灌区在一定的农业可用水资源条件下，能够支撑农业可持续发展的能力，可归纳为水资源支撑的农业持续发展能力论和最大农业规模论两种观点。农业规模可以是灌溉面积，也可以是农业总产量。研究方法主要分为基于指标体系的承载力综合评价和基于经验公式的承载产量规模评价。综合评价方法包括主成分分析、可拓分析、模糊综合评价、半偏减法集对势方法等，产量规模评价方法包括单一线性目标、多目标规划等。随着节水灌溉的发展，许多灌区把节约的水量用于扩大灌溉面积，导致挤占生态环境用水。承载规模研究向区域或流域适宜的耕地灌溉规模研究发展，即以水定地。当前的研究集中在西北内陆河流域，主要基于水热平衡原理和绿洲分带理论，但缺乏对生态系统健康的综合评价。耦合风沙动力学原理、水热平衡理论和绿洲生态健康评价构建了基于生态健康的绿洲适度农业规模模型，为确定绿洲适度农业规模提供了有效的途径。

(6) 流域水-粮食-能源协同优化

水、能源和粮食是人类生存和发展不可或缺的资源，随着世界范围内水资源短缺、能源短缺和粮食不足导致的区域冲突加剧，驱动了水、粮食和能源三要素关联的发展。三者关联被视为应对水安全、粮食安全、能源安全多重风险的综合性解决措施。水-粮食-能源协同优化是一个复杂大系统问题，当前的研究尚处于起步阶段，经历了从水或能或粮的单一要素为中心，向水-能、水-粮、粮-能的二元关联，再到水-粮-能三者纽带关系耦合的发展历程。目前研究在三要素系统分析框架、协同与权衡效应分析、气候变化与贸易影响评估、耦合模型研发等方面取得进展，包括揭示了能源和粮食生产消耗之间的关联关系与反馈机制，探索了互动关系方法，提出了应对水-粮食-能源系统风险的措施，并从作物品种改良、用水效率提高、水权交易、水足迹和虚拟水贸易等方面探讨解决问题的途径。在方法学上发展了包括生命周期评价、可计算的一般均衡模型、系统动力学模型、多主体建模、计量经济分析、生态网络分析、综合指数分析、协同学原理、多目标优化、水足迹理论等研究手段。

5.3.2 土地资源的合理利用与保护

土地资源优化配置是一项复杂的系统工程，是一个多目标、多层次的持续拟合与决策过程。构建土地资源优化配置模型需要采用多学科的多种方法论，包括动态模拟、数学规划、系统动态学、工程学等理论和方法。

绿洲农业土地利用变化，是指在绿洲地区由传统的耕作方式向现代化农业生产方式转变的过程。这一变化在一定程度上促进了绿洲地区的经济发展和社会进步，但同时也带来了一系列的问题和挑战，对绿洲地区的可持续发展和环境保护带来了一定的影响。绿洲地区的土地资源十分有限，而传统的耕作方式通常只能利用有限的土地资源进行生产。为了满足现代化农业的需要，许多绿洲地区开始大规模地开垦荒地和开展集约化生产。此举虽然能提高了农业生产效率，但也对绿洲地区的土地资源造成了极大的压力。一方面，大规模的开垦荒地导致了生态环境的恶化，破坏了绿洲地区的生态平衡，加剧了干旱和沙漠化的程度；另一方面，集约化生产也导致了土地资源的过度使用，使得土地资源的利用效率降低，对土地资源的长期可持续利用构成了威胁。

旱区土壤管理的目的是持续保持土壤生产力，就是运用适当的施肥制度、耕作制度、种植制度和土壤保护制度持续保持土壤肥力（包括养分状况和土壤耕性）并防止水土流失。土壤耕作是土壤管理的主要技术措施之一，它与灌溉技术、施肥技术、间套轮作技术等共同构成土壤管理技术体系。现代土壤管理的中心任务，就是要在高度集约化的农业生产过程中，保持和提高土壤肥力，即有利于植物生长的土壤水、肥、气、热的协调能力。

旱区土壤管理的任务是以维持植物持续生产和保护环境为核心，充分发挥“土壤水库”的作用，尽最大可能地把天然降水蓄存于“土壤水库”中，以满足作物生长发育对水分的需要，调节天然降水季节与作物生长季节不吻合的矛盾；应用保护性耕作技术，不断提高土壤肥力和土壤质量，建立作物生产力持续提高的物质基础。旱区农田土壤管理目标主要包括保护农田土壤环境、建立和开发“土壤水库”、提高农田土壤质量三个方面。

5.3.3 气候资源的利用与风险管理

气候资源是一种宝贵的自然资源，可以为人类的物质财富生产过程提供原材料和能源，是指能为人类经济活动所利用的光能、热量、水分与风能等，是一种可利用的可再生资源。气候资源主要包括太阳辐射、热量、水分、空气、风能等。

我国绿洲农业属于水热同期型绿洲农区，其最大特点是受南面青藏高原影响，夏季无副热带高压作用，高空西风环流或太平洋东南暖湿季风带来的水汽分别形成降水，使6～9月降水比例高，雨热同期。其中，新疆属西风环流作用，甘肃、宁夏、内蒙古、青海等由太平洋季风作用。它们的山前平原绿洲农区降水量不多，但山地降水较多，尤其是水热同期的夏季山地降水更多。据乌鲁木齐地区测定，市区海拔为850m，6～9月降水为97.2mm，占全年降水量的39.3%，而海拔2150m的小渠子6～9月降水则增加到253.7mm，占全年降水量的39.5%，降水形成的河流用于灌溉，挟带的泥沙沉积形成灌淤土；而吐鲁番等特殊地区采用井、泉清水灌溉，形成灌耕土，分别发育成不同绿洲农区类型。

在农作物生长期间，绿洲农区的太阳辐射（日照）较东部地区高，加上白天的高温有利于农作物的光合作用，而夜间又较凉爽，有利于光合产物积累，故光能利用率高，农作物产量高。西北内陆干旱气候区日照长、辐射强、热量足、温差大，可谓是西北内陆干旱区资源的重要特征，更是绿洲光合生产力位居我国各类型气候区之上和产品品质优良的资源优势。

绿洲农区年日照2600～3000h，是全国日照最长的农区，尤其是6～8月每月平均长达300h以上，较同纬度其他农区多40～60h。由于云量少，云层薄，大气水汽含量少，对太阳辐射削弱少，绿洲农区的太阳辐射强度也是全国最高的。整个西部绿洲农区总辐射量比长江—珠江流域农区高出62.7～167.2kJ/（cm^2·a）。不仅如此，在太阳总辐射量中，绿洲农区有效辐射比例高达50%之多。基于荒漠区对绿洲区的增温效应，绿洲区的热量条件明显地好于同纬度东部地区。同属一个纬度，海拔1286m的新疆喀什>10℃积温为4300℃，比海拔31.2m的北京（4169℃）高131℃；海拔423m的石河子（3478℃），比海拔215m的长春（3168℃）高310℃。而海拔与北京相当的吐鲁番绿洲区（海拔不足35m）7月平均气温达33.6℃，8月达33.7℃（极端值达48.1℃），远高于北京。吐鲁番绿洲区>10℃活动积温接近4500℃。从各季高温和全年积温看，吐鲁番理应划属热带-亚热带气候区，只是受制于1月的-9.6℃平均气温，而列为极端干旱的暖温带。绿洲区夏、秋季温度的日变幅比东部地区大3～4℃，如7月的银川、酒泉、喀什的日变幅为12～14℃，比北京大2.8～4.5℃，10月比北京大3～4℃。作物生长季节，特别是秋季较大的温度日变幅，有利于作物光合产物的积累，以及谷物产量的提高和改善瓜果品质，使果实含糖量更高，颜色更加鲜艳，十分有助于绿洲特色农业的发展。

风在滋养绿洲产业的同时也会对其造成危害。微风有利传播花粉，使作物群体内部空气有序流动，二氧化碳得以补充，光合作用顺利进行。可以加快蒸腾作用，降低叶温，避免灼伤。风的作用巨大，风能抑制土壤蒸发和植物蒸腾，有利于水分的合理利用，促进作物生长。作物的生长高度和产量都随防风林的防护距离有明显的变化。除此之外，在绿洲与荒漠之间存在有明显的温湿度差，这必然在它们之间有一个局地环流，防风设施通过降低风速，同时调节温湿度的变化，增大绿洲效应。此外，必须切实改善和解决农村生活能源，禁止樵采荒漠植被，减少燃烧秸秆，加强生态环境建设，促进绿洲农业持续发展。

基于国际气象组织和国内外众多气象专家预估的气候暖化持续的科学见解，结合近半个世纪气温上升、降水减少所呈现的暖干化现实的感受，即使今后气候变化呈现湿暖化的预期，即降水有所增加，也难以弥补因蒸散发增加所导致的水分进一步的亏缺。不断暖化的气候，使雪线上升，冰川退缩，众多的河川径流和地下水赖以补给的固态水库融化，势必难以为继，由此导致的湖沼湿地消退、地下水沉降、江河断流、咸潮侵袭、土壤侵蚀以及荒漠化等灾害必将越发严重。面对人口增长和社会发展对农产品需求的与日俱增，水资源开发力度也将有增无减，旱区农业发展面临的沉重压力和农业干旱所面临的严重情势将更加紧迫。对此，旱区的社会发展所面临的未来气候变化不论是暖干化还是暖湿化趋势，都将直接面对水资源短缺的农业干旱问题。

科学技术是第一生产力。借助日益发展的科学技术，着力维护国家和区域内水资源生态环境，全球联手应对农业干旱问题，多途径持续增进有限水资源生产潜力，不断提高水分利用效率，是缓解农业干旱、发展旱区农业的基本方略。例如，借助农业生物技术进步，着力干旱区农业生物种群内在生产力的提升，奠定水分生产潜力持续增进的生物学基础；确立与旱区水资源存在状况相适应的农业结构体系，增进农业系统的整体生产力；通过物理的、化学的、生物的覆盖技术，控制土壤水分蒸发的非目标性输出，尽可能地使有限水分转化为有效的植物蒸腾；采用轮耕（牧）等农作技术和区域间水资源调剂的工程技术，使水分的时间富集和空间富集成为可能；强化农业生物种群生活要素调控力度，克服水分高效利用中的限制因素；实施有助于改善“三水循环”系统的生态环境建设工程，提高有限水资源的循环利用效率。

5.3.4 生物资源的保护与可持续利用

由于人类活动的干扰，绿洲中原本生态平衡的生物多样性受到了破坏，植物、动物等生物种群的数量和种类都发生了变化，从而导致生态系统失衡，生态平衡被打破。为此，为了保护绿洲生态系统的生物多样性，我们需要加强保护工作。例如，加强对植物、动物等生物的保护，控制非法捕猎等；绿洲区风沙、盐碱、洪灾等时有发生，应有针对性地加强环境建设。

针对目前我国旱区各类农业生物资源的特点及存在的问题，为实现农业生物资源的可持续利用，需做好以下几个方面的工作：①开展农业生物资源调查、评价和研究工作。旱区各省（自治区、直辖市）应有重点、有计划地开展生物资源调查评价工作，摸清农业生物资源的种类、数量、质量、利用现状、开发潜力等。同时，还应积极开展基础性研究工作，以掌握农业生物资源生长、发育和演化规律，为农业生物资源开发利用和保护提供科学依据。②制定农业生物资源开发利用规划。合理开发农业生物资源必须遵循有计划、适度开发的原则，处理好利用与保护之间的关系。保护是为了更好地开发利用，是实现农业生物资源可持续利用的前提。因此，各地区应制定农业生物资源开发利用规划，有计划、分步骤、科学合理地利用农业生物资源，解决好农业生物资源开发利用与资源再生和保护之间的关系，做到近期利益与长远利益相结合，经济效益、社会效益和生态效益相兼顾，使农业生物资源的开发利用步入良性循环轨道。③树立综合利用农业生物资源的观念。目前我国对农业生物资源的利用普遍存在着综合利用水平低的问题，造成资源浪费、效益低下、产品结构单一、产品科技含量不高等现象。所以必须摒弃过去单一利用的方式，树立综合利用的新观念。随着社会经济持续快速发展和科技进步，我国经济实力迅速提高，人们对农业生物资源开发利用的认识水平也在不断提高，这为农业生物资源综合利用，建立多种经营、全面发展的多元型经济结构提供了物质保证和科学理论支持。同时，人们对农业生物资源产品的多方面、不同层次的巨大需求，给农业生物资源的开发提供了广阔的市场，使农业生物资源综合利用成为可能。④提高农业生物资源综合利用的技术和能力。造成我国旱区农业生物资源综合利用水平低的主要原因是，农业生物资源综合利用技术水平不高和综合利用能力不足。因此，迅速提高我国农业生物资源综合利用技术和能力，是提高我国农业生物资源综合利用水平和效益的关键。⑤提高农业生物资源产品的科技含量。要提高我国农业生物资源综合利用技术，离不开科技投入。因此，应广辟资金渠道，加大农业生物资源科研投入，加强基础性、应用性研究，积极促进科研成果的转化，增加农业生物资源产品的科技含量和附加值。⑥加快农业生物资源基地建设，走产业化、规模化、一体化经营之路。为满足农业生物资源产业巨大的原材料需要，各地方应重视农业生物资源基地建设，以稳定资源的供给。同时，农业生物资源加工利用应走产业化、规模化和一体化经营之路，不断提高农业生物资源集约化经营和科学管理水平，以实现农业生物资源利用最佳综合效益。⑦加强农业生物资源保护。农业生物资源的保护意义十分重大。农业生物资源是人类生存的基础，人类的食物、衣着、住所、交通、健康都依赖于此。同时，它还是人类与社会发展的源泉，在生态安全与环境质量保证、生物安全与生物技术开发、经济利用与人类永续福祉、仿生发明创造与科技发展潜力等方面发挥着重要的作用。长期以来，人们对农业生物资源采取无计划、掠夺式的开发利用，不仅使农业生物资源数量减少、质量下降，而且导致许多农业生物处于濒危状态，甚至灭绝。一些地区的自然环境恶化和生态危机已经显现，若不及时采取有效的措施改善生态环境，生物及人类自身的生存都将面临巨大的威胁。从农业生物资源可持续利用及人类社会可持续发展角度看，农业生物资源保护刻不容缓。

5.3.5 人地关系协调发展

人地关系和谐发展的关键在于转变发展模式、合理利用自然资源、协调人地关系。具体措施包括：减少人口对生态环境的压力、转变发展模式、保护生态环境、节约水资源、防治水污染、保护森林资源、珍惜自然资源、维持生态平衡。

人工绿洲是人类长期开发、经营、塑造的产物，是自然生态、人口、社会经济组成的复合系统。人类活动在系统中起着主导作用，处于核心地位。人类的开发、改造活动由简单到复杂，由低级到高级，由单向到多向，由小规模到大规模。绿洲的扩大、演变甚至衰败，几乎均由人类活动所控制。其中，人口的增长、劳动力的迁徙、重大基础设施和建设项目（包括生态建设）的布局、资金投向、市场开拓、产业政策和社会安定等对绿洲系统的反馈作用十分明显，由此可见，绿洲系统是个可控系统。

绿洲系统之所以成为干旱地区地理系统中最富活力和生产力的系统，正是因为该系统内水、土、气候等自然资源组合最和谐，人口、技术、装备（含基础设施）等社会经济资源配置最齐全且优良。这样的环境孕育并发展了绿洲农业、绿洲牧业、绿洲城镇和绿洲工矿。而促使资源实现优化组合的关键，不仅在于人类对自然条件、自然资源的最佳选择及坚持不懈地开发、利用、改造、整治与保护，更在于人类对生产要素的合理配置。

合理开发农业资源必须遵循有计划、适度开发的原则，处理好利用与保护之间的关系。保护是为了更好地开发利用，是实现农业资源可持续利用的前提。因此，各地区应制定农业资源开发利用规划，有计划、分步骤、科学合理地利用农业资源，解决好农业资源开发利用与资源再生和保护之间的关系，做到近期利益与长远利益相结合，经济效益、社会效益和生态效益相兼顾，使农业资源的开发利用步入良性循环轨道。

5.4 资源优化配置的方法

5.4.1 线性规划模型

线性规划方法是土地资源优化配置建模中最为常用的一种方法，它具有求解多方面问题的能力，除了解决一些线性问题之外，通过使用对数法等方法，还可以解决一些非线性的问题。采用线性规划方法，可以优化地块尺度和区域尺度上的土地资源。例如，LUAM（the reading land use allocation model）模型（LUAM 结构图，如图 5-1 所示）是一个采用线性规划法构建的模型，在该模型中综合考虑了多种因素对农业用地的影响，根据这些影响因素来调整农业用地结构和布局，从而实现农业利润最大化。

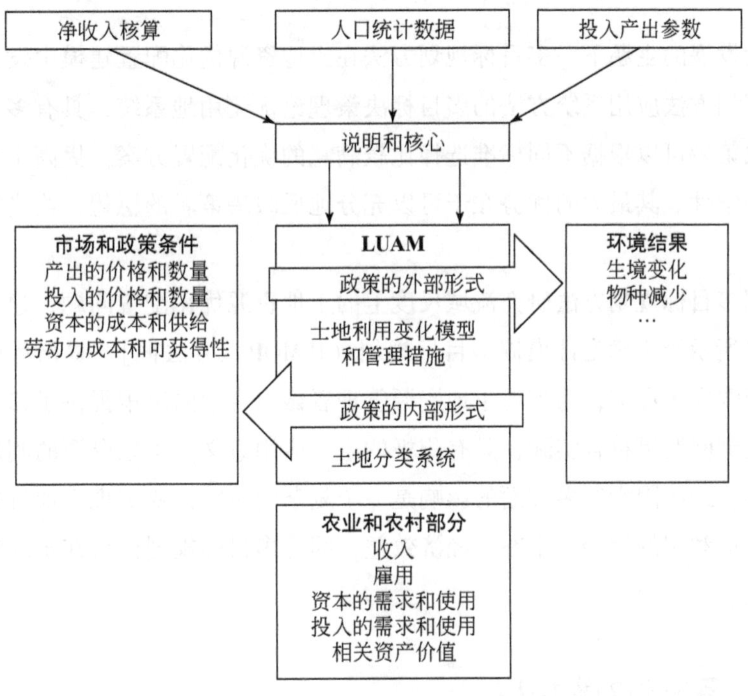

图 5-1　LUAM 结构

线性规划方法虽然广泛应用于土地资源的优化配置建模中，但存在一定局限性。它不可能考虑到所有的优化目标及其限制条件，也无法考虑一些难以量化的因子，因此计算出来的最优方案不一定完全符合实际情况。

5.4.2 动态规划模型

线性规划模型是静态模型，不能适应自然环境、技术条件和社会经济状况发展变化的要求，而其他的一些规划方法在解决实际困难时算法实现比较困难。在这方面，灰色预测方法提供了一条新的途径。可以运用灰色线性规划模型研究区域度上的土地利用结构优化问题。通过分析研究土地资源利用结构的特征及存在的问题，选出影响土地利用结构的各种因子，并预测未来各产业用地需求及其限制条件，在此基础上模拟出典型的土地利用方案，最后采用层次分析法选出了基于综合效益及可行性的最优土地利用决策方案。

5.4.3 多目标优化模型

在可持续发展的主题下，多目标规划方法在土地资源优化配置建模中发挥了重要的作用。多目标规划方法应用系统方法的多目标决策理论优化用地系统，具有多目标性、多方案的特点，决策者可以根据不同标准选择比较满意的优化配置方案，提高土地资源优化配置和决策的科学性。其最大的优势在于可以充分地反映决策者的愿望，给决策者提供期望的最佳目标。

可以采用多目标规划方法研究流域尺度上的土地资源优化配置问题，建立多目标规划模型［图 5-2 所示为不确定性模糊多目标规划（IFMOP）方法框］，提出环境和经济优化目标下土地资源配置方案，为当地土地资源管理者做出合理的决策提供了参考依据。多目标规划模型处理问题更符合实际，具有积极的生产应用意义。土地资源的利用受到自然因素、社会因素、经济因素等多方面的影响是一个复杂的系统，要实现土地可持续利用需要综合考虑到土地利用的社会、生态、经济效益，因此多目标规划模型在土地资源利用中具有重要的意义。

5.4.4 系统动力学模型

系统动力学方法以反馈控制理论为基础，以计算机仿真技术为手段，对于模拟大型非线性动态多重反馈系统能力很强，具有不同于线性规划和其他方法的能力。目前，系统动力学方法已用于区域和国家尺度上的土地资源配置建模中。可以运用系统动力学方法分析土地-社会经济系统的结构、功能、行为及其相互间的关系，通过描述人口变化、经济发展变化、土地利用变化及各业用地需求量之间的内在联系，动态模拟各业用地的发展趋势，得出适应各种社会经济条件的土地利用决策方案。也可以通过系统动力学原理、方法

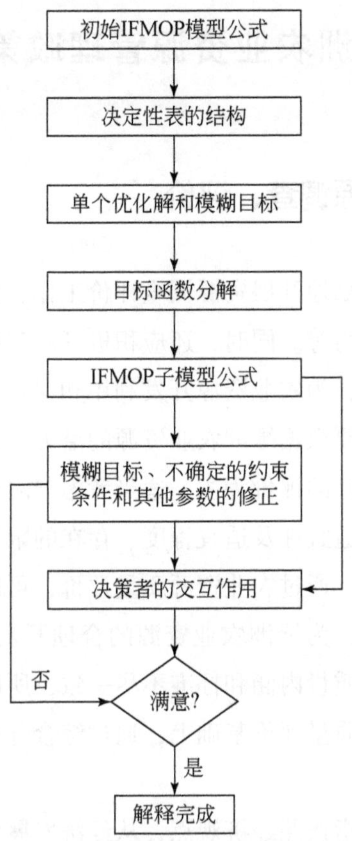

图 5-2　IFMOP 方法框

和模型对区域土地利用系统进行模拟，确定适宜的土地利用发展方案，如基于土地资源数据库和管理信息系统建立的“世界动力学”模型和提高承载力的策略（en- hancement of carrying capacity options，ECCO）模型，建立了土地资源系统的动态模型，既可以模拟人口、资源、环境与发展的相互关联性，又可以用来模拟在各种发展条件策略下，人口增长与资源承载力之间的动态变化。此外，系统动力学模型还广泛应用于土地生态设计，作物布局设计，种植业、林业、水土保持规划等方面的研究中。

系统动力学方法采取定性和定量相结合的结构——功能模拟方法，强调系统结构分析，对数据的依赖性较小，具有操作灵活、可塑性强的特点，既可以对未来进行预测，也可以回顾系统历史行为，比较容易反映非线性和延期反应等用数学形式难以表达的过程。研究表明，应用系统动力学仿真模拟方法解决土地利用配置中的问题是一种可行的方法。

5.5 绿洲农业资源管理政策与措施

5.5.1 开展农业资源调查、评价

绿洲地区应有重点、有计划地开展资源调查评价工作，摸清农业生物资源的种类、数量、质量、利用现状、开发潜力等。同时，还应积极开展基础性研究工作，以掌握农业生物资源生长、发育和演化规律，为农业资源开发利用和保护提供科学依据。

绿洲农业资源质量评价主要根据绿洲农业资源的潜力对自然资源作出评价，在确定潜力高低的标准中一般以自然属性的评价为主，适当考虑与之有关的经济属性。通过对自然属性在开发利用中所反映出的适宜性及适宜程度、存在的限制性因素及其强度划分出农业资源的潜在开发利用能力等级。通过农业资源质量评价，可以在一定程度上反映绿洲地区内或地区间农业资源优势程度，为绿洲农业资源的合理开发和生产力布局提供科学依据。由于不同绿洲农业资源种类的质量内涵和标准不尽一致，所以首先应对各单项绿洲农业资源的质量评价，然后在单项的质量评价基础上，通过综合分析，对绿洲农业资源质量进行全面评价。

绿洲农业资源经济评价是指按照经济观点，从经济发展和生产布局出发，对绿洲农业资源开发利用的可能性、开发利用的方向，以及开发利用的经济合理性进行的综合论证。经济评价必须从经济发展方向和具体要求的生产部门布局的实际要求出发，在全面分析的基础上找出对特定的生产部门和地区经济发展与布局产生影响的主导因素进行重点评价，最后在技术可能性的基础上论证经济合理性。对经济指标进行比较，主要内容有：绿洲农业资源的数量和质量及其与生产部门的关系；绿洲农业资源的地理分布与区域组合特点；绿洲农业资源开发利用的技术经济条件分析；绿洲农业资源开发利用的可能方式、方向的选择与比较论证；绿洲农业资源开发利用的经济效益、生态效益和社会效益。

5.5.2 技术创新的推广应用

科技成果的开发及应用在区域发展中的地位与作用，已越来越被人们所认识，国力发展及地域实力的竞争实际上是科技的竞争。建立健全的科技体系，实施能促进绿洲地区快速发展的科技政策，是实现绿洲地区可持续发展目标的关键。目前，西北干旱绿洲地区的落后，关键的制约因素在于科学技术文化水平的落后。其主要体现在科技人员的缺失，从事自然科学技术的人数仅约占干旱区总人口的0.9‰（我国东部地区约占3‰）、占全国科技总人数的11%左右，高校在校学生的人数亦仅为全国的10.5%，普通中学生的人数约占全国的11%，

农业专科在校生人数仅为全国的8%左右，中等专科人数约占全国的11.5%，科技研究经费仅约占全国的10%（我国东部地区则占约63%）。显然，西北干旱区科技文化水平处于全国的落后地位，且发展基础薄弱。在利用现有科技成果方面，东部地区的科技成果转化率亦明显高于西部地区（东部约为40%，西部约为30%）。由此可见，应用科技成果、发展科学技术，将是实现西北地区繁荣的关键。绿洲管理科学体系属于区域性科学体系，应体现区域特点并为区域可持续发展服务。这一体系在内容上应有利于科技创新工程，促进科技成果转化，强化应用基础研究与加强社会知识能力建设等。

要提高我国农业资源综合利用技术，离不开科技投入。因此，政府部门应广辟资金渠道，加大农业资源科研投入，加强基础性、应用性研究，积极促进科研成果的转化，增加农业资源产品的科技含量和附加值。支持机制的建立对于绿洲农业发展的作用极为重要。政府应加强绿洲农业科技创新，与高校、科研院所建立良好关系，实现农科教、产学研结合，提高农业生产效益和产品质量，为绿洲农业提供必要的技术支持；通过政府专项基金、农业金融保险等方式，为绿洲农业提供必要的风险保障与资金支持；加强乡镇农业技术推广站的建设，完善基层农业技术推广体系，因地制宜推广农业产品与农业技术，使农业技术在基层推广开来；加强对绿洲农业人才的培养和引进，提高绿洲农业的技术水平和管理水平；加强对农产品市场的监管和引导，遏制随意定价、投机倒卖等市场乱象的出现；建立农产品的市场流通体系，保证公平、健康的市场秩序，增加农民的收入，推动绿洲农业的持续发展。

5.5.3 政策与法规的支持

建设现代绿洲是人类面临的历史任务。它要求人类在传统绿洲成就的基础上，应用最新科技成果，对绿洲的资源、劳动力、资本等进行成本最小化处理，从而获得最高效益。在追求最高效益这一目标的管理过程中，最高级别和最必要的管理途径便是政策和法规体系。

政策和法规体系在促进绿洲发展和建设现代绿洲过程中之所以能起到如此重要的作用，是由其功能所决定的。不论是一个国家或一个区域，政策体系总是反映了一定历史时期的生产力水平及建设方向，反映了该时期政府为达到社会经济目标而实施的一系列方针、对策，以及为保证这些方针、政策目标的实施所必须采取的带有强制性的法律、法令和法规。因此，政策、法规因具有最高约束力而具有统管全局的功能。一般而言，不论政策还是法规，因其制定过程中进行了大量论证和吸收实践经验，所以其目标、内容和细节均能体现社会发展与生产力发展的现实及任务，因而往往在内容上体现科学性，在执行上体现稳定性，在时段上体现连续性，在标准上体现规范性。它不因部门机构和行政官员的变动而改变，也不会因人而异地改变执行标准。政策和法规的这一特性，将能保证绿洲管理的先进性，并逐步完成传统绿洲管理模式向现代绿洲管理模式的转变。

在绿洲地区，当前应将粮食补贴政策调整为补贴粮食。粮食补贴政策旨在稳定粮食生产、保障粮食安全、扶持弱势产业。然而，粮食补贴的直接结果是粮食种植面积的扩大，这对全国其他地方或许有益，但对缺水的绿洲来说却是非常不利的。缺水退化的绿洲（如甘肃民勤）面临的问题并非扩大耕地面积，而是控制和减少耕地面积。因此，应首先保证农民的口粮供应，将粮食补贴转为补贴粮食，同时大力压缩农业用水规模，以缓解农业用水压力，并弥补农民因减少耕地而造成的粮食减产。

绿洲农业不仅可以满足当地居民的粮食需求，还可以改善当地环境和促进经济发展。为了促进绿洲农业的发展，需要建立完善的政策体系和支持机制。以滴灌技术为例，它在农业发展中具有极其重要的地位。但是滴灌技术的设备资金投入较高，主要的成本表现在滴灌技术的管道投入方面，初期的投资大且回收周期比较长，这使得民众难以承受。因此，国家应在政策和财政方面给予支持。首先，可以实施滴灌设备分期贷款政策，并配以优惠利率，通过政府与银行的支持，分散成本，以促进滴灌技术的推广。其次，应推广优良农产品品种的种植，提升产量和产值，增加农民收入，促进滴灌设备投资回报。最后，还要建立健全技术的商家服务体系，保证技术推广的顺利实施，加强滴灌技术商家的服务意识，为农户提供安装、答疑与回收服务，有利于减少农户的使用成本，提高他们使用滴灌技术的积极性，进而推动该技术的广泛与正确使用，从而达到改善当地环境和促进经济发展的目的。

5.5.4 社区参与公众教育

组织协调是评价绿洲区划的另一个重要指标。组织协调涉及绿洲区划实施过程中各部门之间的协作和配合，包括政府部门、科研机构、企业和社会组织等。政府部门的组织协调是绿洲区划实施的重要保障，包括政府部门之间的协作和配合、政府部门和社会组织之间的协作与配合等。科研机构的组织协调是绿洲区划实施的技术保障，包括科研机构之间的协作和配合、科研机构和企业之间的协作与配合等。企业和社会组织的组织协调是绿洲区划实施的社会保障，包括企业和社会组织之间的协作与配合、企业和政府部门之间的协作与配合等。

绿洲地区要贯彻可持续发展战略，必须把人为压力对绿洲变化的影响和观测作为首要研究课题。处理好绿洲人地关系的协调发展关键在于人类自己要按科学规律来协调这一关系。因此，要加强绿洲环境与发展关系的教育、宣传，把科学论断变为决策人和民众的意识，要重视开展绿洲环境保护道德观（伦理学）和科普知识的教育与评论。

5.5.5 跨区域合作与资源共享

我国的劳动密集型的农产品，如牛羊肉等畜产品、水产品、水果、蔬菜等，在国际市场上有明显的价格竞争优势。而这些产品正是绿洲农业的主导农产品。在绿洲地区发展畜牧业，可以拉动种植业、促进加工业的发展，是形成农业内部结构合理化和拉长产业链条的重要途径，在此基础上发展饲料工业和畜产品的深度加工，畜牧业完全有可能发展成为绿洲地区在国际农产品市场上具有竞争优势的一个大产业。在畜牧业方面，要大力发展肉牛生产，积极发展城市郊区奶牛业，加快发展乳品生产和加工业；适度发展饲养羊产业，加快肉用羊品种改良，大力发展优质细毛羊生产。在绿洲内部积极发展草业（绿色饲料业），在国内主要农产品大幅度降价的形势下，草产品价格能够基本保持不变，我国绿色饲料市场在今后相当长的时间内依然是卖方市场。目前国际上绿色饲料，主要出口国为美国、加拿大。未来发展中，绿洲地区完全可能依靠资源优势、劳动力成本优势，以及贸易平衡原则形成绿色饲料出口创汇产业。在稳定种植业的条件下，大力发展畜牧业、家禽业和水产业，大力发展蔬菜、果树、花卉等园艺业和绿色饲料业，提高这些高附加值产业在绿洲农业中所占的比例，进而提高农业经济的总体效益。

5.5.6 环境变化的适应性管理

绿洲地区自然条件严酷，风沙、盐碱、干旱等时有发生，应有针对性地加强环境建设。绿洲农业的稳定和持续发展必须有良好的生态环境作基础。在绿洲外围建立灌草带或营造防风固沙林-绿洲边缘营造大型基干防风防沙林带-绿洲内部营造“窄林带、小网格”的护田林网，林网内实行农林混作，广泛应用小片经济林、用材林和大片的薪炭养畜林模式，以产生较好的生态、环境和社会经济效益。沙漠区域应充分利用天然降水维护天然旱生植被（如古尔班通古特沙漠年降水量100mm左右，梭梭、沙拐枣、沙芒草等生长良好），实施禁牧、禁樵采、人工育苗梭梭补栽等措施。在实现农田林网化后，为进一步改善农业生产条件并充分利用农业自然资源，绿洲内部形成了多样的农林复合经营以及庭院经济，这些共同构成了混农林业，并获得了显著的生态环境、经济和社会效益。同时，绿洲防护林体系结构优化的多目标规划模型和恢复重建绿洲过渡带生态的试验示范也取得成效。目前，古尔班通古特沙漠20世纪六七十年代遭破坏的荒漠植被已基本恢复，风沙流动危害减轻。山前平原绿洲是经济、社会活动的主体区域，应加强环境保护避免污染。山区绿洲是河流的发源地，应加强草地、森林植被保护，维护水源。

利用绿洲自身的资源优势，多种经营，综合发展农、林、畜、果、草、渔各业，是建立稳定的、可持续发展的绿洲大农业的经济基础。在防护林的保护下，为使绿洲农业自然资源优势得到充分发挥，在劳动力、资金、技术条件优越的庭院经济中，侧重发展名、优、特和种养综合型立体农业，如农林草牧复合型、间作套种型、立体种养型等。

第6章

绿洲农业区划概述

6.1 绿洲农业区划的概念

6.1.1 绿洲的概念

绿洲（Oasis）一般被称为“沃洲”“沃野”“水草田”“绿岛”“泽园”等。“Oasis”起源于希腊语，古希腊人用此称利比亚沙漠中特别肥沃的地方，即指荒漠中能“住”（Oweh）和能“喝”（Saa-科普特语）的地方。英国人可能最先在正式地理文献中使用Oasis。“绿洲”一词经过全国科学技术名词审定委员会审定公布，定义为“干旱地区有稳定的水源可以对土地进行灌溉，适于植物生长，明显区别荒漠景观的地方”。这一定义未将工（矿）业绿洲包含在内。绿洲是一种干旱荒漠区独特地理景观，是干旱地区人类主要活动的地区，也是荒漠地区人类赖以生存的基地。绿洲作为干旱区特有的地理单元，它是干旱区人类生存和发展的主要场所，它的发展始终伴随着人类社会的文明。绿洲集中了绝大部分的人类活动，也聚积了最大部分的财富。绿洲与荒漠是相生相伴的一种生态地理景观类型，故常被冠以“荒漠绿洲”或“沙漠绿洲”。

绿洲是干旱区的非地带性景观，在空间和时间上都表现出高度复杂性。其形成与水、土资源及人类活动关系密切，其生产力与水热条件息息相关。在我国西北干旱区，人类社会的一切生产活动，几乎都集中在绿洲上进行。绿洲作为干旱区特殊的景观类型，是干旱地区经济发展的承载体，同时亦是区域尺度上干旱区最大的人工干扰源地。绿洲成为干旱区人类生产生活的主要场所和进一步向荒漠开辟的根据地。绿洲亦是未来干旱区可持续发展研究的最主要领域。中国西北及中亚绿洲农区，在世界范围内面积最大、类型最丰富，是人们生活、经济、社会、文化活动的载体，孕育了古丝绸之路，今天又担当着向西开放、建设现代丝绸之路的重任。绿洲的兴衰与绿洲人民息息相关。随着绿洲开发的深入及绿洲理论研究的深化，人们对绿洲的认识也逐步加深。

绿洲形成于干旱气候条件下，寓于荒漠环境之中，是干旱区一种独特的地理景观。我国荒漠面积约 $2.6\times10^6\mathrm{km}^2$，绿洲面积约 $1.9\times10^5\mathrm{km}^2$，主要分布在新疆、甘肃、青海、宁夏、内蒙古等地。绿洲常见于干旱、半干旱区的山麓平原、河流沿岸地带。天然绿洲的形成受控于水土条件，而人工绿洲的形成则与人类活动有关。在人类活动的影响下，可发生由天然绿洲向人工绿洲，荒漠向人工绿洲，或绿洲向荒漠的演变。绿洲生产力的高低不仅与自然条件（如水、土、热量、矿产等资源）有关，也直接受人类生产水平的影响。除此之外，绿洲的稳定性主要取决于绿洲生态环境基础的稳定性。

6.1.2 绿洲农业区划概述

(1) 农业区划概念

农业区划是按农业地域分异规律，科学地划分农业区。作为研究农业地理布局的一种重要科学分类方法，农业区划在农业资源调查的基础上，根据各地不同的自然条件与社会经济条件、农业资源与农业生产特点，按照区内相似性与区间差异性并保持一定行政区界完整性的原则，把全国或一定地域范围划分为若干不同类型和等级的农业区域，并分析研究各农业区的农业生产条件、特点、布局现状和存在的问题，指明各农业区的生产发展方向及其建设途径。农业区划既是对农业空间分布的一种科学分类方法，又是实现农业合理布局和制定农业发展规划的科学手段与依据，是科学地指导农业生产，实现农业现代化的基础工作。

农业区划的内容体系，一般包括四个方面：①农业资源条件区划，包括农业气候、地貌、土壤、水文、植被、自然生态等区划。对发展农业生产的自然条件和社会经济条件，按照它们的地区分布规律划分区域或类型区，评价其对农业生产的有利和不利影响，并研究提出因地制宜、趋利避害、扬长避短、合理利用和保护农业资源，改善或改造农业生产条件的方向和途径。②农业部门区划，包括农、林、牧、渔各生产部门和各主要作物的区划。分析农、林、牧、渔业各个部门和主要农作物、林种、畜种、鱼种对自然条件的适应性及对社会经济技术条件的要求，并从国民经济发展需要和经济效果考虑，按照综合农业区划分区体系，分区提出合理调整生产结构和布局，以及有关增产关键措施等方面的科学依据和建议。③农业技术改造区划，包括农业机械化区划、农业水利化区划和化肥、土壤改良、农作物品种、植物保护、农村能源等区划。就发展农业水利化、机械化、化学化、农村能源、土壤改良、植物保护等，分别分析其特定的有关条件，按生产发展的需要，对不同农业区实行技术改造的重点、步骤和方法提出科学建议。④综合农业区划，是整个农业区划的主体和核心。四类区划称为农业区划的横向体系。在全国范围内进行的叫全国农业区划，在省（自治区、直辖市）、地（市）、县范围内进行的叫省级或地（市）级、县级区划。这种分级开展的农业区划被称为农业区划的纵向体系。下级区划是上级区划的基础，上级区划对下级区划起指导作用，上下协调，相辅相成。

(2) 绿洲区区划研究

我国干旱区面积较大，绿洲分布广泛。绿洲是干旱区的一种非地带性景观，其形成与水、土资源分布和人类活动的密切相关，同时，绿洲的生产力又与水热条件有关。因此，绿洲区区划就显得比较困难。

干旱区农业区划是一个复杂的系统工程，涉及气候、土壤、水资源、地形、社会经济等多个因素的综合考量。早期的研究主要集中在传统的定性描述方法上，如 20 世纪 50 年代开始的全国农业区划工作，为后续研究奠定了基础。随着遥感、地理信息系统（GIS）和全球定位系统（GPS）等技术的发展，农业区划研究逐渐向定量化、精细化方向发展。近年来，机器学习和人工智能技术的应用进一步推动了农业区划的精确性和预测能力，如利用支持向量机（SVM）模型对宁夏干旱区进行农业适宜性评价的研究。水资源作为干旱区农业发展的关键限制因素，一直是研究的重点。有学者对西北干旱区水资源承载力进行了系统研究，提出了基于水资源约束的农业区划方法。气候变化对干旱区农业的影响也越来越受到关注，研究者们探讨了气候变化背景下干旱区农业区划的动态调整策略。土壤因素在干旱区农业区划中同样扮演着重要角色，有研究基于土壤质量评价对甘肃河西走廊进行了农业区划研究。此外，社会经济因素在近期研究中得到了更多重视，如将农户生计策略纳入干旱区农业区划考虑因素，提出“社会-生态系统”的综合区划方法。在研究尺度方面，从大尺度的全国和省级区划，到中尺度的地市级区划，再到小尺度的县级和乡镇级区划，不同尺度的研究为干旱区农业发展提供了多层次的决策支持。值得注意的是，跨学科研究在干旱区农业区划中日益重要，生态学、水文学、气象学、土壤学、经济学等多学科的交叉融合为解决复杂的区划问题提供了新的思路。例如，有研究将生态系统服务评估与农业区划相结合，提出了生态友好型农业区划方法。在实践应用方面，农业区划研究成果已在多个干旱区省份得到应用，如新疆、甘肃、宁夏等地的农业发展规划均采纳了相关研究成果。然而，干旱区农业区划研究仍面临诸多挑战，如数据获取的困难、多尺度整合的复杂性、气候变化带来的不确定性等。

(3) 绿洲区农业区划的定义

区域是连续且有界线的地理空间，根据目的不同可以划分为行政、同质和同功能地区。农业区域是由农业自然和经济因素有机结合形成的，是农业生产的基本空间。农业区域的属性由农业生产的本质决定，是各种农业生产的综合表现。农业区域的本质和发展规律不能仅凭农业空间分布来阐明。每个特定的农业区域的农业结构与区域条件密切相关，合理利用土地资源是关键，需要根据农业内部情况进行决策，包括生产要素配置和布局调整，以提高农业区域的整体效益。农业区划实质上是一个针对复杂的自然和经济再生产的空间系统的区划。

绿洲农业区划是指将绿洲区内土地按照农业资源、自然环境、土地利用等因素进行划分，形成不同的农业区域。绿洲区农业区划本质上是农业区划研究成果在绿洲区域的体现。它一般是在各种自然区划、部门区划及其他单项区划或专题研究的基础上，分析类比和汇总而成的。但它不是简单的汇总，而是通过梳理和集合上述各方面的观点和论据，集中概括、相互引证、综合分析，加以系统化。农业生产是与自然再生产和经济再生产相交错的，因此，农业生产的空间分布是自然选择与人工选择的历史产物。区域差别是客观存在而带有普遍的现象，绿洲区农业区划是从地域分异规律与劳动地域分工的角度，在分析绿洲区域农业分布的基础上，来科学地说明绿洲农业的形成过程和预期发展方向，提出改善途径和措施，并根据区内相似性和区际差异性由大尺度到小尺度划分各级绿洲农业区域。绿洲农业区域实质上是绿洲区生物生态系统与农业经营系统交织而成的大农业地域综合体。

绿洲区农业区划分为全国、省级和市县级的不同等级系统，往往由于生产发展不平衡，地区经济结构和功能也不一样，所以绿洲区农业区划的内容要因地制宜、适应当时当地的需求。通常区级越高，地域范围越广，越需要着重抓全局性和战略性的问题，对下一级分区更具有指导作用。相反，区级越低，地区范围越小，要多注意虽限于局部但带有关键性或特殊性问题，分析阐明得越具体越有利于实施和为高一级区划提供素材。总之，要因地因事制宜，依据各种不同地区，针对不同的问题和矛盾采取不同叙述方法。

各级绿洲农业分区，都各有其历史演变的过程，应根据其自然背景及经济发展阶段，抓住本区生产上的主要矛盾和特点加以探讨和分析说明，内容大体可包括：概述每个绿洲区域的农业基本特征，如在全国或全省区的经济地位、人地关系、生产布局现状与发展水平等，借此表达出每个区域的个性，以别于其他相邻的农业区域；综合分析评价各种自然资源和社会经济条件，扬长避短，发挥地区优势，克服不利因素，提出如何适应、利用和改造的途径；从全局出发，因地制宜，充分开发利用本区绿洲可提供的资源，合理配置农业部门，调整生产布局，选建商品生产基地，提出技术上可行、经济上合理的意见和建议；研究与上述发展生产相适应的农业技术改革措施，探索不同地区的生产潜力；进一步划分农业分区，明确各地区发展方向，分阶段实现农业专业化和综合经营，以及农业现代化的步骤和建设途径。

我国的农业区域规划，不仅要使农业各部门与各种作物之间在全国各区域之间有一个合理配置和分工，而且要保证在全国范围内的重要意义。绿洲农业的发展极具潜力，且深刻影响着我国可持续发展战略的推进。因此，绿洲区农业区划的全面性系统性在实践上要比同级别其他单项区划更具有重要意义。它既要深入分析、正确反映绿洲生产布局的形成因素，还须预测生产发展趋势与方向，提出调整和改善的建设途径与措施，才能指导当前绿洲农业生产，为制订长期发展规划提供科学依据。

6.2 绿洲农业区划的类型与意义

6.2.1 绿洲农业区划的类型

农业生产对自然有特殊依赖性，因此进行农业区划分类工作时，常需要以自然区划为研究基础，并以同农业有关的环境条件及其分异规律为区划的依据。绿洲农业区划主要包括绿洲农业自然区划、农业部门区划、农业经济区划、农业生态区划四种单因素区划类型，还要进一步在这些基础上进行综合自然区划。单因素的自然区划各具特点和空间分布规律，而它们对生物有机体的影响，虽然同等重要，但影响程度和作用不同。它们不仅为综合自然区划提供各自的科学依据，同时各有其相对的独立作用，特别有利于探求趋利避害的具体途径和改良措施，非综合自然区划所能替代。农业的生态环境是由上述各种要素的结合而综合形成，尤其在不同类型地区中，它们之间又是相互联系与相互制约的，成为有内在关联结构的整体，因此，还必须从整体上分析自然的地域分异规律，编制综合自然区划。

（1）绿洲农业自然区划

自然区是指自然特征基本相似或内部有紧密联系、能作为一个独立系统的地域单元。它通常是通过自然区划，按照地表自然特征内部的相似性与区际差异性而划分出来的。例如，我国的东南季风区、西北干旱区、青藏高原区等。每个自然区内部，自然特征较为相似，而不同的自然区之间则差异性比较显著。依自然区进行区域规划，一般是与自然资源的综合开发利用或生态环境的整治有关，如流域规划、草原规划、湖区开发利用规划、海岛规划等。

绿洲农业自然区划是指根据绿洲地区的自然环境条件和农业生产特点，将绿洲地区按照不同的自然条件和农业生产要求进行划分和管理的过程。这种区划方式旨在科学合理地利用自然资源，保护生态环境，促进农业可持续发展。

绿洲农业自然区划是以水资源分布、气候条件、土壤特征、植被分布、地貌地形特征等自然资源条件为主要依据，对绿洲区内部进行区域规划的过程。水资源是绿洲农业的生命线，因此要全面考虑水质、水量等水资源分布方面的情况；绿洲地区的气候条件对农业生产具有重要影响，自然区划需要考虑气温、降水、日照等气候要素的分布情况以确定适宜的农作物种植和灌溉方式。除气候条件外，土壤肥沃度、排水性和盐碱情况等是农业生产的重要因素，通过考虑土壤特征可以确定适宜的农作物种植和土壤改良措施。植被覆盖对绿洲地区的生态环境和土壤保护具有重要影响，自然区划需要考虑植被类型和分布情况，制定合理的生态保护政策。地形地貌主要影响绿洲农业的布局和灌溉方式，绿洲农业自然区划需要考虑地形地貌特征，确定合理的灌溉和土地利用方式。通过对绿洲地区自然条件的综合分析和划分，可以为农业生产和生态环境的合理规划与管理提供科学依据。

（2）绿洲农业部门区划

农业部门区划是按农业的不同部门和不同作物，分别根据它们本身的特性、现状分布规律，研究其适生条件及其他影响因素进行区域的划分。农业部门区划可为选用良种、引种驯化、实行品种区域化和栽培与饲养技术区域化提供科学依据，同时也作为综合农业区划的一个重要基础。农业部门区划的内容一般分种植业、林业、畜牧和水产等区划，根据需要还可进一步划分各种作物、林果、牲畜等地域分区，也可以由某种特殊品种类型进行区划。

绿洲农业部门区划是指根据绿洲地区的农业发展需求和特点，将绿洲地区按照不同的农业部门或功能进行划分和管理的过程。这种区划方式旨在合理规划和布局农业生产、提高农业效益、保护生态环境和促进农业可持续发展。

绿洲农业部门区划主要包括农作物种植业区划、林业区划、畜牧业区划、渔业区划等。

种植业是农业生产的主体，也是种类最繁杂、分布最广泛的部门。农作物种植业区划包括不同类型的作物，主要有粮食作物、经济作物、饲料作物和园艺作物等。绿洲区内部主要粮食作物大体可分为小麦、玉米、水稻、谷子、高粱等谷类作物，大豆、蚕豆、豌豆等豆类作物，以及马铃薯、甘薯等薯类作物。经济作物与粮食作物相比，种类更加繁复，绝大部分是工业原料作物，商品性高，农民种植主要出于市场交换目的。按其用途，我国绿洲区经济作物可分为几大类：纤维作物（棉花、麻类等），油料作物（油菜籽、花生、芝麻、向日葵等），糖料作物（甘蔗、甜菜等），饮料作物（啤酒花、沙棘等），嗜好作物（烟叶等），香料作物（玫瑰、茉莉、香茅等），中药材作物（人参、黄连、贝母等）。其中，棉花是典型的喜温作物，要求≥10℃积温在3000℃以上，西北内陆绿洲农业区是我国棉花集中产区，集中了全国近80%的棉花种植面积。新疆塔克拉玛干大沙漠周边、吐哈盆地及古尔班通古特沙漠周边因其热量条件优良，而成为绿洲棉区的主体，面积占绿洲棉区的95%以上。甘肃的绿洲棉区只占绿洲棉区总面积的5%左右，与新疆北疆棉区的生态条件、棉花品种、栽培技术等都十分近似，共同构成了我国的特早熟内陆棉区。高原绿洲柴达木盆地的地理位置和气候独特，有春小麦、青稞、豌豆、蚕豆、马铃薯等特色粮食作物。绿洲地区泉水溢出带（如新疆绿洲和河西走廊绿洲）或沿河低阶台地（如银川平原、河套平原）适宜发展优质稻米生产。啤酒花是较耐寒不耐热的作物，河西走廊及新疆北麓沿天山一带绿洲在啤酒花生长期间的热量、日照、温度、空气湿度及土壤水分等自然条件能满足其生长要求，表现出啤酒花对绿洲有高度的生态适应性。国内啤酒花的种植主要集中在新疆、甘肃、宁夏和内蒙古等绿洲地区，该区由于具有适合啤酒花生长发育的优越气候资源和广阔的土地资源，产量和质量都比较突出，已成为国内啤酒花生产的重要基地。目前，我国出口的啤酒花几乎产于绿洲农区，内销啤酒花的70%以上亦由绿洲农区供应。甜菜原产地中海地区，地中海地区夏季的生态条件与我国新疆北疆、内蒙古河套、甘肃河西走廊、宁夏银川等地在光、热、空气湿度等方面相似，因此甜菜生产也集中产于此片区域。另外，我国绿洲地处西北干旱半干旱地区，以其特殊的生态环境，生产出许多特色中药材。

森林是大农业的重要组成部分，属于可再生资源，有着自然生长和枯损的发生、发展过程，比其他农业生产周期较长。由于人类的经营利用活动以及自然灾害的影响，森林的分布、数量与质量都处于动态变化中，森林类型与林分结构不像其他农业生产变动那样频繁。

绿洲区畜牧业分布，特别是地方品种的分布和特性与地区环境有明显适应的关系。因此，畜牧业区划不能不考虑畜牧业的自然环境。畜牧类型大体上可分为三类：一是纯牧区，多为草场放牧；二是农区，多为圈养；三是半农半牧区，则两种饲养方式兼有。当然有些地方品种与历史传统的精心驯化培育也有很大关系，地域分工比较明显。

除此之外，我国绿洲区主要分布于干旱半干旱地区，外流河数量较少，渔业以内陆水域渔业区划为主。

（3）绿洲农业经济区划

经济区是指经济活动的地域单元。它可能是经过经济区划划分出来的地域单元，也可以是根据经济发展和经济管理的需要而划分出来的连片区域。在我国，从 20 世纪 60 年代至 80 年代，由于受苏联的影响，多数经济地理学者接受“经济区是地域生产综合体”或“地域经济综合体”的定义。所谓地域生产综合体，或者地域经济综合体，指经济区内部是有机联系的，有其内在的固有特征，有紧密联系的生产结构或经济结构，同一区域内有较为稳定的相似发展方向，区际之间又有一定的协作和经济联系。

经济活动的地域单元是客观存在的地理现象，有其形成、发展、演变的客观规律。人们如能正确认识客观存在的经济活动的地域单元，或运用某种手段，有意识地组织起有效的经济活动的地域单元，建立起合理的经济区系统，对经济和社会可持续发展有重要的作用。我国的经济特区、经济技术开发区、对外经济开放区的高速发展和巨大变化，都是突出的例证。

绿洲农业经济区划是指根据绿洲地区的经济发展需求和农业生产特点，将绿洲地区按照不同的经济条件和农业生产要求进行划分和管理的过程。这种区划方式旨在促进农业生产与经济发展的协调，实现农业可持续发展和农民收入提高。

绿洲农业经济区划主要包括农作物种植结构、农业产业布局、农村经济发展区划、农业生态旅游区划四个方面。在进行绿洲农业经济区划的过程中，要考虑绿洲区农作物的市场需求、销售前景和产量潜力，确定不同种植区域的主导作物和种植结构，以合理配置农作物种类和生产规模；考虑农产品加工、流通和销售的需求，确定不同的农业产业布局区域，合理规划农业产业结构和发展方向，促进农业产业的协调发展；考虑农村居民的生产生活需求和经济发展潜力，确定不同的农村经济发展区域，合理规划农村产业结构和发展方向，促进农村经济的多元化发展；考虑绿洲地区的自然风光和文化特色，确定不同的农业生态旅游区域，发展农业生态旅游产业，促进农业与旅游业的融合发展。通过对绿洲农业经济区划的规划和管理，可以促进农业生产与经济发展的协调，提高农民收入和农业产业效益，推动绿洲地区农业经济的可持续发展。

（4）绿洲农业生态区划

生态区是指在农业生产活动中，根据生态环境的特点和农业生产的需求，对农业区域进行划分和管理，以促进农业生产与生态环境协调发展的区域范畴。农业生态区内部应注重生态环境的保护和修复，包括水土保持、植被恢复、生物多样性保护等方面，以确保农业生产活动对生态环境影响的最小化，还需要考虑土地、水资源、气候等自然资源的特点，合理配置农业资源，推广高效节水灌溉技术，促进生态友好的农业生产方式（如有机农业、生态农业、精准农业等），减少化肥、农药的使用，降低对生态环境的污染和破坏，保护农田、林地、水域等自然景观，提升农业生态景观的品质，发展农业生态旅游业，促进农业与旅游业的融合发展。注重农业生态文化的传承和弘扬，保护农村传统文化、风土人情，促进农业生态文化的发展，提升农业从业者的生活品质和幸福感。

绿洲农业生态区划是指根据绿洲地区的生态环境特点和农业生产需求，将绿洲地区按照不同的生态条件和农业生产要求进行划分和管理的过程。这种区划方式旨在保护和改善绿洲地区的生态环境，促进农业生产与生态保护的协调发展，实现可持续的生态农业发展。

绿洲农业生态区划主要依据包括生态环境特征、生态保护重点区划、水资源利用区划、生态农业示范区划四个方面。需要考虑绿洲地区的气候、土壤、植被、水资源等生态环境特征，确定不同的生态类型区域，合理规划农业生产布局和生态保护措施；考虑生态脆弱区、水源涵养区、野生动植物保护区等生态保护重点，确定不同的生态保护重点区划，制定相应的生态保护政策和管理措施；考虑水资源的分布和利用情况，确定不同的灌溉区域和水资源利用方式，合理配置灌溉设施和水资源，保护水资源的生态环境；考虑生态农业的发展方向和示范意义，确定不同的生态农业示范区，推广和示范生态友好的农业生产方式和技术。通过对绿洲农业生态区划的规划和管理，可以实现农业生产和生态环境的协调发展，提高农业资源利用效率。

（5）绿洲综合农业区划

绿洲综合农业区划是指根据绿洲地区的自然资源、农业生产条件和经济发展需求，将绿洲地区按照不同的功能和利用要求进行划分和管理的过程。这种区划方式旨在合理配置绿洲地区的农业资源，提高农民收入和农业产业效益，促进农业生产与经济发展的协调，实现农业综合发展和可持续利用。

绿洲综合农业区划是在绿洲区各种自然区划、农业部门区划及其他单项区划或专题研究基础上进行综合分析研究，以自然、经济、技术三方面的综合观点来阐明农业地域分异规律，根据区内相似性和区际差异性原则，由大到小逐级划分，形成各具特点、不同等级的综合农业区划系统。

综合自然区划的对象是自然环境的整体，即不同等级的自然综合体。不同的自然环境条件复合叠加，共同影响综合农业生产。根据自然环境及其与农业相关的组成成分的共同性、结构的相似性，按地域分异规律，主要是地带性与非地带性相结合的分异规律，划分出不同大小等级的自然区域单位，明确各区域的个性，深入分析各组成成分之间的相互联系、相互制约的内在机制，作综合评价，有利于更加全面考虑适应、利用和改造自然的途径，扬长避短，因地制宜发挥各地区的优势，为合理安排农业生产，制定综合增产措施，为综合农业区划提供一个重要的科学依据。同时也为农业技术改革区划，如农业机械化区划、水土保持区划、高标准农田建设、轮作休耕、土壤改良及生态修复等作重要参考。

绿洲在干旱区域中由于面积所占比例小，各绿洲又不连续，因而以绿洲为对象进行区划研究还没有引起人们的关注。我国的绿洲综合农业区划在过去亦没有人进行过。随着对绿洲研究的不断深化，绿洲综合农业区划的研究已经引起学者关注。它是认识绿洲区域分异的基础，亦是指导绿洲建设的指南。

随着社会的变革、生产力的解放，绿洲的扩大和社会、经济地位的提高，以及绿洲区域各类社会调查、科学考察及国际学术交流的频繁开展，特别是改革开放以来，我国社会主义经济建设大发展，促进了绿洲研究的发展。我国全国性农业区划工作是一个由粗到细、由分散到综合的长期过程，其中绿洲区农业综合区划主要集中于新中国成立后 20 年间，近 50 年的研究较少。起初为配合第一个五年国民经济计划，曾进行过全国农业区划，由于当时条件限制，基础资料缺乏，只作了简单的区域划分和描述，以及各省、自治区分别开展了省级综合农业区划，直到 1978 年农业自然资源调查和农业区划列为全国科学技术发展规划纲要的第一项重点项目，才由全国农业区划委员会于 1979 年组织有关单位成立《中国综合农业区划》编写组，首次协作完成《中国综合农业区划》专著，其中涵盖了我国绿洲区的农业区划。2000 年，王亚俊根据我国绿洲分布区域地理环境的差异性、地理位置和地势、大气环流与气候以及绿洲演变和人类活动影响，将我国绿洲划分为三大区：东部河套平原绿洲区、西北干旱内陆绿洲区和柴达木高原绿洲区。2007 年，我国第二次全国土地调查开始初期，划分出半干旱绿洲草原控制区，并阐述该区的主要特点：生态系统类型多样，山地、绿洲、草原、荒漠并存，但生态环境脆弱；绿洲光热充足，地形平坦，可耕性好，生产潜力大，但面积小；人口密度大多低于全国平均水平，但绿洲人口密度较高，人口压力大；工业化和城市化也主要集中于绿洲地区；绿洲周围的天然草地由于过度放牧、樵采等，导致土地荒漠化加剧；人口增长过快，文化素质较低，经济社会发展相对较慢。同年，阳发相等在对绿洲范畴进行界定的基础上，以气候地带的差异性、地貌单元和内陆河流域的完整性为区划原则，以水热条件、地貌单元、河流属性等为指标，进行绿洲区划：将中国绿洲划分为 3 大区及 14 个二级区，阐明了在二级区采用“区、类结合”的划分方法，以地貌形态成因类型为指标进行绿洲类型的划分，可不再进行三级以下的区划。中间约十年左右，我国对于绿洲区综合农业区划的研究处于停滞期。2017 年我国启动的第三次全国土地调查工作和 2022 年启动全国土壤普查工作为下一轮农业区划奠定了良好的基础。

6.2.2 绿洲农业区划的意义

农业具有食物保障、原料供给、就业增收、生态保护、观光休闲、文化传承等多种功能，在不同地域又各有侧重，必须统筹考虑我国农业的空间差异，进行农业功能分区。因地制宜地确定不同区域农业主导功能定位与拓展方向，制定农业功能区域政策，对发挥区域农业比较优势，规范农业发展空间秩序，推进农业主导功能区建设，实现区域现代农业与农村经济社会和谐发展具有重要的现实意义。

（1）绿洲区农业区划是深化农业区域分工的需要

我国绿洲农业的开发始于秦代，自古以来在国民经济中占有重要的地位。同时，绿洲农业是西北干旱区经济的主体，作为国家大型商品粮、棉、糖及畜牧业基地发挥了重要作用。西北干旱区现有耕地 3.67 亿亩，耕地利用率达 90%。因水资源的时空调控不力及灌溉方法、灌溉管理的落后，绿洲农业的经营缺乏整体、系统的发展思想。长期以来的“大规模开荒—大水漫灌—次生盐渍化—撂荒”导致荒漠化加剧，病虫害猖獗，自然灾害频繁，农牧结构失衡，经济效益低下，严重影响绿洲生态系统的稳定与农业的可持续发展。因此，需要对绿洲以高效的节水技术为核心进行水土资源优化配置：①对农（牧）业生产结构进行战略性调整；②建立生态与经济过程的有效融合机制；③对绿洲农业现代化实现路径和技术支撑体系等重大科学问题进行深入研究，以此来奠定绿洲农业生态良性循环、经济高效持续增长的理论基础。

20 世纪 80 年代以来我国制定了综合农业区划及一系列专项区划。这些区划主要针对农业的生产功能，概括地揭示了农业最基本的地域差异，对因地制宜地指导农业发展起了重要作用。21 世纪以来，农业的功能和农业发展的条件都发生了很大变化，农业的多功能性、区域比较优势与区域协调发展问题日渐凸显，必须结合新形势，加快推进绿洲区农业区划的研究，充分发挥区域综合比较优势，逐步建立相对稳定的农业区域分工体系，全面优化农业生产力的空间配置。

（2）绿洲区农业区划是统筹区域农业功能拓展的需要

建设现代农业，不仅要开发农业的食物保障功能，还要注重拓展农业的原料供给、就业增收、生态保护、观光休闲、文化传承等多种功能，向农业的广度和深度进军，促进农业结构不断优化升级，延伸农业产业链，健全发展现代农业的产业体系。我国地域分异形成不同地区在农业功能上的偏向，各地区功能实现的制约因素也各不相同，必须因地制宜地确定各地区农业功能拓展方向，明确各区域农业的主导功能和辅助功能及其特点，加快推进现代农业建设。

绿洲农业现代化实现进程中首先在于生产的安全性和高效性。因此，在绿洲农业现代化实现道路选择是以恢复农田、林、草生态系统为前提，封山育林、退耕还草、休牧减牧、保育退化草地、涵养水源，建立绿洲生态安全评价系统，维护绿洲农业生态安全；优化绿洲作物布局和农作制度，发展特色种植、实行草田轮作；加强生态防护林建设，建立高效畜牧产业基地，形成“畜粪-有机生物肥加工—肥沃农田—绿色农产品—生态防护林保护”的农牧林结合的良性循环农业模式；建立新型生态产业带，促进绿洲农业特色产品产业化发展，提高系统产出能力；探索生态过程与经济过程高效融合的机制，选择适宜绿洲节水型生态农业现代化发展的模式。

(3) 绿洲区农业区划是保护区域农业生态环境的需要

从资源环境现状及经济社会发展的长远目标来看，我国现在必须贯彻以人为本，全面、协调、可持续的科学发展观，实现经济增长方式的根本性转变。盲目大规模地开发利用绿洲生态资源，使得绿洲的生态资源质量下降，涝、旱、沙三大灾害成为威胁绿洲区农业发展的“心腹之患”。第六次全国荒漠化和沙化监测结果显示：截至2019年，我国荒漠化土地面积为25 737.13万hm^2，沙化土地面积为16 878.23万hm^2。与2014年相比，5年间全国荒漠化土地面积净减少378.80万hm^2，年均减少75.76万hm^2；沙化土地面积净减少333.52万hm^2，年均减少66.704万hm^2。我国沙区植被状况持续向好，2019年沙化土地平均植被盖度为20.22%，较2014年上升1.90个百分点；植被盖度大于40%的沙化土地呈现明显增加的趋势，5年间累计增加791.45万hm^2，与2014年相比增加了27.84%。

西北干旱区农业资源环境及生态系统独特，农业生产条件和自然气候呈现以下三个特征：一是农业资源总量丰富，但水土资源不匹配。西北干旱区光热资源充沛，昼夜温差大，大部分地区日照时数在2400～3200h，≥10℃的年积温2200～4000℃。水资源总量2482.4亿m^3，亩均水资源量只有764m^3，仅为全国平均水平的48.9%，且蒸发量大，时空分布不均衡。受水资源约束，适宜开发利用的耕地资源有限，成为农牧业发展的主要制约因素。二是生态类型多样，但生态环境承载力有限。西北干旱区自然条件多样，地形地貌复杂，拥有山地、高原、盆地、平原等不同地形，包括草原、农田、荒漠、森林等多种类型的生态系统，呈现灌溉农业区、旱作农业区、草原牧区、沙漠戈壁区等交错分布的空间格局。西北干旱区植被覆盖度低，生态环境承载力有限，生态系统脆弱，风蚀、水蚀严重，水土流失面积204.7万km^2，约占全国水土流失总面积的69.41%，盐碱土地1.5亿亩，约占全国盐碱土地总面积的82.31%。三是草地面积大，但产量低。西北干旱区以草地植被为主，草地面积23.9亿亩，是全国最大的农牧交错区。西北干旱区的草原类型以温性草原类、温性荒漠草原类和荒漠类等为主，多处于六至八级，干草平均产量在1000kg/hm^2以下，载畜能力不高。新疆、甘肃、青海等干旱荒漠区和绿洲边缘人口增长快的区域，草地承载压力不断增加，草地资源退化问题严重。

改革开放以来，党中央、国务院采取一系列政策措施，有力地促进了生态建设和环境保护事业的发展。作为一种高度依赖土地资源的生物质产业部门，农业具有显著的多功能性和地域差异性，应从农业发展的功能统筹与区域统筹出发，分析我国农业各基本功能的空间分异及其组合特征，划分农业主导功能区，引导农业活动在空间上的合理聚集，做大做强优势产业，减轻非优势区农业压力。从源头上控制农业生态环境恶化，规范农业发展空间秩序。

（4）绿洲区农业区划是强化农业区域政策调控的需要

加快推进绿洲区农业区划是促进粮食稳定发展、农民持续增收的根本途径。实现粮食稳定发展和农民持续增收，是“三农”工作的根本目标和中心任务。只有加快农业建设，才能全面提高粮食综合生产能力，提高农业综合效益，从根本上夯实增粮增收的基础。开展绿洲区农业区划，推进形成农业主导功能区，将具体细化和明确农业政策实施的空间单元，改变过去单纯按行政区或领域来制定农业发展规划与政策的方法。根据不同区域的农业主导功能明确不同区域的发展要求，实行与之配套的、更具针对性的区域农业政策、绩效评价和考核标准，能够更有效地引导区域农业比较优势的发挥。

（5）绿洲区农业区划是推进农业现代化的关键力量

实现农业现代化是我国农业发展的目标，也是我国农业发展的基本方向。农业现代化就是把传统农业转变为现代农业，把农业建立在现代科学基础上，用现代科学技术和现代工业技术装备农业，用现代科学管理农业。农业现代化是我国四个现代化发展目标之一，对于发展农村经济、提高农业生产效率、促进农民增收，其重要作用不言而喻。

党的二十大报告指出“中国人的饭碗任何时候都要牢牢端在自己手中”。粮食安全，根本在耕地，命脉在水利。绿洲是荒漠干旱区的一种特殊景观类型，人类围绕着绿洲进行农业生产。水作为制约绿洲农业发展的瓶颈因素，众多学者围绕干旱区水资源与水循环，水与生态、社会和经济发展的关系，以及应对或缓解水危机的节水型农业适应策略等主题开展了大量研究。与现代化农业相比，绿洲农业的经营方式仍然较为粗放，“高水、高肥、高投入”是其农业生产的主要特征。因此，以提高水、肥利用率为目标，发展节水型农业，是现代绿洲农业可持续发展的一项重要策略，更是推进农业现代化的重要动力。

6.3 绿洲农业区划的原则与依据

6.3.1 绿洲农业区划的原则

原则是指观察问题、处理问题的准则。对问题的看法和处理往往会受到立场、观点、方法的影响。原则是从自然界和人类历史中抽象出来的，在特定尺度能够正确地认识反映事物的客观规律。

绿洲区是人类在干旱地区生存发展的重要依托。在编制区划的过程中，根据绿洲的属性和涉及的领域，必须遵循不同绿洲区域的自然、社会及经济发展的规律，必须遵守一定的原则。这个原则可以是抽象的理论也可以是实践结论。绿洲区农业区划原则是在绿洲区进行农业开发和规划时需要遵循的一些基本原则，其中包括综合性与主导因素相结合原则、资源环境与社会经济发展相结合原则、生产现状与发展方向相结合原则、定量评价与定性分析相结合原则、空间连续性与区内一致性原则等。

（1）综合性与主导因素相结合原则

综合性与主导因素相结合的原则是指在进行绿洲农业区划时，需要综合考虑各种因素，包括自然地理、经济社会、生态环境等多方面的因素，并且突出主导因素的引导作用。

综合性原则是指在制定绿洲农业区划方案时，需要综合考虑各种因素的影响，包括土地资源、水资源、气候条件、生态环境、农业生产、农民生活等多方面因素，确保区划方案能够全面满足绿洲地区的发展需求。主导因素的引导作用意在综合考虑各种因素的基础上，突出主导因素的引导作用，即在整体规划中，主导因素所起的作用应该得到充分的体现和利用。主导因素可能包括土地资源的利用潜力、水资源的分布情况、区域的生态环境特点等，通过充分利用主导因素，确保区划方案的科学性和可行性。

通过综合性与主导因素相结合的原则，可以制定科学合理的绿洲农业区划方案，促进绿洲地区农业生产和生态环境的协调发展，实现农业可持续发展和农民生活质量的提升。综合性与主导因素相结合原则的要求主要有：①综合考虑自然因素和人文因素。在进行绿洲农业区划时，需要综合考虑自然因素（如地形、水文、土壤、气候等）和人文因素（如人口分布、经济发展水平、文化传统等），确保区划方案既符合自然条件，又满足农业生产和人居环境的需要。②主导因素指导区划划分。在综合考虑各种因素的基础上，需要确定主导因素，即在整体区域规划中起主导作用的因素。这些主导因素可能是土地资源的分布情况、水资源的利用状况、气候条件等，根据主导因素的不同确定区划划分的依据。③统筹兼顾各项利益。在制定绿洲农业区划方案时，需要统筹兼顾各项利益，包括农业生产的高效性、生态环境的保护、农民的生活质量、区域经济的可持续发展等，确保区划方案能够最大限度地满足各方利益的需求。④突出主导因素的引导作用。在区划划分中，需要突出主导因素的引导作用，即在整体规划中，主导因素所起的作用应该得到充分的体现和利用，确保区划方案的科学性和可行性。

（2）资源环境与社会经济发展相结合原则

资源环境与社会经济发展相结合的原则是指在制定绿洲农业区划方案时，要综合考虑资源环境和社会经济发展的关系，确保制定的区划方案既能最大限度地发挥资源环境的生产潜力，又能促进当地社会经济的健康发展。同时还包括保护资源环境（包括土地资源、水资源、生物多样性），确保农业生产和社会经济发展不会对资源环境造成损害，要采取措施防止水土流失、保护生态系统等，确保农业用水的合理性和可持续性，同时兼顾生态环境的水资源需求。推动循环农业的发展，包括农业有机废弃物的资源化利用、农田生态系统的建设等，以实现资源的最大化利用和循环利用。还需要保证区划结果能够促进社会经济发展，充分考虑农民的生计需求、农业生产的效益、农村经济的发展等。

绿洲区农业区划原则中资源环境与社会经济发展相结合原则的主要要求有：①综合考虑资源环境因素。在进行绿洲农业区划时，需要充分考虑资源环境因素，包括土地资源、水资源、气候条件、生物多样性等，确保区划方案与当地的资源环境条件相适应，最大限度地发挥资源的生产潜力。②促进资源环境可持续利用。制定绿洲农业区划方案时，需要考虑资源环境的可持续利用，包括保护生态环境、防治水土流失、合理利用水资源、推动循环农业等，确保资源环境的长期可持续利用和保护。③促进社会经济发展。在制定区划方案时，需要充分考虑社会经济发展的需求，包括农民的生计需求、农业生产的效益、农业经济的发展等，确保区划方案能够促进当地社会经济的健康发展。④统筹资源环境与社会经济发展。在制定绿洲农业区划方案时，需要统筹考虑资源环境与社会经济发展之间的关系，确保区划方案既能最大限度地发挥资源环境的生产潜力，又能促进当地社会经济的可持续发展。⑤强调生态优先、绿色发展。在区划方案中，需要强调生态优先、绿色发展的理念，即在资源环境与社会经济发展的结合中，要优先保护和改善生态环境，推动绿色农业发展，实现资源环境与社会经济的联动。

（3）生产现状与发展方向相结合原则

生产现状与发展方向相结合的原则是指在制定绿洲农业区划方案时，需要充分考虑当地农业生产的现状和发展趋势，结合未来的发展方向，制定符合实际情况的区划方案。

在根据这一原则进行区划时，需要充分了解当地农业生产的现状，包括农业种植结构、养殖业规模、农业生产技术水平等，确保区划方案能够基于现有的生产现状进行合理规划。还需要分析当地农业生产的发展趋势，包括市场需求变化、技术进步、产业政策等因素对农业生产的影响，以便制定能够适应未来发展趋势的区划方案。要结合生产现状和发展方向，确定合理的农业发展方向和重点发展领域，如农作物种植、特色畜牧业、农业科技创新等，以促进农业生产的提质增效。在区划方案中要充分考虑农业生产的多样性和差异性，根据不同地区的特点制定差异化的发展策略，促进各区农业生产的特色化发展。

绿洲农业区划原则中生产现状与发展方向相结合的原则的主要要求有：①生产现状分析。对绿洲农业区划范围内的农业生产现状进行全面调查和分析，包括农作物种植结构、畜牧业发展状况、农业生产技术水平、农民生产生活状况等方面的情况，以全面了解当地农业生产的基本特点和存在的问题。②发展方向确定。结合市场需求、政策导向、技术进步等因素，确定绿洲农业区划的发展方向，包括确定农业产业结构调整方向、重点发展领域、农业科技创新方向等，以适应未来农业发展的趋势和需求。③合理规划。在制定区划方案时，充分考虑生产现状和发展方向，确保区划方案能够基于现有的生产现状进行合理规划，同时也能够促进农业生产的提质增效和可持续发展。④差异化发展策略。针对不同地区的农业生产特点和潜力，确定差异化的发展策略，以促进各地区农业生产的特色化发展，如发展适宜的特色农产品、推动特色畜牧业等。⑤综合考虑。在确定发展方向和重点领域时，需要综合考虑生产现状、市场需求、资源环境条件、技术支持等因素，确保制定的发展方向符合实际情况，符合国家宏观政策，并具有可操作性和可持续性。

（4）定量评价与定性分析相结合原则

绿洲农业区划原则中定性分析与定量评价相结合的原则是指在制定区划方案时，需要综合运用定性和定量的分析方法，既考虑到定性因素的特征和影响，又进行定量评价和量化分析，以确保区划方案的科学性和可操作性。定性分析是指对区划范围内的自然环境、社会经济状况、农业生产特点等进行描述和分析，包括土地利用现状、气候条件、地形地貌、农业产业结构、农民生活水平等方面的特征和问题，以全面了解当地的基本情况。定量评价是指运用统计数据、遥感信息、经济指标等定量手段，对农业资源、生产潜力、环境承载能力、社会经济发展水平等进行量化评价，以客观地反映区划范围内各项指标的具体数值和变化趋势。

结合定性和定量分析要求综合考虑各种因素对农业区划的影响，通过定性分析确定问题和需求，通过定量评价提供科学依据和数据支持，以便制定科学合理的区划方案。在区划方案制定过程中，定性分析和定量评价相互印证、相互补充，以确保区划方案既符合当地实际情况，又具备可操作性和可实施性。

绿洲农业区划原则中定量评价与定性分析相结合的原则主要要求有：①定性分析确定问题和需求。首先进行定性分析，通过实地调研、专家访谈等方式，全面了解绿洲农业区划范围内的资源环境状况、农业生产特点、社会经济发展情况等，确定区划制定中需要解决的问题和满足的需求。②定量评价提供科学依据和数据支持。在定性分析的基础上，进行定量评价，通过统计数据、遥感信息、实验研究等手段，量化评价区划范围内的资源环境承载能力、农业生产潜力、社会经济发展水平等，为制定区划方案提供科学依据和数据支持。③定性分析与定量评价相互印证、相互补充，确保定量数据的客观性和准确性，同时也充分考虑定性分析中的专家经验和实地调研的深度，以综合分析的方式全面把握区划范围内的情况。④综合考虑制定区划方案。在制定区划方案时，需要综合考虑定性分析和定量评价的结果，确保方案既符合当地实际情况，又具备可操作性和可实施性，从而制定出具有科学依据的绿洲农业区划方案。

（5）空间连续性与区内一致性原则

农业发展并非一成不变的，农业生产状况会随着气候变化在一定范围内发生波动，如遇强降水、强气流等极端天气还会发生大幅度的波动变化，在进行农业区划时要注意设置预留一定的波动空间，使区域规划灵活适应农业发展动态变化的需要。

空间连续性原则是指在绿洲区农业区划中，需要考虑到农业生产的动态变化和发展趋势。随着农业生产技术的不断进步和环境的变化，农业生产的发展也会随之改变。因此，在农业区划中，需要考虑到农业生产的动态变化和发展趋势，要考虑之间的联系性，保证农业生产的可持续发展。例如，在农业区划规划中，需要考虑到农业生产的技术进步和环境变化等因素，保证农业生产的可持续发展。同时，需要及时调整和优化农业区划方案，适应农业生产的动态变化和发展趋势，保证空间连续及区内一致性。

6.3.2 绿洲农业区划的依据

1. 农业生产条件

（1）自然条件

1）气候条件。影响气候的因素有太阳辐射、大气环流和地理条件。太阳辐射是气候形成的基本动力，通过大气环流把热量和水汽进行东西南北地交换，而地理条件则是气候差异的内在因素，如纬度、海拔、地貌、地势、地表性质的不同，所形成的不同气候类型对农业生产将产生多方面影响。

一个地区的气候资源，首要受地理因素中的纬度、海陆分布及海拔等地带性因素的影响。其次是地貌、地形、地面条件等地区性的非地带性因素影响。纬度主要通过太阳高度角的变化对各地太阳辐射强度、热量等产生影响；海陆分布主要是通过距海（水体）远近及风向对各地的降水量、大气湿度等产生影响；海拔主要对热量、太阳辐射及降水等产生影响。盆地地貌使夏季的热量不易散发，气温较高，冬季则聚积冷空气使气温较低；走廊地貌的束管作用则导致多风，夏季的热量易散失，冬季则冷空气频繁过境；地表性质主要是地面的植被或沙漠、戈壁等的比热不同，导致局地的热量差异。

我国的绿洲农业区主要分布在37°N～48°N的温带区域，75°E～110°E的欧亚大陆腹心，且四周远离海洋；其海拔变化很大，从低于海平面的吐鲁番（气象站高程34m）到2807m的格尔木，多数的农区分布在400～1400m范围。我国绿洲农区的气候条件，除地带性因素影响外，还深受非地带性的地貌、地形及地面条件等因素的影响，它们是发育绿洲，形成特殊的绿洲气候资源及其相应的特色农业的重要条件。例如，新疆三山两盆地的地貌，甘肃河西走廊的两山-平原的走廊地貌，宁夏银川平原位于贺兰山与腾格里沙漠之间，内蒙古河套平原也是位于阴山山脉与毛乌素沙漠之间。它们都构成了山地-绿洲-荒漠系统地貌特征，从水分、热量、光照、风等气候条件对绿洲农业带来深刻影响，造就了特殊的绿洲农业气候资源。

2）地形条件。地形因素是影响区域微气候环境中降水、温度、光照的主要因素。因此，在种植业、林果业布局时要充分考虑不同地形因素对作物光照、温度和降水的需求，如针对黄土高原峁梁沟壑等不同类型生态单元，在进行布局时粮食作物、生态林和经济林的侧重点是不同的。

3）水资源条件。西北绿洲农业的用水，主要来自当地“山地-绿洲-荒漠”结构中山地降水产生的径流，形成河流流至山前相应的平原农区，引径流灌溉。西北地区有大小河流676条，其中新疆570条，年均径流909.63亿m^3；河西走廊55条，年均径流38.7亿m^3；柴达木盆地51条。不同河流的流量差异很大，主要与山地产水区的面积（流域面积）和降水量有关，不同农区间水资源分布极不平衡，深刻影响各地的绿洲农业。地下水主要由河流地表径流的下渗及农田灌溉渗漏的水转换而成，开发后对绿洲农业生产有相当大的作用。各地的地下水量不同，地下水与地表径流间的比例差异很大。绿洲农区的天然降水在降水量较大的地区有补充灌溉的作用。当前地表径流的开发运用，除新疆的伊犁河、额尔齐斯河还有一定潜力外，其他河流的潜力已很有限。而地下水虽然仍有一定潜力，但考虑到安全问题，不宜过度超采。由此表现出西北干旱区水资源的匮乏性及绿洲农业水资源的特殊性。

我国干旱、半干旱区农业自然灾害种类繁多，主要有干旱、洪涝、冻害、热害、雹灾、干热风、风灾、病害虫害等。在各种自然灾害中，干旱是影响我国绿洲区农业生产的主要因素，同时也是绿洲农业发展的重要制约条件。50多年来的统计资料表明，干旱造成的历年农作物受灾面积和成灾面积占各种灾害损失的40%～70%，而且受灾面积呈逐步上升趋势。20世纪80年代以来，我国年平均农业干旱受灾面积达2400万hm^2以上，每年因缺水造成粮食减产1000亿kg左右。研究表明，干旱对我国旱区各地农业生产均有明显影响，而不同地区旱灾的发生频率和危害程度存在差异。资料显示，我国西北东部冬麦区春季气温回升快、降水量不足10mm，出现春旱可能性大。春季西北冬小麦处于拔节期，需水量增大，持续发展的旱情对冬小麦生长发育十分不利，可能影响幼穗分化。此外，大风天气的增多导致的表层土壤失墒加快也对春播作物播种出苗造成一定威胁。

绿洲水资源主要来自地表水和地下水，由于绿洲地处干旱地区，地表水资源非常有限，主要是由降雨和山地融雪等因素形成的小规模河流和湖泊。绿洲地表水主要分布在绿洲周边的山地和高原上，水量较少，水质相对较好。绿洲地下水主要来自区域性地下水系统，这些地下水系统通常是由大规模岩石层或砂石层组成的，主要分布在深度100m左右的地下岩石层中，储量相对丰富。

绿洲地下水资源的状况受到地质、气候、地表水位和人类活动等多种因素的影响。在绿洲中，地下水的补给主要来自降雨和山地融雪等，但由于干旱气候的影响，降雨量很少，且地表蒸发量大，地下水补给量很少，绿洲地下水储量逐年减少。此外，人类活动也对绿洲地下水资源的状况产生了影响。为了满足人类的生产和生活需要，绿洲地下水被过度开采，导致地下水位下降、水质变差，甚至会引发地表塌陷等问题。

水是绿洲的命脉，影响着绿洲的方方面面，必须科学、合理地分配，即合理开发利用水资源、保护环境、发展经济、永续地满足当代及后代人发展用水的需求。在农业生产中的水土平衡工作，除“以水定地”外，还应采取种植不同用水（灌水）时间平衡的方法，保证供水与用水的均衡性。因为不同作物的生长季节不同，需水量也有差异，所以在调整绿洲农业的作物结构时，需注意建立供水与用水均衡型结构。同时，在干旱地区，凡是对绿洲景观的生存、发展及环境质量的维持、提高起支撑作用的系统所消耗的水分都称生态用水（包括地表水及地下水）。它们对遏制风沙危害，实现绿洲农业持续发展有重要意义。生态用水包括维护河流廊道（绿色走廊）及天然湖泊用水，维护绿洲与荒漠过渡区的天然植被用水及人工防护林网、城镇景观用水等。

4）土壤条件。绿洲农业区划的土壤条件是制定区划方案时需要考虑的重要依据之一。土壤条件对于农业生产的影响非常重要，因为土壤的肥力、排水性、质地等特点会直接影响作物的生长和产量。

我国绿洲地区普遍存在盐碱土壤，主要是由于地下水位过高、蒸发强烈和缺乏排水设施等原因导致土壤盐碱化。这种土壤对于大部分农作物来说是不利的，因此在绿洲区的农业区划中需要考虑盐碱土壤的分布情况，合理规划土地利用，采取土壤改良措施。部分地区存在砂质土壤，这种土壤的透水性较强，但保水性较差，对于作物的生长有一定的限制。因此，在区划方案中需要考虑砂质土壤的分布情况，合理选择作物种植和施肥管理措施。在我国绿洲部分地区也存在肥沃的黑土，这种土壤肥力较高，适宜于粮食作物的种植。因此，需要充分考虑黑土地分布情况，合理规划农业生产布局。绿洲地区的一些山区和丘陵地带存在砾石土壤，这种土壤透水性好，但肥力较低。在区划方案中需要考虑砾石土壤的分布情况，合理规划土地利用。

在绿洲农业区划中，需要考虑的土壤条件包括土壤类型、土壤肥力、土壤排水性以及土壤酸碱度等。不同类型的土壤对于不同作物的适宜程度不同，因此需要深入了解绿洲区内主要的土壤类型，如砂壤、壤土、黑土等，以便合理选择适宜的农作物种植。土壤的肥力对于作物生长和产量有着直接的影响，需要评估土壤的养分含量、有机质含量等指标，确定土壤的肥力水平。除此之外，土壤的排水性、酸碱度对于农作物的生长和根系的健康有着重要影响，需要考虑土壤的排水情况，避免因土壤排水不良而导致的作物死亡或减产。土壤的质地对于土壤的透气性、保水性等特性有着重要影响，需要综合考虑土壤的质地特点，合理选择作物种植和施肥管理措施。

5）生态环境。我国绿洲区多属生态脆弱区，生态环境的稳定性不容乐观。然而，由于历史时期的人口增多和社会经济发展，绿洲区耕地面积不断扩张，森林、草地资源遭到严重破坏。许多不宜耕种的陡坡地、风沙地和盐碱滩地被大规模开垦，加剧了水土流失和土地荒漠化，使原本脆弱的生态环境更趋恶化。西北地区和内蒙古是荒漠化最严重的地区，荒漠化面积达188万km^2，约占全国荒漠化面积的72%；并且潜在沙漠化土地面积占全国潜在沙漠化土地面积的比例达93%，不少地区出现“沙进人退”、耕地和草原被吞没的景象。近年来，国家倡导的“山水林田湖草沙”系统治理理念，在西部地区实施的退耕还林还草、尾闾湖输水等一系列工程，无疑对改善该区域的生态环境具有重大意义。旱区生态环境的恢复与重建是一项长期而艰巨的任务，我们必须持之以恒地推进。

此外，由于农药、化肥、农膜的不合理使用以及农村污染物的肆意排放，绿洲区的农田面源污染日趋严重，农业生态系统平衡受到破坏，进而导致土地生产力和农产品品质下降。对此，必须加强农田面源污染防治，为旱区生产高品质的绿色、有机农产品奠定基础。

（2）社会经济条件

1）市场需求。市场是社会资源的一部分，因其在绿洲农业发展过程中具有十分重要的地位，在现有的市场经济条件下，任何地区的发展都离不开市场，我国绿洲农业的发展也是如此。市场直接左右着绿洲农业、农村产业结构的变化和布局，只有适应市场的变化，满足市场需求，才能保持产品持久的竞争力。市场的需求是动态的，特别是随着科技进步，对农产品的品种和质量提出更高要求。要发展绿洲农业，必须对现有的市场环境进行分析，以发扬绿洲农业的现有优势，规避、克服劣势，进而推动绿洲农业的发展。

绿洲农业的特色农产品是目前绿洲区市场优势的一个重要基础。一个地区的优势（即市场优势）基础是通过优势产品来体现，没有优势产品的地区，很难实现可持续发展。绿洲地区的特殊光、热、水、土条件，以及人们根据这些特殊生态条件创造的绿洲特殊种植（养殖）技术，生产了棉花、加工番茄（番茄酱）、葡萄干、瓜果、枸杞、制种玉米及细毛羊等多种“人无我有、人有我优”的绿洲特色农产品，这些产品成为绿洲农业的亮点。首先，在农作物生长期间，绿洲农区的太阳辐射（或日照）较东部地区高，加上白天的高温有利于农作物的光合作用，而夜间又较凉爽，有利于光合产物积累，因此光合作用效率高，农作物产量高，如新疆以占全国棉田面积25%的土地，却生产了34%的优质皮棉；其次，良好的光照、较大的昼夜温差及灌水的可控性条件，也使许多果品的品质优良；再次，绿洲农区有利于饲养高质量的细毛羊，还有新疆的桃、杏、樱桃、洋葱、胡萝卜等农产品，在国内外市场上的竞争力较强。

2）交通运输。农业这一物质生产部门与其他产业部门不同，不仅季节性、地域性强，而且其产品大多具有生鲜的特点。鲜活农产品含水量高，保鲜期短，极易腐烂变质，因此对运输效率和运输条件提出了很高的要求。我国绿洲主要分布在西北地区，极大阻碍了绿洲农产品进入中心市场。而一般农产品因与中亚国家农业结构雷同，也很难进入这些国家。区位因素阻碍了绿洲一般农业的发展，必须发展便于运输的或利润高的特色农产品。

我国绿洲区的交通运输情况因地区差异而异，但总体上来说，绿洲区的交通运输情况在不断改善，公路、铁路、航空和水路交通网络逐渐完善，这有助于促进绿洲地区的经济发展、农产品流通和旅游业发展。公路交通仍是我国绿洲区最主要的交通方式之一。随着城乡公路网建设的不断完善，绿洲区的公路交通条件逐渐改善，对于农产品的运输和市场流通起着重要作用。部分绿洲地区有铁路交通，铁路运输在长途货物运输和人员出行方面具有重要作用。随着高铁和城际铁路的发展，铁路交通对于绿洲地区的联系和发展也有着积极的影响。一些绿洲地区的核心城市拥有机场，航空交通在区域联系和旅游业发展中起着重要作用。航空运输也对于绿洲地区的农产品出口和物资运输有一定的影响。在我国，还有极少部分绿洲地区有河流或人工水道，水路交通在农产品运输和资源运输方面也发挥一定的作用。

3）农业技术。目前我国绿洲区农业现代化程度较低，技术研究和推广工作尚比较薄弱，因此科学技术的普及和发展成为制约绿洲农业发展的一大影响因素。许多新型农业技术如节水灌溉技术、机械化耕播技术、保护性耕作技术、化学抗旱技术等还需要进一步推广应用，科技成果转化率一般只有30%～40%。在农业经营管理中，集约化程度低、经营方式粗放、生产方式落后等问题普遍存在。农田质量退化，中低产田比例大。西北地区是我国最大的旱作区，尽管光热和土地资源比较丰富，但由于干旱缺水，土地产出能力受到制约。因此，需要在绿洲区内更大范围、更高层次上深入推进高产创建。继续扩大规模，巩固整建制推进试点，大力推进机制创新，鼓励社会力量积极参与高产创建，提高生产的组织化程度和集约化水平。大力推进高产创建与高标准农田建设相结合。

2. 农业发展趋势与需求

我国绿洲区农业经历了原始农业、传统农业、近代农业的漫长发展历史。自新中国成立以来，干旱区绿洲农业研究与开发进入快速发展时期。尤其是自20世纪80年代开始，我国对旱地农业研究给予高度重视。"六五"期间，由中国农业科学院主持，组织9个省（自治区）农业科学院和5所高等农业院校，在广泛开展资源调查与协作研究的基础上，完成了"北方旱地农业类型分区及其评价"研究，为旱地农业分类指导和分区治理，以及制定旱地农业中长期发展规划提供了科学依据。"七五""八五""九五"期间，科技部（国家科学技术委员会）将"中国北方旱地农业区域治理与发展"列入国家重点科技攻关项目，就旱区农业的重大理论和技术问题进行持续协作研究。"十四五"期间，为贯彻落实习近平总书记提出的"节水优先、空间均衡、系统治理、两手发力"新时期治水思路，围绕"提意识、严约束、补短板、强科技、健机制"等五个方面部署开展节水型社会建设，经过长期研究和探索，广大科技人员在旱区作物水分动态及调控技术、农田水分生产潜力及开发途径、农田水肥耦合机制及调节、旱地作物抗旱节水增产技术、农田保护性耕作技术体系和旱区农林牧综合发展模式等方面取得一系列重大突破，极大地推动了旱区农业科学技术的发展，促使干旱区传统绿洲农业向现代农业的转变。科学技术进步赋予旱区农业持续发展的巨大动力。在当今世界范围内，一场新的农业科技革命正在迅速兴起，尤其是生物技术、信息技术等高新技术的研究和应用，已显示出前所未有的成效和潜力。

生物技术是以生命科学为基础，运用先进的科学原理和工程技术手段来加工改造生物材料，用于生产人类所需的农产品或解决生产上存在的问题。目前，基因工程已成功地将抗病毒、抗虫、抗除草剂改变蛋白质组分、雄性不育等具有实用价值的目的基因转入烟草、马铃薯、棉花、玉米、大豆、番茄等作物。生物技术的发展和应用，为人类解决食物短缺、环境污染、资源匮乏、生态平衡失调和生物多样性下降等全球性问题带来了新的希望。在今后的旱区农业生产中，生物技术无疑大有作为。例如，将豆科作物的固氮基因转入禾谷类作物，可望强化生物培肥，从而解决旱区土地土壤肥力瘠薄和化肥污染问题；采用生物技术调节旱地作物形态与生理机能，增强根系吸水能力，控制叶面蒸腾，可以增强作物抗旱性能，达到节水、增产的目的。此外，生物技术有望用于解决旱区农业面临的低温冷害、风灾、盐渍化等环境胁迫问题。

信息技术在农业生产中的应用也得到迅速发展。包括航空遥感（RS）、地理信息系统（GIS）、全球定位系统（GPS）、决策支持系统（DSS）等在内的精确农作技术，可以有效地克服农业的变异性、分散性、经验性的弱点，降低生产过程的不可控性和产量品质的不稳定性。在发达国家，支持精准农作应用的基本技术手段已研究开发出来，并逐步趋于成熟，在农作管理、合理施肥、植物保护等方面取得了显著成效。信息技术在旱区农业中也具有广阔的发展前景。干旱半干旱地区通常在气候、地貌、土壤、生物种群等方面存在明显的多样性和多变性，要求农业生产活动具备灵活的应变机制，只有做到因时、因土、因物合理安排，才能充分提高旱地农业资源的利用效率。加速农业管理信息化，是旱区农业由粗放经营型向集约经营型转变的必然选择。

此外，新材料作为高新技术的研究成果，在干旱区绿洲农业生产中也发挥着越来越大的作用。20 多年来，地膜覆盖技术在旱区的大面积应用即证实了这一点。在以主动抗旱为目的的集水农业技术方面，集水材料的开发是当前面临的一个核心问题，一旦性能过关且成本低廉的新材料投入使用，必将进一步推动集水补灌农作技术的广泛应用。而目前国内外研制开发的人工合成高分子吸水材料、植物叶面蒸腾抑制剂等，也已在抗旱节水农业方面显示出一定的作用。

第 7 章

绿洲农业区划的方法与指标体系

7.1 绿洲农业区划方法

农业区划中的功能分区方案基本上以小尺度为主，对于绿洲区划这一单一类型尺度上的区域划分，一般多以流域、地貌、土壤、作物布局为划分依据，部分还以区划区域内的交通干道作为区划的重要参照依据；在功能分区时，以一个相对完整的流域单元或者地貌单元为基础划定一个功能区，再进一步根据作物类型及产业布局来确定该区域的空间功能。

7.1.1 传统农业区划方法

传统农业区划方法是指在传统农业时期，人们根据自然条件和农业生产技术水平，划分为不同的农业区域，以便更好地进行农业生产活动。这种方法通常基于地理位置、土地利用、气候和土壤特征等因素，以实现农业生产的最大化利用。传统农业区划方法可以追溯到古代中国、印度、埃及等国家，这些国家都有自己的农业区划方法，以适应当地的自然条件和农业生产技术水平。在中国，古代的《吕氏春秋》等书籍中，就有对农业区划方法的记载。在现代，由于农业生产技术的不断发展和城市化的加速推进，传统农业区划方法逐渐被淘汰，取而代之的是现代农业区划方法。

1. 基于行政区划的区划方法

地理位置是影响农业生产的最重要因素之一，因此传统农业区划方法通常根据地理位置将农业区域划分为不同的区域。例如，中国古代将南北划分为不同的农业区域，因为南方气候温暖、降水充足，适合种植水稻等作物，而北方则适合种植小麦、玉米等作物，因为北方气候干燥、降水较少。

基于行政区划的区划方法主要是指根据绿洲区内行政区划范围将农业区域进行划分和管理。一些常见的基于行政区划的区划方法主要有：①省、市、县农业区划。根据国家、省、市、县的行政区划划分农业区域，便于统筹规划和管理农业生产、资源利用与农业政策的实施。②乡镇、村农业区划。在县级行政区划下，根据乡镇、村的行政区划划分农业区域，便于开展农业生产组织、农业技术推广和农业资源管理。③区域农业规划。根据行政区划范围，制定区域性的农业规划，包括农业产业布局、农业资源开发利用、农产品流通等方面的区划。④农业统计区划。根据行政区划范围，划分用于农业统计和数据汇总的统计区域，便于进行农业产量、农业收入、农业用地等数据的统计和分析。

2. 基于土地利用的区划方法

土地利用是农业生产的基础，因此传统农业区划方法通常将农业区域划分为不同的用途，如耕地、林地、草地等。例如，我国传统的农业区划方法将耕地、林地、草地等划分为不同的区域，以便更好地发挥土地的利用价值。

基于土地利用的区划方法在农业领域中具有重要的应用价值，可以根据绿洲区土地的不同利用功能和特点进行划分和管理。一些常见的基于土地利用的区划方法包括：①农田类型区划。根据农田的土壤类型、地形地貌、水文条件等因素，将农田划分为水田、旱地、园地、林地等不同类型，便于制定不同类型农田的种植结构和管理政策。②土地资源区划。根据土地的肥力、水源、地形等资源特点，将土地划分为不同的资源区，如水源保护区、水土流失易发区、优质农田区等，便于统筹利用土地资源和保护生态环境。③农业生态区划。根据土地的生态环境功能，将农业区域划分为生态脆弱区、生态保护区、生态恢复区等，便于实施生态保护和恢复工程，促进农业可持续发展。④土地利用规划区划。根据土地利用规划的要求，将土地划分为农业生产区、生态保护区、城乡建设用地等不同用途区，便于合理利用土地资源，促进农业现代化和城乡一体化发展。

3. 基于气候的区划方法

气候是影响农业生产的另一个重要因素，因此传统农业区划方法通常将农业区域划分为不同的气候区域。

基于气候的区划可以根据气候条件的不同划分绿洲区农业区域，以利于合理规划农业生产和资源管理。一些常见的基于气候的区划方法有：①气候带区划。根据不同的气候特点，将农业区域划分为不同的气候带，如寒温带、温带、亚热带、热带等，便于制定相应的农业生产政策和技术措施。②生长季节区划。根据气温和降水条件，将农业区域划分为不同的生长季节区，如长夏季区、短夏季区、单季稻区等，便于安排作物种植结构和农业生产计划。③降水分布区划。根据不同的降水条件，将农业区域划分为干旱区、半干旱区、湿润区等，便于制定灌溉和水资源管理政策，合理利用水资源。④气候适宜区划。根据气候条件的适宜性，将农业区域划分为适宜种植某种作物或养殖某种畜禽的区域，便于优化农业生产结构和布局。

4. 基于土壤特征的区划方法

土壤是农业生产的重要组成部分，因此传统农业区划方法通常将农业区域划分为不同的土壤类型。例如，将土壤划分为黄土、红土、黑土等不同的土壤类型，以便更好地利用当地的土壤资源。

基于土壤特征的区划方法在绿洲区农业区划中也具有重要的应用价值，可以根据土壤条件的不同划分农业区域，有利于合理规划农业生产和资源管理。一些常见的基于土壤特征的区划方法包括：①土壤类型划分。根据土壤的成分、质地、排水性等特征，将农业区域划分为不同的土壤类型区，如红壤区、黄壤区、黑土区等，便于选择适宜的作物种植和施肥管理。②土壤肥力划分。根据土壤的肥力水平，将农业区域划分为高肥力区、中肥力区、低肥力区等，便于施肥调控和优化农业生产结构。③土壤酸碱度划分。根据土壤的酸碱度特征，将农业区域划分为酸性土壤区、中性土壤区、碱性土壤区等，便于选择适宜的作物种植和土壤调理措施。④土壤水分特征划分。根据土壤的保水性和排水性，将农业区域划分为湿润土壤区、中等土壤区、干旱土壤区等，便于制定灌溉和水资源管理政策，合理利用水资源。

以上方法有助于合理规划农业生产布局，制定相关农业政策和技术措施，提高农业生产效益，促进农业持续发展。同时，这些区划方法也为农业生产者提供了便利的政策支持和服务，为农业科研、技术推广、农业产业发展等提供基础数据和支撑。

7.1.2 现代农业区划方法

1. 遥感与 GIS 技术

农业区划是许多基础性工作的总汇，也是构想绿洲区域农业发展远景蓝图的阶段。作为管理绿洲区划信息的最有效的手段，遥感方法可以获得从资源分布、土地利用到空间社会经济差异等十分丰富的信息。因此，遥感信息源对于绿洲农业区划，很有发展前景。我国资源卫星还处在起步阶段，随着空间技术的发展，将能为绿洲农业区划提供更为及时的、周期性、动态性信息。数据库技术是区划信息总汇的支撑技术。从历史发展到现状差异再至远景预测和决策等一系列数据，通过数据库管理系统的组织，可以提高数据的利用效率。数据库技术与数学模型技术相结合，可以形成一系列有很高价值的分析信息和辅助决策信息。

由图形、图像、数据库、模型库相联结组成的 GIS 技术，不但可以作为农业区划信息总汇的有力支撑，对区划信息中的空间数据和非空间数据实行高效率的管理，而且也可以作为远景发展预测和辅助决策的技术手段。

随着科技的不断进步，遥感与 GIS 技术在绿洲区划方面的应用越来越广泛。绿洲地理信息系统是指利用 GIS 技术对绿洲进行数据管理、分析和决策支持的系统。在绿洲区划方面，绿洲地理信息系统具有很高的应用价值。通过对绿洲地理信息系统的建设，可以实现绿洲资源的数字化管理，包括水资源、土地资源、植被资源等。对于这些资源的管理需要进行数据采集、存储、处理、分析和决策支持。通过绿洲地理信息系统实现对绿洲资源的数字化管理，管理人员可以更加有效地对绿洲资源进行管理；还能实现绿洲环境监测，包括水文监测、气象监测、土地监测等，通过对绿洲环境的监测，可以及时发现环境问题，避免环境污染和资源浪费。同时，也可以利用绿洲地理信息系统来实现对环境监测数据的存储、处理、分析和决策支持。绿洲地理信息系统还可以实现绿洲的空间分析和规划。通过对绿洲空间的分析，可以了解绿洲的空间分布和空间结构，为绿洲的规划提供参考。此外，绿洲地理信息系统还能辅助绿洲规划的制定和实施，涵盖绿洲土地利用规划、绿洲水资源规划等多个方面。鉴于远景发展分析往往需要依赖专家的知识、经验、判断准则，可以利用计算机建立知识库、模型库和推理机，以此推动具有人工智能的 GIS 系统在综合农业区划中的应用。

2. 多因素综合分析法

以农业土地综合开发和农业布局优化目的为出发点的绿洲区农业区划中，通常不仅需要考虑单项因素，还需要综合考虑与农业发展相关的诸多自然因素，特别是水分状况、地形特征、土壤肥力等一系列直接影响农业的自然因素。因此，在多因素分析的基础上进行自然条件区划是农业区划中更高层次的基础工作。多因素评价，具有两个方面的意义：一是探讨多种自然因素综合或组合的区域差异；二是在这种差异分析的基础上，选择资源优化利用的方案。

在绿洲区农业区划的这一项基础研究中，通常由自然地理工作者承担。由于区划工作一般都有相当大的调查区域，因此，这一项工作通常采取点-线-面调查相结合的方法，通过选择典型调查点、设计野外调查路线和区域分析来确定绿洲区内自然资源和自然条件的差异及其分界线。由于是在诸多因素共同影响和组合的条件下考虑区域差异，因此，调查分析中常采用定性-定量相结合的主导因素分析，划分出自然系统的层次关系，分离出在自然系统区域分异中的主导因素，分析其与其他因素的相互作用。

定量方法的应用，是农业区划方法论更新的一个重要标志；同时，也是综合自然区划研究的方法论更新的标志。根据自然条件综合评价的要求，所采用的定量方法主要在多元统计分析和决策系统领域。

主要因素的分析和提取首选的方法是主成分分析与因子分析法。主成分分析根据多因素自然条件空间的样本分布，通过线性组合，得到代表原变量的主成分，用以确定主导因子。在定性或定量分析主导因素的基础上，需要研究分析这些因素对区域农业分异的数量关系。多元回归分析和逐步回归分析是在线性关系假定下处理此类问题的常规方法，其中多元回归分析已有近百年的应用历史，逐步回归则仅有 20 多年应用历史。在此类研究中，除利用主成分得分、因子得分或回归方程的数值划分类型或区域外，还常用聚类分析、模糊综合评判、判别分析等一系列多元统计方法。

除此之外，分区资源利用的优化和决策分析常用于对地理区划的线性规划。这类工作体现了自然区划工作向综合农业区划的延伸和拓展。自然地理区划的研究已经不再局限于区域差异的分析，而是进一步采用了线性规划、投入产出技术、系统动力学和层次分析法（AHP）等优化与决策技术，以模拟资源的优化利用结构，并进行开发方案的比较和优选。这标志着我国农业自然条件和自然资源区划研究领域取得了显著的进步。

3. 层次分析法与模糊综合评价法

（1）层次分析法

层次分析法是指将一个复杂的多目标决策问题作为一个系统，将目标分解为多个目标或准则，进而分解为多指标（或准则、约束）的若干层次，通过定性指标模糊量化方法算出层次单排序（权数）和总排序，以作为目标（多指标）、多方案优化决策的系统方法。它是将决策问题按总目标、各层子目标、评价准则直至具体的备投方案的顺序分解为不同的层次结构，然后用求解判断矩阵特征向量的办法，求得每一层次的各元素对上一层次某元素的优先权重，最后以加权和的方法递阶归并各备择方案对总目标的最终权重，此最终权重最大者即为最优方案。

层次分析法比较适合于具有分层交错评价指标的目标系统，而且目标值又难于定量描述的决策问题，是一种定量分析方法，主要用于多因素、多层次、复杂问题的决策分析。该方法是由美国数学家托马斯于1970年提出。农业区划是一项涉及农业资源分布、农业生产组织和农业产品供需等多方面因素的综合性决策问题。在进行农业区划时，需要考虑到多个因素，如土壤、气候、经济发展水平等，这些因素存在着不同的权重。因此，层次分析法可以作为一种有效的决策分析方法，帮助农业区划的制定。

在应用层次分析法进行农业区划时，需要按照以下步骤进行：①确定问题的层次结构。将农业区划问题分解成若干个层次，每个层次包含若干个因素。②设计判断矩阵。根据专家或相关数据，对每个因素的重要性进行两两比较，得出判断矩阵。③计算权重向量。通过对判断矩阵进行特征值分解，得出每个因素的权重向量。④一致性检验。对比判断矩阵的一致性指标，判断矩阵是否具有合理性。⑤综合评价。将各因素的权重向量综合，得出最终的评价结果。

通过层次分析法进行农业区划，可以避免因单一因素评价所导致的不全面性和主观性，使决策更加科学、准确，从而为农业发展提供有力的支持。

（2）模糊综合评价法

模糊综合评价法是一种基于模糊数学的综合评价方法。该综合评价法根据模糊数学的隶属度理论把定性评价转化为定量评价，即用模糊数学对受到多种因素制约的事物或对象做出一个总体的评价。它具有结果清晰，系统性强的特点，能较好地解决模糊的、难以量化的问题，适合各种非确定性问题的解决。主要用于处理不确定性和模糊性问题。该方法将每个因素的评价值表示为一个模糊数，通过建立模糊综合评价模型，综合各因素的评价结果，得出最终的评价结果。

在农业区划中，存在着很多不确定因素，如天气、自然灾害等，这些因素的评价往往难以用确定的数值来表示。因此，模糊综合评价法可以作为一种有效的评价方法，帮助农业区划的制定。

在应用模糊综合评价法进行农业区划时，需要按照以下步骤进行：①确定评价因素。确定影响农业区划的各评价因素。②设计判断矩阵。根据专家或相关数据，对各评价因素进行两两比较，得出判断矩阵。③模糊数化。将判断矩阵中的评价值转化为模糊数。④模糊矩阵运算。通过模糊矩阵的加、乘、归一化等运算，得出各评价因素的权重。⑤模糊综合评价。将各评价因素的权重进行综合，得出最终的评价结果。

通过模糊综合评价法进行农业区划，可以将不确定性和模糊性问题纳入评价范畴，更加全面地考虑各因素的影响，从而为农业发展提供更加科学的支持。

层次分析法和模糊综合评价法都是农业区划中常用的决策分析方法。层次分析法主要强调对各评价因素的重要程度进行比较和评价，通过权重的综合得出最终的评价结果；而模糊综合评价法则更加注重不确定性和模糊性因素的处理，通过模糊数化和模糊矩阵运算，得出最终的评价结果。这两种方法在不同的情况下都可以发挥其优势，帮助农业区划的制定。

由于在绿洲区农业区划中，应用上述各类涉及决策的方法还没有形成规范，各应用工作者是根据自己的理解定义变量、划分决策层次和因素。因此，这些方法在高层次农业自然条件区划中的应用还需做一系列规范化的研究。

7.2 绿洲农业区划指标体系

农业上对于自然资源和自然条件的评价，主要有两个基本方面：自然资源方面和社会经济方面。自然资源方面可以溯源到苏联自然地理学景观学派的理论和方法。近年，我国土地工作者则向土地的适宜性和限制性方面进行了许多拓展；生态学者则从生态类型、种群分布、生长发育状态、总生物量和经济产量方面着手作了大量研究。这些方面都从农业自然潜力、人口承载力等领域拓宽相关的研究。生产技术方面则主要由农学家、林学家从农业部门对农作物的具体生产技术特点出发，进行部门或作物的专项区划。经济方面的资源评价工作，主要由经济地理工作者完成。相关评价工作中，都要强调自然与生态、技术和经济的结合，强调利用自然-生态方面和生产技术方面对资源评价的研究成果，在更广泛的基础上进行高层次的综合。即在综合农业区划和专项或部门区划中，农业自然资源的评价和区划是基础性工作，必须利用在评价领域自然地理工作者、生态工作者和生产技术工作者的已有成果，以经济评价为核心，进行深入的分析和综合的研究。

绿洲农业区划的评价指标主要是针对绿洲区域内的农业生产、生态环境和社会经济等方面进行评价。以此为基础，对绿洲农业资源进行合理配置和农业发展进行规划，常见的评价指标有：①农业生产指标，包括农作物种植面积、产量、单位面积产量、农业机械化水平、农产品质量等。②生态环境指标，包括空气质量、水资源状况、水土流失面积、植被覆盖度、土地利用状况、建设用地占用率等。③社会经济指标，包括人口、人均收入、社会保障水平、职业结构、就业人数、农村劳动力转移就业人数等。④天然资源储备指标，包括水资源、自然灾害发生概率等。⑤农产品市场供求指标，包括农产品总量、批发价格指数、农产品出口量等。⑥生态保护和修复指标，包括生态系统健康水平、环境承载力、资源利用效率等。⑦政策和管理指标，包括政府支持力度、法规标准制定、组织协调等。

除此之外，评价指标的选择要结合具体情况，通过对各方面指标的综合评估，制定全面合理的农业配置和发展规划。

7.2.1 自然资源指标

1. 气候条件

气候是影响绿洲区区划的重要因素。绿洲暖季的热量资源丰富，光热资源具有良好的叠加（耦合）效应。在暖季，由于沙漠、戈壁的增温效应，使绿洲的热量资源比国内同纬度地区更优异，也比同纬度的西欧、日本高，成为绿洲农业气候资源的重要特点。例如，4～9月的气温，喀什比北京、石河子比长春都高1～2℃，≥10℃积温多200～300℃，如果再考虑到两地间的海拔对气温的影响，其间的温度差异还应更大。良好的光温叠加效应使新疆南疆能够实施小麦套种玉米再套种花生、红薯，“两粮一经”的一年三熟种植方式。此外，绿洲地区的昼夜温差大，减少了夜间作物的呼吸消耗，增加了干物质积累，为粮食的高产创造了条件。绿洲地区小麦产品的一大特色是淀粉含量高。

绿洲区光能资源丰富，光辐射量大，光照时间长，当地粮食作物光合作用强度大，净光合效率高，光合产物积累多，形成大穗大粒，出现高额产量。例如，柴达木盆地年总辐射量仅次于西藏（848～927kJ/cm^2），高于国内其他地区，比同纬度的黄土高原地区高出42～294kJ/cm^2。在小麦生育期内，总辐射量270～320kJ/cm^2，占年总辐射量的40%～50%，平均日照时数3136h，小麦生长季节（4～9月）光照1250～1450h，平均每天日照时数8～10h，其中小麦抽穗至成熟阶段为8.5～9.7h，如香日德农场“高原338”春小麦平均每公顷产量达15 195.75kg，展示了小麦生产的巨大潜力。加之绿洲区自然条件特殊，粮食生产的病虫害极少，适宜生产优质粮食与绿色食品，这将是绿洲区农作物生产的最大优势。

绿洲区的气候通常是干旱或半干旱的性质，此时水资源的重要性就显得非常关键。绿洲区的气候主要分为干旱和半干旱两类，其中干旱气候是指年降水量少于400mm，半干旱气候是指年降水量在400～600mm。在绿洲区区划的评价中，需要考虑气候条件对水资源的影响。干旱气候下，水资源相对匮乏，需要通过人工灌溉等方式满足农业生产和人类生活的需求；半干旱气候下，水资源相对充足，但也需要合理利用和管理，以保证可持续发展。因此，评价绿洲区区划的气候条件时，需要考虑气候的适宜程度，以及气候对水资源的影响。

2. 水资源

水资源是绿洲区的关键资源之一，对于绿洲区的发展和生存来说具有非常重要的作用。绿洲区的水资源通常来源于地表水、地下水及降水。

绿洲区的水资源主要来源于河流、湖泊、雨水和地下水等。评价绿洲区区划的水资源时，需要考虑水资源的来源，以及各种来源的水质和数量。同时，需要考虑水资源的可持续利用和管理。绿洲区的水资源需要合理利用和管理，以保证可持续地发展。

3. 土地资源条件

绿洲区的土壤通常富含有机质，具有较好的保水能力。在绿洲区区划的评价中，需要考虑土壤的肥沃程度，以及土壤对植物生长和农业生产的影响。同时，需要考虑土壤的保水能力以及土壤对水资源的影响。

绿洲地区的土壤通常较为肥沃，富含有机质，这是由于水源的存在和植物的生长活动。水源的供给使得土壤能够保持一定的湿度，并有助于养分的循环和积累，植物的生长活动、腐殖质的分解以及动物的排泄物等也为土壤提供了养分，促进了植被的繁茂。

4. 植物资源

干旱内陆河流域出山口到平原地带，由于沿程水热条件的差异，造成植被沿程分布的不同，呈现出明显的非地带性分布。一般河流两岸、泉水溢出带和绿洲内外的湿地，分布着以苦豆子、芦苇、芨芨草、骆驼刺等为主要植物类型的平原草甸植被。在绿洲外围或河流两岸较远的地区，由于地下水位埋藏逐渐加深，生长着荒漠河岸林、灌木林及荒漠植被，如胡杨、柽柳、沙枣和梭梭等。在冲积扇的下部及冲积平原的上部，由于人类活动的影响，植被呈现出强烈的人工干扰景象，以灌溉的农作物、林果和防护林为主。冲积平原下部和绿洲外围，则以自然植被为主。

5. 自然灾害发生频率

绿洲区通常处于干旱和半干旱的气候环境中，自然灾害频发。常见的自然灾害包括干旱、洪水、沙尘暴等。评价绿洲区区划时需要考虑自然灾害的发生频率，以及各种自然灾害的影响。干旱和洪水是绿洲区最常见的自然灾害，对绿洲区的农业生产和人类生活造成了严重的影响。干旱和洪水等自然灾害会破坏土壤和水资源，使得农业生产受到严重的影响。同时，自然灾害还会破坏绿洲区的生态环境，影响人类居住和生活条件。在绿洲区区划的评价中，需要考虑自然灾害对绿洲区的影响，以及制定相应的防灾减灾措施。

7.2.2 社会经济指标

1. 农业产值

近年来我国农产品供给能力、农业生产条件以及农民收入和农村面貌等方面均有较大改善，我国农业的经济效益、生态效益及社会效益三方面均取得良好进展，其持续性亦逐渐在加强。

同时我们也要清醒地认识到农业产值对于我国的重要性。我国农业总体水平尚低，仍处于传统农业向常规现代农业的转变阶段，农业发展的可持续性能力还不高，尚未形成较为稳固的技术基础、物质基础、政策基础及社会基础。其现状可简述如下：①商品率有待提升。全国平均农产品商品率约 60%，而发达国家已达 80% 以上。②农业机械仍需进一步提升。全国平均农业总动力中，机械动力未实现完全覆盖。③科学性技术还有提升空间。传统精耕细作技术占主导地位，目前农业科学技术对农业增长的贡献率为 50% ~ 60%，而发达国家已达 60% ~70%。④少资源、小规模。全国人均耕地、林地、草地面积分别相当于世界平均的 1/3、1/8 和 1/3，人均水资源量占世界水平的 1/8，人均木材蓄积量为世界平均水平的 1/9。⑤农业装备水平不高，目前仍有 2/3 农田为中低产田。⑥资源环境威胁较为严重。人口每年新增千余万之众，耕地面积呈减少趋势；水土流失、土地沙化、水资源短缺、农村环境污染等问题确实存在。如此一系列资源环境问题已成为农业持续发展的主要障碍。

2. 人口与劳动力

科技无论如何进步，劳动力始终都是衡量农业发展进度的重要指标。理论上，随着整个国家的经济大发展，农业从业人员的比例会迅速下降。目前很多发达国家的农业从业人口的比例仅为全国总人口的 1% ~2%；而我国扣除农民工之外，农业从业人员所占比例还有 16% 左右。预计到 2050 年，我国农业从业人口占总人口的比例才会下降到 4% ~5%。

3. 基础设施

农业基础设施建设一般包括农田水利建设，农产品流通重点设施建设，商品粮棉生产基地、用材林生产基础和防护林建设，农业教育、科研、技术推广和气象基础设施等。农业基础设施建设是推动农村经济发展，促进农业和农村现代化的重要建设之一。

我国农业基础设施建设取得了长足进展，农业生产条件得到不断改善。但是，欠发达地区尤其是西部省份的农村，农业基础设施仍较为落后。加强农业农村基础设施建设，是扩大有效投资，稳住经济大盘的重点任务；有利于增强食物保供能力，带动基础产业发展，畅通城乡经济循环，具有长远的重要性和现实的紧迫性。

4. 农业生产方式

绿洲区农业生产方式通常指的是在干旱或半干旱地区的农业生产方式。这些地区通常面临水资源短缺、土地退化和气候极端等问题，因此农业生产方式需要针对这些特殊情况进行调整和改进。主要包括节水灌溉、抗旱作物种植、水土保持和生态恢复、农业科技创新、农业生态环境保护等。

农业生产方式的评价指标内容包括以下几个方面：①水资源利用效率，包括灌溉水利用率、节水灌溉技术应用情况等。②土地资源利用效率，包括耕地利用率、土地保护、土壤肥力保持等方面。③农业生产可持续性，包括土壤侵蚀情况，农药、化肥使用情况，生态环境保护情况等。④农产品品质和安全，包括农产品质量、食品安全、有机农产品比例等。⑤农业生产效益，包括农产品产量、收益、成本、市场竞争力等。⑥农业生产技术创新，包括新型农业技术应用、农业机械化水平等。⑦农业生产结构调整，包括农作物结构、养殖业结构、农产品加工业发展等。

7.2.3 科技与管理水平指标

1. 农业科技水平

技术创新是农业可持续发展的动力源。大力促进高新农业科学技术转化，提高农业增长的科技含量已成为推动农业经济转型，促进现代农业持续发展的决定性因素。然而，技术创新需要有适宜的载体和孵化机制，并配以必要的示范基地、科学的组织形式以及合理的激励制度。现代农业园的规划和建设，就是力求在农业技术创新的载体以及组织建设方面先行一步，为农业高新技术的试验、示范以及探索农业发展内在机制的形式奠定基础，以促使农业技术创新，不断转化为生产力，促进农业可持续发展。

发挥现代高科技农业示范、辐射和带动作用，传统农业向现代农业转型是农业发展的趋势所在。高科技或现代化的管理手段，将对绿洲区及其周边地区的农业经营模式产生极大的影响和示范作用。现代高新农业技术通过在园区的示范、辐射和带动作用，必将加快该地区的现代农业经营体制的变革和农业产业的成长壮大。现代农业园区引进的高新农业技术、现代农业设施及先进运作模式将不断向周边扩散，可有力地促进传统农业向现代农业转变，促进农业结构调整，加快绿洲区农业经济的腾飞。推动农村经营体制变革，对农业产业化的发展起到示范和带动作用。

2. 农业管理水平

提高农民及农村基层管理人员的科技素质，培养新型农民，是“科技兴农”战略的先导，也是新农村建设和统筹城乡社会发展的关键所在。搭建种植业龙头企业或示范实训基地平台，能够将理论知识与实际操作示范紧密结合，充分发挥种植大户的示范带动作用，将课堂实地化，为广大农民提供看得见、摸得着的样板。因此，现代的农业园区规划包含培训设施、信息大楼等的建设，并依托强大的技术力量，设立实用的农业科教结合基地，从而为农民提供现实的学习与示范，成为培训农村实用人才的理想场所。

7.2.4　生态环境与可持续发展指标

1. 水土流失面积

在绿洲区农业区划的评价中，水土流失面积是一个非常重要的指标。由于绿洲区通常位于干旱和半干旱地区，水土流失是一个普遍的问题，不当的土地利用可能会导致土壤侵蚀和水土流失，植被覆盖可以防止土壤侵蚀和水土流失。因此，需要考虑评估绿洲区的土地覆盖情况、土地利用情况、水资源利用效率和可持续性。

2. 土地利用状况与建设用地占用率

由于绿洲区的土地资源有限，不当的土地利用以及建设用地的增加可能会导致生态环境恶化和资源浪费。因此，评价绿洲区的土地利用状况需要考虑多种因素。不同的土地利用方式和不同的土地覆盖类型对生态环境和资源利用有着不同的影响，工业活动和人口密度的增加也可能会导致土地利用不当，因此我们在评价绿洲区农业区划时应同时考虑以上四个条件对绿洲区农业的影响。

3. 生境状况

1）不同作物各自构成了独特的生态单元嵌套。在绿洲区农业结构中，不同作物构成了不同的生态单元。例如，小麦、玉米、油菜、马铃薯等作物构成的生态单元，由于各种作物生长特性不同，在同一季节的不同时期，呈现不同的景观特征。例如，北方冬油菜生态单元与春小麦、夏玉米单元，形成了不同色彩、高低搭配的景观特征效果。

2）农田生态单元与林地生态单元的嵌套。农林间作作为北方农田风蚀防控的主要模式，在区域农业发展规划中扮演着关键角色。利用生态单元理论，通过农田生态单元和森林生态单元的有机配合，可以创造出一种独特的景观特征。即“田在林中、林在田边”。

同时，由于各种苗木的不同花期、色彩和外貌特征，进一步丰富了农田-森林景观的多样性。例如，以小麦为生态单元的基础，在其中镶嵌果树和防护林，这样的布局在春季能够形成多样化的景观特征，在不影响生产功能的同时，提升了乡村农业旅游的景观效果和价值。

3）农田生态单元与园地作物生态单元嵌套。在传统的作物布局搭配中，大田作物和园艺作物的搭配种植是比较常见的。根据作物之间的相互关系，结合现代园艺技术和生态单元理论，在区域农业布局中，针对规划区域的地形地貌、区位特征、土壤条件和科技支撑能力，有机地将现代设施园艺生态单元与农田生态单元结合起来。这种结合不仅生产上体现了传统与现代的结合，还在景观上展现了大田与设施建筑的结合，既是现代农业技术与生产模式的结合，也是农业生产功能与生产方式的对照，成为另外一种农业生态单元的资源与技术的配置。

4）林地生态单元互相嵌套。发展特色林果经济是区域农业发展规划的主要内容之一，也是提升农业经济效益的重要措施。在规划过程中，结合区域地形特征和适宜经济林果的花期、花色、果实成熟期、叶色、树形确定各种林木的生态单元嵌套方案。

5）农牧生态单元嵌套。从生态链的角度，将种植业生态单元与养殖业生态单元，按照能量流动、物质循环食物链的方式配置，形成种植业生态单元为畜牧业生态单元提供饲料及废弃物消纳场所，养殖业生态单元为种植业生态单元提供肥料及秸秆等废弃物的资源化转化车间。

6）农水生态景观单元嵌套。将水塘与农田作为两种生态单元进行配置，形成水面景观与农田景观互相映衬的外部效果，同时在池塘中养鱼、鸭等，构成鱼-鸭-田的景观特征和资源高效循环利用特征。

4. 资源利用效率

农业资源高效利用是实现农业可持续发展的前提和保证。农业资源高效利用是保障粮食等重要农产品安全供给的迫切需要。党的十八大以来，以习近平同志为核心的党中央把粮食安全作为治国理政的头等大事，提出确保谷物基本自给、口粮绝对安全的新粮食安全观。农业资源是农业的立命之本、发展之基，其利用情况很大程度影响粮食安全形势。甘肃省是我国三大种业基地之一，玉米、马铃薯和瓜菜花卉制种在全国种业中占据重要地位。全省粮食播种面积稳定在4050万亩以上，为保障国家粮食安全作出了积极调整。但甘肃省面临的人均耕地面积不足、水资源分布不均、青年农业劳动力缺乏等制约粮食持续增产等问题。为此，需要采取切实有效的措施，以进一步推进全省农业资源的高效利用。

农业资源高效利用是推进农业绿色发展的重要支撑。农业绿色发展是习近平总书记“绿水青山就是金山银山”理念在农业发展中的具体体现。农业资源高效利用是农业绿色发展的基础，是实现资源永续利用的前提。一直以来，绿洲区高度重视农业绿色发展，推动农业发展绿色转型，强化农业面源污染防治，初步形成了具有甘肃特色的农业绿色发展之路。但绿洲区农业资源利用不足、环境承载能力不高、绿色高效技术装备缺乏推广等问题仍然存在。要进一步统筹推进特色产业标准化生产，就要构建过硬的农业产业体系，走出特色鲜明的农业发展路径，高效利用农业资源，推动形成生态生产功能并重、产量质量效益并存的良好局面。

农业资源高效利用是实现农业农村现代化的有力抓手。绿洲区内各级政府均应当在“农业强国是社会主义现代化强国的根基，推进农业现代化是实现高质量发展的必然要求”的引领下，通过现代化科技手段提高农业生产效率效益，最大化利用各类农业资源，成为加快实现农业农村现代化的有力抓手。

5. 低碳农业发展

绿洲区农业区划应以生态经济学原理为指导，以建立复合型生态经济良性系统为突破口，以优势特色产业平台建设为切入点，从规划布局、产品流程及环境管理全过程贯彻生态、环保、无公害理念。应秉承生态农业示范和无公害标准化生产的原则，减少农药、化肥的施用量，减少农药残留、化肥流失对农产品的污染以及对土壤、水体的污染，改善绿洲区域及周边地区的生态环境，对发展生态农业、循环农业和低碳农业将起到积极的推动作用。

7.2.5 农业生产指标

1. 农作物种植面积

绿洲区域作为内陆干旱地区的代表，农作物种植面积是评价绿洲区区划的重要指标之一。

（1）种植结构

绿洲区域的农业发展面临着水资源短缺和环境恶劣的困境，因此，种植结构的合理性对于提高农作物的产量和质量至关重要。在绿洲区域，小麦、棉花、玉米、水稻等作物是主要的经济作物。但是，由于不同作物对水资源的需求量不同，对于水资源的分配和管理也是有影响的。因此，在绿洲区域，种植结构的合理性应以能够最大限度地利用有限的水资源为前提。

（2）单产收益

绿洲区域的农业生产受水资源的限制，因此，农作物种植单产的收益能力是评价绿洲区域农业生产能力的重要指标之一。单产收益是指单位面积产量的收益，是衡量农业生产效益的重要指标。在绿洲区域，面积收益的高低与种植结构密切相关。因此，在绿洲区域的农业生产中，需要合理规划种植结构，通过科学管理和技术创新，提高单位面积的产量和收益。

（3）土地利用效率

土地利用效率是指单位面积农作物产量所需土地面积的大小。在绿洲区域，由于土地资源有限，土地利用效率的高低直接影响到农业生产的可持续发展。因此，在绿洲区域，需要采取措施提高土地利用效率，如通过提高土地质量、优化种植结构等方式，提高单位面积的农作物产量，从而实现更高效的土地利用。

2. 农作物产量

农作物产量是评价绿洲区域农业生产能力的重要指标之一。

（1）种植技术

在绿洲区域，由于水资源短缺和自然环境限制性强，农作物的产量受制于种植技术的水平。因此，在绿洲区域的农业生产中，需要通过培训和技术创新，提高农民的种植技术水平，从而实现农作物产量的提高。

（2）农业机械化

农业机械化是指农业生产过程中使用农业机械设备，以提高农作物生产效率和降低劳动强度。在绿洲区域，农业机械化水平的高低对于农作物产量的提高意义重大。因此，在绿洲区域的农业生产中，需要采取措施推广农业机械化，提高农作物生产效率和劳动效率，从而实现农作物产量的提高。

（3）农作物品种

农作物品种的选择对于农作物产量的提高有着重要的意义。在绿洲区域，由于水资源短缺和环境恶劣，需要选择适应当地气候和土壤条件的耐旱、耐盐碱的农作物品种，以提高农作物产量。

3. 农业机械化水平

农业机械化水平是评价绿洲区域农业现代化程度的重要指标之一。

（1）农业机械化设备

在绿洲区域的农业生产中，农业机械化设备的使用对于提高农作物产量和降低劳动强度具有重要作用。因此，在绿洲区域的农业生产中，需要加大对农业机械化设备的投资，提高农业机械化水平。

（2）农业机械化管理

在绿洲区域的农业生产中，农业机械化管理的科学性和规范性对于提高农业机械化水平有着重要的作用。因此，在绿洲区域的农业生产中，需要加强农业机械化管理，建立健全的农业机械化管理体系，提高农业机械化水平。

（3）农业机械化人才

在绿洲区域的农业生产中，农业机械化人才的培养和使用对于提高农业机械化水平有着重要的作用。因此，在绿洲区域的农业生产中，需要加强农业机械化人才的培养和使用，提高农业机械化水平。

4. 农产品质量

农产品质量是评价绿洲区域农业生产水平的重要指标之一。

（1）农业生产环境

农业生产环境涵盖了农作物生长的土壤、水、气候等自然环境，以及农业生产过程中的管理和生产技术等人为因素。在绿洲区域，由于环境恶劣和水资源短缺，农作物生长受到很大的限制。因此，在绿洲区域的农业生产中，需要加强环境保护和管理，提高农业生产环境的质量。

（2）种植技术

种植技术是指农民在农业生产过程中所使用的种植技术和农业管理技术。在绿洲区域，由于水资源短缺和环境恶劣，需要采取科学的种植技术和农业管理技术，以提高农作物的品质和产量。

（3）质量检测体系

质量检测体系是对农产品质量进行检测和评估的标准与方法体系。在绿洲区域的农业生产中，需要建立健全的质量检测体系，对农产品的质量进行检测和监管，以确保农产品的质量和安全。

7.2.6　区域差异与优势产业指标

1. 区域农业特色

区域农业发展规划作为一项综合性的规划，涉及种植业、养殖业、生态经济林和农产品加工等内容。如何进行定位，科学布局，择其重点而发展，对于规划具有重要的意义。

（1）种植业

种植业即栽培各种农作物以及取得植物性产品的农业生产部门，是农业的主要组成部分之一。种植业是利用植物的生活机能，通过人工培育以取得粮食、副食品、饲料和工业原料的社会生产部门，属于第一性的物质生产部门，包括各种农作物、林木、果树、药用和观赏等植物的栽培。农作物包括粮食作物、经济作物，蔬菜作物、绿肥作物、饲料作物和牧草、花卉等园艺作物。种植业生产在我国通常指粮、棉、油、糖、麻、丝、烟、茶、果、药、杂等作物的生产。全球栽培的农作物主要有90多种，我国常见的有50多种，每种作物由于在人类长期的培育和选择下，形成众多的类型和品种。

种植业是区域农业发展区划中的核心内容，也是农业生产的第一链条，是区划的主要内容之一。种植业区划内容包括作物品种搭配、作物布局、栽培技术、田间管理等。

(2) 养殖业

养殖业是利用畜禽等已经被人类驯化的动物，通过人工饲养、繁殖，使其将牧草和饲料等植物能转变为动物能，以取得肉、蛋、奶、皮、毛、蚕丝和药材等畜产品的生产部门。养殖业是人类与自然界进行物质交换的极重要环节，在农业生态系统中属于第二性的生产，是唯一能够将饲草等第一性产品转化为肉、奶、蛋等的生产部门，是农业的主要组成部分之一，与种植业并列为农业生产的两大支柱。在农业生态系统中养殖业是为种植业提供肥料，能够将种植业与土壤、水环境等生态因子连接起来的生产部门。

在绿洲区域农业发展规划中，养殖业也处于重要地位。一般来说，养殖业不像种植业那样受制于严格的气候、土壤、水分等环境因素，动物对环境的耐性限度远远强于植物，其适应地域范围也比较宽。因此在绿洲区域农业发展规划中，对于养殖业的规划内容一般不考虑区域内养殖动物的环境适应性。主要根据市场对畜产品的需求、区域内的养殖习惯、养殖水平和规模及饲草饲料的生产能力确定。养殖业规划一般包括养殖种类、养殖方式、养殖小区布局、饲养技术、饲料供给及养殖废弃物的处理等方面的内容。

2. 优势产业发展潜力

与我国平原地区有所不同，绿洲农业发展难度较高，需要国家干预并进行农业指导，才能最终决定农业发展方向。绿洲区耕地的有效开发，对于我国进行耕地的最大化、合理化应用有着非常重要的意义。如今，绿洲农业成为西北地区农业的重要组成成分，其良好的发展带动了当地的经济发展。

相对于其他的限制条件，绿洲区农业发展的瓶颈之处在于水资源短缺，尤其是盆地地区，四周被山脉环抱，湿润空气难以进入，加之日照时间过长，导致仅有的水分大面积蒸发。然而，绿洲区具有阳光充足、昼夜温差大的优势，种植出的瓜果、蔬菜等农作物品质上乘，市场价值高。不过，绿洲农业在运输方面仍存在一定挑战，因此，在绿洲农业发展过程中，如果同时兼顾储藏、运输技术的提升，就能真正激发绿洲农业的产值潜能。

7.2.7 政策和管理指标

绿洲区划是指政府对干旱地区的绿洲进行划分，以便更好地保护和管理这些宝贵的资源。在评价绿洲区划的过程中，可以从政府支持力度、法规标准制定、组织协调三个指标来进行评价。

1. 政府支持力度

政府支持力度是评价绿洲区划的重要指标之一。政府的支持力度越大，绿洲区划的实施就越顺利。政府支持力度包括政策支持、资金投入、技术支持、人才培养等方面。政策支持是政府对绿洲区划的政策和规划的支持，包括制定绿洲保护法律法规、发布政策文件、实施政策措施等。资金投入是政府对绿洲区划的资金支持，包括投入绿洲保护基金、设立绿洲保护专项资金、加强对绿洲区域的投资等。技术支持是政府对绿洲区划的技术支持，包括开展绿洲生态环境评估、绿洲植被恢复和治理技术研究等。人才培养是政府对绿洲区划的人才支持，包括培养和引进专业人才、加强人才队伍建设等。

2. 法规标准制定

法规标准制定是评价绿洲区划的另一个重要指标。法规标准制定涉及绿洲保护的法律法规、技术规范和标准制定等方面。绿洲保护的法律法规是绿洲区划实施的重要保障，包括绿洲保护法、绿洲保护条例等。技术规范是绿洲区划实施过程中的指导性文件，包括绿洲生态环境评估规范、绿洲植被恢复和治理技术规范等。而标准制定则是绿洲区划实施的基础性工作，包括绿洲保护标准、绿洲植被恢复和治理标准等。

3. 组织协调

组织协调是评价绿洲区划的另一个重要指标。组织协调涉及绿洲区划实施过程中各部门之间的协作和配合，包括政府部门、科研机构、企业和社会组织等。政府部门的组织协调是绿洲区划实施的重要保障，包括政府部门之间的协作和配合、政府部门和社会组织之间的协作与配合等。科研机构的组织协调是绿洲区划实施的技术保障，包括科研机构之间的协作和配合、科研机构和企业之间的协作与配合等。企业和社会组织的组织协调是绿洲区划实施的社会保障，包括企业和社会组织之间的协作和配合、企业和政府部门之间的协作与配合等。

综上所述，政府支持力度、法规标准制定、组织协调是评价绿洲区划的重要指标。政府需要加大对绿洲区划的支持力度，完善绿洲保护法律法规、技术规范和标准，加强政府部门、科研机构、企业和社会组织之间的协调，以保护和管理好干旱地区的绿洲资源。

第8章

绿洲区农业区划实践

本章将重点探讨甘肃和新疆绿洲区农业自然区划的实践过程，通过对自然条件的分析、农业资源的评价、农业生产现状的研究以及甘肃和新疆农业部门的区划进行阐述，为制定合理的农业政策提供科学依据。

8.1 实践一 甘肃绿洲区

8.1.1 甘肃农业自然区划

农业自然区划方案的实施将有助于发挥区域优势，在提高甘肃农业生产效益、促进农业可持续发展方面发挥着重要作用；同时，也为甘肃农业产业结构调整、农业资源合理利用和 生态环境保护提供科学依据。

1. 自然条件分析

（1）气候条件

甘肃省地处我国西北部，气候类型多样，包括温带大陆性气候、高原气候和山地气候等。这些气候条件对农业生产具有重要影响，直接关系到农作物的生长和发育。总体上，甘肃省的气候干燥，气温日差较大，光照充足，太阳辐射强。年平均气温在0~14℃，由东南向西北降低。河西走廊年平均气温为4~9℃，祁连山区为0~6℃，陇中和陇东分别为5~9℃和7~10℃，甘南为1~7℃，陇南为9~15℃。全年无霜期一般为48~228d。

甘肃省的气候多样性为农作物种植提供了丰富的条件。在温带大陆性气候区域，适宜种植小麦、玉米、马铃薯等作物；高原气候区域有利于种植青稞、油菜等高原特色作物；山地气候条件下，茶叶、果树等经济作物生长良好。因此，合理利用气候资源，优化农业产业结构，是提高甘肃省农业产值的关键。然而，甘肃省气候条件也存在一定的劣势，如干旱少雨、气温波动大等现象对农业生产带来诸多不利影响。为应对这些挑战，政府部门和科研机构需加大投入，开展农业科技创新，提高作物抗旱、抗病虫害能力，推广节水灌溉技术，降低农业生产成本，提高农业生产效益。

（2）地貌条件

甘肃省地貌复杂多样，高山、高原、盆地、平原等地貌类型相互交织，为各类农作物提供了适宜的生长环境。其中，高山地区具有丰富的水资源和肥沃的土壤，为农业生产提供了有力保障。这些地区盛产小麦、玉米、马铃薯等粮食作物，是甘肃省的主要粮食产区。此外，高山地区还适宜发展畜牧业，为当地居民提供丰富的肉食来源。高原地区地势较高，气候凉爽，光照充足，有利于农作物的生长。这里主要种植青稞、油菜等作物，是甘肃省的重要油料产区。同时，高原地区的草原资源丰富，适宜发展畜牧业，为当地经济增收创造了条件。盆地地区地势较低，热量充足，土壤肥沃，适宜发展农业生产。这些地区主要种植水稻、棉花、果树等作物，是甘肃省的重要经济作物产区。此外，盆地地区的湖泊、河流众多，为水产养殖提供了良好条件。平原地区土地平坦，土壤肥沃，是我国重要的粮食产区。这里主要种植小麦、玉米等粮食作物，产量丰富，为保障国家粮食安全作出了重要贡献。同时，平原地区的农业科技水平较高，有利于推动农业现代化进程。甘肃省地貌复杂多样，为农业生产和资源分布带来了诸多优势。不同地貌类型相互交织，形成了特色鲜明的农业生产体系和资源利用格局。在未来发展中，甘肃省应充分发挥地貌优势，推动农业产业结构调整，提高农业综合生产能力，为实现乡村振兴战略目标奠定坚实基础。

（3）水资源条件

甘肃省水资源分布不均，绿洲地区水资源相对丰富，而干旱地区水资源匮乏。年均降水量只有302mm，且时空分布不均，降水集中在7～9月，从东南到西北递减，降水量为40～800mm，年蒸发量为1000～3000mm。甘肃省水资源分区大致可分为长江流域相对丰水区、黄河流域缺水区和内陆河流域严重缺水区三类。一方面，绿洲地区拥有相对丰富的水资源，为农业生产提供了必要的条件。这些区域也是甘肃省粮食的主要生产区，水资源充足使得农业发展具备了得天独厚的优势。另一方面，甘肃省的干旱地区却长期面临水资源的匮乏。这种分布不均的情况不仅严重制约了干旱地区的农业生产和经济发展，还加剧了生态环境的恶化。

（4）土壤条件

甘肃省土壤类型丰富，包括黑土、黄土、灰钙土等。不同土壤类型对农作物生长和农业资源利用具有显著差异。在甘肃省，黑土、黄土、灰钙土等土壤类型分布广泛，各具特点。黑土以其深厚的腐殖质层和较高的肥力著称，是农业生产的重要土壤类型。黄土质地较为疏松，透气性良好，适宜种植多种作物。灰钙土则富含钙质，有利于作物生长。

甘肃省土壤类型的多样性为农业发展提供了丰富的资源。根据土壤特点和作物生长需求，合理调整农业生产布局，可以提高农业产值和资源利用效率。例如，黑土分布区适宜发展粮食作物和经济作物种植；黄土地区则可充分利用土壤透气性好的特点，种植喜透气作物；灰钙土地区可发挥土壤钙质优势，发展相应作物。

黑土是一种肥力较高、质地较疏松的土壤，在黑土分布区非常适合发展粮食作物和经济作物种植。在这样的土壤条件下，农作物能够得到充足的养分和水分，从而实现高产稳产。通过优化种植结构，提高作物品质，可以在保障国家粮食安全的同时，增加农民收入。黄土具有透气性好的特点，这种土壤性质使得作物生长过程中能够得到充足的氧气，有利于根系的发育和生长。因此，在黄土分布区可以充分利用这一优势，种植喜透气作物，如蔬菜、果树等。此外，还可以通过改良土壤，提高黄土分布区的农业生产效益，为农业产业结构调整提供有力支撑。灰钙土具有土壤钙质优势，钙质土壤对于油菜、棉花等作物生长具有积极作用，如提高作物的抗病性和抗逆性等。因此，在灰钙土分布区可以依据土壤特点，发展相应的作物，如油菜、棉花等。通过发挥土壤优势，提高作物产量和品质，有助于促进农业现代化进程。然而，甘肃省也存在土壤侵蚀、水土流失等问题。为应对这些问题，政府采取了一系列措施，如实施水土保持工程、加大生态建设力度、推广水土流失综合治理技术等，通过这些措施，甘肃省的土壤资源得到了有效保护和改善。此外，甘肃省还积极探索土壤改良新技术，以提高土壤肥力和作物产量。例如，引入有机肥料、生物肥料等新型肥料，改良土壤结构，提高土壤保水保肥能力；推广节水灌溉技术，降低土壤盐碱化风险；开展土壤污染治理，保障土壤生态安全。

综上所述，甘肃省土壤类型的多样性为农业发展提供了有力支撑。通过合理利用和保护土壤资源，加强土壤改良和技术创新，甘肃省可以实现农业可持续发展，为国家粮食安全和生态建设作出更大贡献。在此基础上，甘肃省还需继续加大土壤资源保护和利用力度，充分发挥土壤类型的优势，推动农业产业结构调整，提高农业产值。同时，注重土壤环境保护，防治土壤污染，确保土壤生态安全。

(5) 植被条件

甘肃省是我国生态脆弱区之一，植被覆盖率较低，天然植被和人工植被均存在一定的分布差异。植被状况对农业生产及生态环境具有重要作用。天然植被和人工植被均存在一定的分布差异。天然植被主要包括草原、荒漠、森林等类型，它们在自然环境中生长，对维护生态平衡具有重要作用。然而，由于气候变化、人为干扰等因素，天然植被的分布和生长状况并不理想。人工植被主要包括农作物、果树、绿化树等，它们在人类活动中产生，对于改善生态环境、提高农业生产效益具有积极意义。但是，人工植被的种植和管理需要科学规划和技术支持，否则难以达到预期效果。

总之，甘肃省植被覆盖率较低，天然植被和人工植被存在分布差异，这对农业生产及生态环境带来严重影响。因此，加大植被建设力度，提高植被覆盖率，对于保障甘肃省农业生产和生态环境的可持续发展具有重要意义。政府和相关部门应采取有力措施，推动植被资源的保护和恢复，为甘肃省的绿色发展和生态文明建设作出贡献。

2. 甘肃绿洲区农业资源评价

(1) 土地资源评价

甘肃省是我国地理位置独特、自然环境多样的省份，其绿洲广布、土地资源丰富，但质量却参差不齐。这主要是因为甘肃省地域辽阔，涵盖了从绿洲到干旱地区的各种地貌类型。绿洲地区是甘肃省的重要农业生产基地，这些地区的土地肥沃，富含养分，适宜发展农业生产。绿洲地区的土地质量优越，主要得益于其独特的自然条件。这些地区水资源丰富，气候适宜，为农作物生长提供了良好的条件。绿洲地区的农业发展不仅能够满足当地居民的食物需求，还为甘肃省的经济发展作出了重要贡献。

但总体来说，甘肃虽然土地辽阔，可利用面积却较少，是典型的山地型高原地区。其基本特点：一是山地多、平地少，耕地中就有近65%为坡耕地，增大了利用的成本，且水土流失严重，肥力不高；二是农业用地面积虽大，但耕地所占的比例小，仅占土地总面积的10.90%；三是森林面积和水域面积小，草地面积虽广，但大部分是荒漠草场，产草量低，载畜量有限，也不利于改善生态环境；四是土地瘠薄，受干旱的影响大，土地的生产能力不高，农田、林地、草地的平均生物产量都处于较低水平；五是有40%左右的土地为沙漠戈壁，难以利用。

甘肃省土地资源的丰富性和质量差异为农业发展和粮食生产带来了挑战。今后的发展中应当充分认识到这种差异，采取有针对性的措施，不断优化土地资源配置，提高农业综合生产能力，为实现甘肃省的可持续发展奠定坚实基础。同时，也要关注干旱地区的发展问题，努力改善当地居民的生活条件，为甘肃省的全面发展贡献力量。

（2）水资源评价

甘肃省水资源分布不均的问题对当地经济和农业发展产生了较大影响。绿洲地区的水资源充足，为农业生产和民生需求提供了有力支持，有利于当地经济的可持续发展。然而，干旱地区的水资源短缺严重制约了农业发展和经济增长，已成为地区经济发展的瓶颈。同时，甘肃省水资源分布的地区差异也加剧了地区间的经济发展差距，对整体经济发展造成了制约。

为解决水资源分布不均的问题，政府和相关部门已采取了一系列措施，包括实施水资源优化配置工程，推进跨流域调水项目，提高水资源利用效率；加强水资源管理和保护，严格控制水资源开发利用强度，防止过度开发导致的生态环境问题；发展节水农业，推广节水灌溉技术，降低农业用水成本，提高水资源利用效率等。

只有通过科学合理的水资源管理和利用，充分发挥水资源的优势，才能促进甘肃省农业和经济持续健康发展。通过平衡各地区的水资源利用，可以实现资源共享和互补，推动整个甘肃省经济的协调发展，实现经济增长和生态环境的双赢局面。因此，加强水资源管理和保护，促进水资源合理配置和利用，是实现甘肃省经济可持续发展的重要举措。

（3）气候资源评价

甘肃气候类型差异较大，从东南到西北包括了北亚热带湿润区到高寒区、干旱区的各种气候类型。总体上是气候干燥，气温日差大，光照充足，太阳辐射强，光能资源丰富，年日照时数为1700～3300h，自东南向西北增多。河西走廊年日照时数为2800～3300h，是日照最多的地区；陇南为 1800 ~ 2300h，是日照最少的地区；陇中、陇东和甘南为 2100 ~ 2700h，都显著高于我国同纬度东部各省份。

甘肃省的气候资源丰富，具有显著的大陆性气候特征，日温差较大，日照时间长。这些气候条件对农业生产极为有利，为甘肃省农业发展提供了得天独厚的优势。日温差大有利于作物生长，白天高温有利于作物光合作用，夜间低温则有助于作物养分的积累。这种气候条件有助于提高作物产量和品质。此外，甘肃省气候资源丰富，有利于农作物病虫害的防治。较大的温差和充足的日照时间有利于农作物病虫害的自然控制，降低农药使用量，提高农产品安全性。日照时间长对农业生产也有积极作用。充足的光照条件有利于作物光合作用，提高作物产量。同时，光照时间长还有利于农作物的熟制，使作物成熟更加充分，提高了品质。此外，光照充足还有助于发展养殖业，如光伏养殖等，提高了农民收入。

总之，甘肃省气候资源丰富有利于农业结构调整。在保证粮食生产稳定的基础上，甘肃省可以根据气候条件发展特色农业，如经济作物、林果业、设施农业等。这有助于提高农业综合效益，促进农业可持续发展。

(4) 生物资源评价

甘肃省生物资源丰富，涵盖农作物、畜禽、水产等多个领域，为农业生产提供了坚实的支撑。

首先，甘肃省的农作物资源非常丰富，小麦、玉米、马铃薯等粮食作物的种植规模大，质量高，是国家粮食安全的重要保障。除此之外，还有大豆、油菜、葵花籽等油料作物和棉花、糖料等经济作物，这些作物的种植不仅满足了省内需求，还为全国的农业发展做出了贡献。

其次，甘肃省的畜禽资源也是其一大特色。平凉红牛、临夏黄牛、甘肃黑羊等地方品种畜禽，不仅在本地有很高的饲养价值，还为全国乃至全球的肉类市场提供了优质的肉品。同时，养蜂、养蚕等特色产业的发展也进一步丰富了甘肃省的畜禽资源。

最后，甘肃省的水产资源也是其一大优势。黄河等大河从这里流过，形成了许多湖泊、水库和湿地，这些都为水产养殖提供了优越的环境。鱼类、虾蟹类、贝类等水产品的养殖不仅满足了市场需求，还带动了当地经济的发展。

为了更好地利用和保护这些生物资源，甘肃省政府也采取了一系列措施。例如，加强生物资源的保护，通过立法、执法和宣传教育等手段，确保生物资源的可持续利用；加大生物资源的开发力度，推广优良品种和先进技术，提高生物资源的产出效益；优化产业结构，引导农民发展特色农业、生态农业，实现生物资源的高值化利用。

总的来说，甘肃省的生物资源丰富多样，具有巨大的开发潜力。在政府的支持和引导下，这些生物资源将为全国农业生产提供更有力的支撑。同时，生物资源的合理开发利用也将助力甘肃省实现绿色发展，保障生态安全。

3. 农业生产现状

在保证粮食稳定增长的前提下，种植业特色化、产业化发展势头良好，为甘肃省农业产业化发展奠定良好的基础。目前，甘肃省已经初步形成七大产业化方向，形成具有较大规模、品种优良、收益良好的特色农业发展模式，并进一步加大农业领域重点工程和农业基础设施建设。

（1）马铃薯产业

甘肃省已经形成了中部高淀粉菜用型、河西加工专用型、陇南早熟型及中部高寒阴湿地区种薯繁育型四大优势产区。截至 2023 年，甘肃省马铃薯种植面积达 56.9 万 hm^2，已经建成的马铃薯加工营销企业中，国家重点龙头企业 1 家，省级重点龙头企业 6 家，上规模马铃薯加工企业 600 多家，年加工能力达 150 万 t，其中投资千万元以上、现代化水平较高的精深加工企业 20 多家。

（2）现代制种业

甘肃省利用河西走廊地区光热资源打造全国优势区域制种基地，集中连片规模发展，稳步推进标准化、规范化生产，发展现代制种产业。河西走廊地区降水少、蒸发量大、光照充足、昼夜温差大，是天然的种子生产车间，现已成为全国规模最大、最具潜力的制种基地。截至 2023 年，甘肃省玉米制种面积为 165.5 万亩，玉米种子产量达 6.8 亿 kg，面积和产量分别较上一年增加 4.9% 和 4.1%。近几年，甘肃省通过高标准农田项目不断推进制种基地建设，累计改造玉米制种田 60.4 万亩。在育种创新能力提升方面，2021 年以来甘肃省共审定玉米品种 396 个，2022 年良种覆盖率达到 97.36%。

（3）酿酒原料产业

甘肃省的优势酿酒原料主要包括啤酒生产原料、葡萄酒生产原料、白酒生产原料等。其中，特色最为明显的是啤酒大麦、啤酒花和优质葡萄的生产。甘肃啤酒大麦生产主要集中于河西灌区和引大沿黄两个生产带。河西灌区生产带包括肃州、玉门、金塔、甘州、山丹、民乐、凉州、民勤、古浪和金川等县区，引大沿黄生产带包括水登、皋兰、平川、景泰、靖远等县区。甘肃啤酒大麦的科研水平也是全国领先，成功引种和培育了“法瓦维特”“甘啤 2 号”“CA2-1”“甘啤 3 号”“甘啡 4 号”等优良品种，产品推广至西北各省区。甘肃也是啤酒花的主要产区之一，生产主要集中于酒泉、张掖及其周边地区。目前存在问题是品种单一，导致产品退化，品质有逐步下降趋势。甘肃位于世界优质醇活葡萄种植带（38°N～39°N），种植的酸消葡萄具有葡萄酸比协调、病虫害轻、绿色安全等特点，具有良好的品质。

（4）蔬菜产业

甘肃省蔬菜产业基本完成了从量的扩张到质量的提升的转变，现已进入提高质量、增加单产、调整结构、优化布局扩大贸易的新阶段。截至 2023 年，蔬菜种植面积达 48.6 万 hm^2，相比上一年增加 3.2 万 hm^2。甘肃省是全国重要的“高原夏菜”和西北地区重要的冬季蔬菜生产供应中心，已形成河西走廊、沿黄灌区、泾河流域、渭河流域和徽成盆地五大集中产区。同时，日光温室及塑料大棚等种植方式发展迅速。据调查统计，甘肃省常年从事蔬菜生产和服务的农村劳动力达 370 万人，其中直接从事蔬菜生产的农村劳动力总数约为 250 万人，从事收购、运送、储藏、加工、包装等相关服务的劳动力 120 万人。

（5）中药材产业

中药材生产是甘肃省传统优势产业，2023 年甘肃省中药材种植面积为 31.7 万 hm^2，产量达 148.9 万 t，集中分布于陇南山地亚热带暖湿带栽培区、陇中陇东黄土高原温带半干旱栽培区、青藏高原东部高寒阴湿栽培区、河西走廊温带荒漠干旱栽培区。目前，甘肃省有多家中药生产企业，从事收购、初加工、贩运等相关劳动力超过 8 万人。

（6）养殖业

随着农产品生产专业化和规模化程度提高，养殖业成为甘肃省农民增收的重要渠道。围绕牛、羊、猪、鸡等品种发展，甘肃省实施了一系列惠农措施，以调动农牧民发展养殖业的积极性。在甘肃省牧区和农区，如平凉、临夏等地，已经形成肉牛规模养殖及牛奶制品的规模化生产。同时，在甘肃牧区及周边地区、传统肉羊分布区，肉羊养殖业也得到大力发展。目前，牧区的生态牛羊肉、兰州手抓羊肉、靖远羊羔肉等已经成为全国知名的肉类品牌，草食畜牧业已经成为甘肃省重要的农业产业化行业。

（7）果品产业

果品产业已经成为甘肃重要的农业产业化行业。目前，陇南花椒、油橄榄、核桃、茶叶，秦安苹果、桃子，魔东苹果、曹杏等特色农产品为区域产业的形成发挥了重要作用。

（8）农业领域的重点工程项目

石羊河流域生态环境治理工程、甘南黄河重要水源补给区生态功能区保护与建设工程已得到国家有关部门的批准并实施。草场围栏、农村沼气池建设、农村人口饮水安全、生态环境保护与建设、退耕还林、退牧还草、“三北”四期工程、重点公益林补偿、防沙治沙等工程进一步得到重视。

（9）农业基础设施建设

随着农民收入的增加及国家惠农措施的实施，农业基础设施建设迈上新台阶。通过强化农田水利设施，灌溉面积得到进一步扩大；增加农业机械投入，降低了劳动强度，提高了劳动效率；有效利用农业科学技术，提升了农产品的数量及品质，从而进一步增加了区域经济效益。

4. 甘肃农业自然区划方案

（1）气候区划

根据甘肃省气候条件，将全省划分为温带气候区、高原气候区和山地气候区。

温带气候区位于甘肃省的南部和中部地区，包括兰州、嘉峪关、金昌、白银等城市。该区域的年平均气温在8～12℃，四季分明，春暖花开，夏日炎炎，秋高气爽，冬雪皑皑。在这一区域，农业和林业发展具有良好的自然条件，适宜种植各种温带作物和果树。高原气候区主要分布在甘肃省的甘南藏族自治州和临夏回族自治州等地。这个区域的海拔较高，平均海拔在3000m以上，具有高原特有的气候特征。高原气候区的年平均气温在6～8℃，昼夜温差较大，紫外线辐射较强。由于地形和气候的影响，这一区域以畜牧业为主，盛产各类高原特色农产品。山地气候区位于甘肃省的南部和西部地区，主要包括陇南、甘南、临夏等州市。这个区域地势较高，山峦起伏，气候多样。山地气候区的年平均气温在4～6℃，降水量充沛，有利于水力资源和森林资源的开发利用。在这一区域，特色农业、林业和旅游业均具有较大的发展潜力。

甘肃省的气候区域划分具有明显的地理特征和气候差异。根据这三个气候区域的特点，可以有针对性地开展农业、林业、畜牧业等产业的发展，充分利用气候资源，助力甘肃省的经济发展。同时，合理规划与保护生态环境，有利于促进甘肃省可持续发展。

（2）地貌区划

甘肃省地貌类型复杂，大致可划分为高山地貌区、高原地貌区、盆地地貌区和平原地貌区。

高山地貌区位于甘肃省的南部和西部地区，主要包括甘南藏族自治州、临夏回族自治州和嘉峪关市等地。这一区域地势较高，山脉纵横，海拔一般在3000m以上，具有典型的高山地貌特征。这里山峰峻峭，沟壑交错，自然景观独特。高原地貌区主要分布在甘肃省的中部地区，包括兰州市、白银市、金昌市和武威市等地。这一区域地势较为平坦，海拔一般在1500～3000m，具有典型的高原地貌特征。高原地貌区地形辽阔，草原广布，湖泊星罗棋布，是我国重要的草原生态区。盆地地貌区主要位于甘肃省的东部地区，包括张掖市、酒泉市、庆阳市和天水市等地。这一区域地势较低，盆地四周环绕着高山，具有典型的盆地地貌特征。盆地地貌区地形多样，既有高山峻岭，又有宽广的盆地平原。这里气候适宜，水资源丰富，是我国重要的农业生产区。平原地貌区主要分布在甘肃省的北部地区，包括兰州市、嘉峪关市、金昌市和武威市等地。这一区域地势最低，海拔一般在1000m以下，具有典型的平原地貌特征。平原地貌区地势平坦，土壤肥沃，适宜农业生产。同时，这一区域还拥有丰富的矿产资源，是我国重要的能源和工业基地。

总之，甘肃省的地貌类型丰富多样，各具特色。高山地貌区、高原地貌区、盆地地貌区和平原地貌区共同构成了甘肃省独特的地理景观，为这里的经济社会发展提供了丰富的资源条件。在今后的发展中，要充分挖掘和利用这些地貌区的优势，推动甘肃省的全面发展。

（3）水文区划

水文条件对区域的经济发展、生态环境和民生保障等方面具有至关重要的影响，可将甘肃省划分为四个水文区域：水文丰富区、水文较丰富区、水文中等区和水文干旱区。

水文丰富区是指甘肃省内水资源充足的地区。这些地区具备较高的降水量、径流量和湖泊储水量，为农业生产、工业发展和人民生活提供了丰富的水源。在水文丰富区，要充分利用水资源优势，加强水资源管理和保护，防止水资源的浪费和污染，以确保水资源的可持续利用。

水文较丰富区是指甘肃省内水资源较为充足的地区。这些地区的水资源虽然略低于水文丰富区，但仍然能够满足区域内的基本用水需求。在水文较丰富区域，应发挥水资源的优势，合理规划水资源开发利用项目，提高水资源利用效率，为区域经济发展和人民生活提供保障。

水文中等区是指甘肃省内水资源相对匮乏的地区。在这些地区，要充分挖掘水资源潜力，实施节水措施，优化水资源配置，保障民生用水和安全。同时，要加强水资源监测和预警体系建设，提高水资源管理水平，为水资源保护和合理利用提供科学依据。

水文干旱区是指甘肃省内水资源最为匮乏的地区。在这些地区，要加大对水资源的投入力度，实施水资源开发、调配和补偿工程，提高水资源供应能力。此外，还要推广节水技术，提高水资源利用效率，减轻水资源短缺对人民群众生活的影响。

(4) 土壤区划

根据甘肃省土壤类型，可将全省划分为黑土区、黄土区、灰钙土区和砂土区。

黑土区位于甘肃省的北部，土壤肥沃，含有丰富的有机质，是农业生产的重要区域。黑土区的土壤主要由黑钙土和黑土两个亚类组成，具有良好的保水、保肥性能，适宜种植粮食作物、经济作物和果树等。黄土区分布在甘肃省的中部和南部，这里的土壤以黄土为主，具有质地疏松、抗侵蚀性强等特点。黄土区的土壤分为黄土性土壤和黄壤两个亚类，适宜发展农业生产，尤其是粮食作物和经济作物。灰钙土区位于甘肃省的西部，土壤类型以灰钙土为主，富含钙、镁等矿物质，适合发展畜牧业和农业生产。砂土区位于甘肃省的东部，土壤主要由砂土和沙质土组成，特点是质地较粗、水分蒸发快、肥力较低。尽管如此，砂土区仍然有一定的农业生产潜力，可通过改良土壤提高产量，适宜种植玉米、马铃薯等作物。

总之，甘肃省的土壤资源丰富多样，各具特点。通过合理规划和利用，可以充分发挥各土壤区的优势，为甘肃省的农业发展和粮食安全提供有力保障。同时，针对不同土壤区的特点，实施科学的土壤改良措施，有助于提高土壤肥力和作物产量。

(5) 植被区划

根据甘肃省植被条件，可将全省划分为天然植被区和人工植被区。

天然植被区主要包括甘肃省内的森林、草原、荒漠等自然生态系统。这些区域内的植被具有很强的生态适应性和抗逆性，为各类动植物提供了良好的生存环境。天然植被区在保持水土流失、减缓气候变化、维护生态平衡等方面发挥着重要作用。人工植被区主要包括农田、果园、人工林等人工生态系统。这些区域内的植被主要是为了满足人类生产和生活需求而人工种植的。人工植被区在保障粮食安全、促进农村经济发展、改善人民生活等方面具有重要意义。

8.1.2 甘肃农业部门区划

1. 种植业区划

根据甘肃省种植业生产现状，将全省划分为粮食作物种植区、经济作物种植区和蔬菜种植区。

粮食作物种植区以小麦、玉米、稻谷等粮食作物为主导产业。这些作物在保障全省粮食安全和维护国家粮食战略方面具有关键作用。在这一区域，应加大科技创新力度，提高农业生产技术，推广绿色、低碳、高效的农业生产模式，努力提高粮食产量，为实现国家粮食安全战略目标贡献力量。

经济作物种植区以油料、棉花、糖料等经济作物为主导产业。这些作物对于促进农民增收、推动农村经济发展具有重要意义。在这一区域，应积极引导农民调整产业结构，发展特色经济作物种植，提升产品附加值，拓宽农民增收渠道，助力甘肃省农村经济持续健康发展。

蔬菜种植区以蔬菜生产为主，旨在满足甘肃省及全国市场的蔬菜需求。

2. 畜牧业区划

根据甘肃省畜牧业生产现状，将全省划分为养殖业发展区、草地畜牧业区和特色畜牧业区。

养殖业发展区以发展规模化、标准化养殖为主，提高养殖业的生产效率和产品质量。在养殖业发展区，应当加强畜禽良种选育与推广，优化养殖产业结构，加大养殖技术培训和科技支持力度，提高养殖户的生产经营能力。此外，还要注重养殖业的生态环境保护，严格执行养殖业污染物处理和排放标准，确保养殖业可持续发展。

草地畜牧业区的优势在于丰富的草地资源，为畜牧业发展提供了良好条件。草地畜牧业区的发展重点应放在合理利用草地资源，提高草地畜牧业生产效益上。要加强草地资源的管理和保护，提高草地生产力，确保草地生态系统的稳定。同时，推广现代化畜牧养殖技术，提高草地畜牧业的生产效率和产品质量。此外，还要加强草地畜牧业产业链的延伸，发展畜产品加工和销售，提高畜牧业综合效益。

特色畜牧业区应充分发挥地方特色优势，发展特色畜禽品种和养殖模式，满足市场多样化需求。要加强特色畜禽品种的遗传资源保护和开发利用，提高品种纯度和种群规模。

加大特色养殖技术的培训和推广力度，提高养殖户的生产经营水平。此外，还要注重特色畜牧业的品牌建设，提升特色畜产品的市场竞争力，促进特色畜牧业产值的提升。

3. 经济作物区划

根据甘肃省经济作物生产现状，将全省划分为果树种植区、药材种植区和特色经济作物区。

果树种植区主要分布在河西走廊、兰州地区及陇南地区。这些地区的土壤、气候条件适宜苹果、梨、桃、杏等果树生长。通过科学种植、品种改良，甘肃省果树种植区具备较高的产量和经济效益。在今后的发展中，应进一步优化果树品种结构，提高果品品质，加大市场推广力度，提升甘肃省果品的市场竞争力。

药材种植区主要集中在甘南、临夏、白银等地。这些地区具有较高的海拔、较大的温差及丰富的水资源，为药材生长提供了良好的生态环境。甘肃省药材种植区主要种植当归、党参、黄芪、大黄等道地药材。未来，应加强药材种植技术研发，提高药材产量和品质，促进药材产业的可持续发展。

特色经济作物区主要包括张掖、武威、金昌等地。这些地区依据当地自然条件和市场需求，积极发展设施农业和高效农业，种植番茄、辣椒、葵花籽、黄豆等特色经济作物。通过政策扶持和技术指导，实现特色经济作物区规模化和产业化发展。

4. 特色农业区区划

根据甘肃省特色农业生产现状，将全省划分为酿酒原料生产区、杂交玉米制种生产区和草产业区。

酿酒原料生产区属典型的温带大陆性气候，昼夜温差大，有利于光合同化率的提高和产品品质的改善，是啤酒大麦、啤酒花和酿酒葡萄的理想栽培地区之一。甘肃省农业科学院加大引进培育酿酒原料栽培新品种力度，使甘肃省啤酒花、啤酒大麦、酿酒葡萄栽培技术均达到了国内领先水平，经济效益显著。

杂交玉米制种生产区地势平坦、气候干燥、降水量少、光照充足、昼夜温差大，是天然的“种子生产车间”和“天然的仓库”。目前，制种业已成为当地农民增收的重要途径。

5. 草产业

随着退耕还林还草工程的深入进行，甘肃省退牧还草植被恢复到90%以上，已逐步实现苜蓿的产业化生产。目前，甘肃省已培育出耐寒高产、适合在较寒冷地区种植的“中苜1号”“甘农3号”“甘农9号”“公农1号”等优质苜蓿品种。同时，河西走廊地区地形成以“公司+农户”形式的大面积集中连片苜蓿栽培，涌现出一批牧草种植专业户。

8.1.3 甘肃农业经济区划

1. 发达农业区

在甘肃省，发达农业区的分布主要集中在中部和南部地区。这些地区的农业生产水平相较于其他地区较高，农业产值在全省范围内占比较大。这得益于多个方面的优势条件，如地理环境、气候条件、政策扶持以及农业技术的不断提高。

首先，甘肃省的中部和南部地区地理条件优越。这些地区地势较为平坦，土地资源丰富，适宜发展农业生产。同时，这些地区的气候条件适宜，光照充足，降水适中，为农作物生长提供了有利条件。其次，政策扶持对农业发展起到了积极的推动作用。我国政府一直高度重视农业发展，制定了一系列支持农业的政策措施，如农业补贴、农业科技创新等，为农业发展提供了有力保障。再次，农业技术的不断提高也是该区域农业产值占比大的原因之一。在现代农业发展中，农业技术起到了关键性作用，通过引进、消化、吸收先进的农业技术，提高农业生产效率，降低生产成本，使其农业生产具备了较强的竞争力。

综上所述，甘肃省发达农业区的分布主要集中在中部和南部地区，这些地区的农业生产水平较高，农业产值占比较大。在未来，要继续加大对农业的支持力度，推动农业科技创新，提高农业技术水平，为农业可持续发展奠定坚实基础。

2. 欠发达农业区

欠发达农业区主要分布在甘肃省的北部和东部地区。这些地区的农业生产水平相对较低，农业产值在整个甘肃省的占比也较小。这主要是因为这些地区的自然条件相对较差，包括土地资源匮乏、水资源不足、气候条件恶劣等。此外，这些地区的农业生产方式和技术也相对落后，农业基础设施也不完善，导致农业生产效率低下。

甘肃省北部和东部地区的自然条件对农业生产造成了很大的制约，这些地区的土地资源质量较差，大部分土地不适宜耕种，导致农业生产的规模和产量都相对较低。水资源严重不足，不仅影响了农作物的生长周期，还导致了生态环境的恶化。气候条件是另一个影响这些地区农业生产的重要因素。地处高原山地，气候寒冷干燥，降水量不足，使得这些地区的农业生产风险较大，不稳定因素较多。这种气候条件对农作物的生长和发育产生了严重的负面影响，进一步降低了农业产值。

8.1.4 甘肃农业生态区划

1. 生态敏感区和脆弱区划定

（1）生态敏感区和脆弱区概念

生态敏感区：指生态系统在自然因素或人为活动影响下，容易发生生态环境问题，导致生态系统功能退化的区域。生态敏感区包括生物、土壤、水资源、气候等多种生态要素，具有较高的生态价值和保护意义。

生态脆弱区：指生态系统在自然因素或人为活动影响下，抗干扰能力较弱，生态环境易受损且难以恢复的区域。生态脆弱区主要包括沙漠化、水土流失、湿地退化等类型，对生态环境保护和区域可持续发展具有重要影响。

（2）生态敏感区和脆弱区划定原则

1）科学性：依据生态系统特点、生态环境敏感性和脆弱性评价结果，科学划定生态敏感区和脆弱区。

2）系统性：综合考虑生态敏感区和脆弱区的空间分布、相互关系及生态环境影响因素，实现全局优化。

3）差异化：根据不同区域的自然环境、社会经济条件和生态环境问题，制定有针对性的保护措施。

4）可持续性：确保生态敏感区和脆弱区划定与区域可持续发展战略相结合，实现生态环境保护和经济发展双赢。

2. 甘肃生态保护与修复

（1）甘肃生态保护与修复的现状

近年来，甘肃省积极响应国家号召，制定了一系列生态保护与修复政策，包括实施退耕还林还草、天然林保护、防沙治沙、水资源保护等重点工程，以改善生态环境，提高生态质量。生态保护与修复举措包括：①退耕还林还草。甘肃省积极推进退耕还林还草工程，将不适宜耕种的土地退耕，恢复植被。截至 2023 年，全省退耕还林还草面积累计达到 1000 万亩，有效改善了生态环境，提高了生态碳汇能力。②天然林保护。甘肃省高度重视天然林保护工作，实施天然林保护工程，加大森林资源保护力度。③防沙治沙。甘肃省积极防治沙漠化，通过植树造林、水土保持等措施，治理沙漠化土地。截至 2023 年，全省沙漠化土地治理面积超过 2000 万亩，沙漠化扩展趋势得到有效遏制。④水资源保护。甘肃省大力推进水资源保护工作，实施黄河、内陆河水功能区划分和管理，确保水资源安全。同时，加强水资源监测和污染防治，提升水资源利用效率，保护水生态环境。

(2) 甘肃生态保护与修复的成效

1）生态环境改善。通过一系列生态保护与修复措施，甘肃省生态环境得到显著改善。空气质量优良天数逐年增加，地表水水质明显提升，土壤污染得到有效治理。

2）绿色经济发展。生态保护与修复工作促进了绿色经济的发展。甘肃省充分发挥生态资源优势，发展生态旅游、绿色农业等产业，实现经济效益和生态效益的双赢。

3）民生改善。生态保护与修复工作有力地保障了民生。甘肃省通过提供生态公益岗位、推动生态移民等措施，提高了人民群众的生活水平。

3. 甘肃农业污染防治

甘肃省作为我国重要的农业省份，农业污染防治对于保障农业可持续发展具有重要意义。近年来，甘肃省在农业污染防治方面取得了一定的成果，但仍然面临着诸多挑战。

甘肃省农业污染防治现状分为以下两方面：①农业面源污染防治。甘肃省农业面源污染防治工作取得了积极进展。各地加大了农业投入品的管理力度，推广了绿色农业生产技术，如测土配方施肥、病虫害绿色防控等。同时，农田土壤污染治理项目得到了有序开展，部分污染农田得到了修复。②农业废弃物资源化利用。甘肃省积极推进农业废弃物资源化利用，推广了农业废弃物肥料化、能源化、饲料化等技术。部分地区建立了农业废弃物收储运体系，提高了农业废弃物资源化利用效率。

8.1.5 甘肃综合农业区划

农业发展过程中，农产品的供给功能是其基本功能。但其供给能力和种类按照地域分工原则有显著的差异。根据原有农业区划研究成果，甘肃综合农业可以划分为六个区划，即陇东黄土高原农林牧区、陇南山地农林区、甘南高原牧林区、陇中黄土高原农林牧区、河西走廊灌溉农业区、祁连山马鬃山山地畜牧水源林区。

(1) 陇东黄土高原农林牧区

该区主要包括六盘山以东庆阳及平凉各县市，属温带气候，川塬面积大，地势相对平坦，土层深厚、肥沃，便于机械作业；林地面积大，林业资源丰富；干旱草场面积大，发展畜牧业具一定优势。在生产上，该区以粮食及经济作物生产为主，果品、黄花菜、蔬菜、药材、畜产品中肉牛肉羊及其他畜产品是本区主要供给产品。近年来，在突出特色、发挥优势、大力推进农业产业方面，已经形成了果品、蔬菜、药材等特色产业，并在区域经济发展中发挥着重要作用。

(2) 陇南山地农林区

该区位于甘肃东南部，包括陇南市的9个县。该区山高坡陡，地形复杂，差异性大。该区还具有立体农业特点，年均降水在400～950mm，水资源相对丰富，生物资源丰富，适合发展经济作物及林特产品，如油橄榄、花椒、茶叶、药材和蔬菜。其中，徽成盆地的蔬菜生产，以及岷县、武都、文县、宕昌等地的药材生产，已经成为甘肃农业产业化发展的重要支撑，也是促进当地农民增收的重要来源。

(3) 甘南高原牧林区

该区位于甘肃西南部，属青藏高原东北部。其海拔相对较高，牧草资源丰富，是甘肃省主要的牧区。该区森林资源丰富，是涵养水源的重要的地表覆盖植被，是黄河甘肃段重要的水源补给区。

(4) 陇中黄土高原农林牧区

该区是地理上陇西黄土高原核心部分，包括了定西、白银、临夏、兰州、天水及平凉的一部分。该区土地广阔、地形复杂，农业地域差异大，大体可以分为三块：一是南部湿凉区。南部湿凉区气候湿凉，植物生产长期短。近年来，在地膜覆盖等技术支持下，大力发展玉米种植，取得了较好的效果，已被甘肃省确立为今后粮食增产的核心区域。另外，其也是甘肃马铃薯生产的最为集中、品质最好的地区。二是北部干旱区。北部干旱区雨水稀少，地表植被稀疏，是黄河流域主要的水土流失区及自然灾害多发区，属旱作农业的典型区。小杂粮成为其重要农产品。三是沿黄地区。沿黄地区依靠灌溉发展农业生产，现已形成的蔬菜、果品、制种等产业，成为促进当地农民增收的重要来源。

(5) 河西走廊灌溉农业区

该区位于甘肃西部，包括河西五市（武威市、金昌市、张掖市、酒泉市和嘉峪关市）除祁连山区以外的地区。该区位于内陆荒漠区，气候干旱、日照充足、热量资源丰富、降水少、蒸发强、地势平坦、耕地集中连片，依靠祁连山相对稳定的水资源，灌溉农业发达，是甘肃省重要的农产品生产基地。该区现已形成蔬菜种植、制种、酿酒原料、粮食生产、畜牧等粮食畜牧专业化、规模化产业集群。

(6) 祁连山马鬃山山地畜牧水源林区

该区属青藏高原北部，包括天祝藏族自治县、肃南裕固族自治县、阿克塞哈萨克族自治区、肃北蒙古族自治区及民乐县的一部分。该区地形复杂、气候高寒、雨水丰富、林地面积大，是河西走廊重要的水源涵养林区；同时，其草场面积大，也是生产畜牧产品的重要区域。

8.2 实践二　新疆绿洲区

8.2.1 新疆农业自然区划

农业自然区划方案的实施将有助于发挥区域优势，在提高新疆农业生产效益，促进农业可持续发展方面发挥着重要作用。同时，也为新疆农业产业结构调整、农业资源合理利用和生态环境保护提供科学依据。

1. 自然条件分析

新疆位于我国西北部，地域辽阔，地形复杂，具有丰富的自然资源和独特的自然环境。新疆农业自然区划的自然条件主要包括气候、地貌、水文、土壤和植被等方面。

（1）气候条件

新疆地处亚欧大陆腹地，受大陆性气候影响，气候特点为干燥、寒冷、光照充足。全区可分为北疆、南疆、东疆三个气候区。北疆气候区相对湿润，冬季寒冷，夏季炎热；南疆气候区相对干燥，日照时间长，昼夜温差大；东疆气候区气候相对温和，四季分明。新疆太阳总辐射量大，光合有效辐射丰富，日照时数长且光质优越，对农产品生产十分有利。全年太阳总辐射量为5000～6400MJ/m^2，仅次于青藏高原。全年太阳总辐射量中，能被农作物吸收利用的光合有效辐射量从北到南为2400～3100MJ/m^2，光合有效辐射的地区分布和太阳总辐射量的分布一致。年总日照时数达2500～3360h，是我国日照最丰富地区之一。作物生长季节（4～9月）日照时数为1400～1940h。由于光质优越，同样品种的农作物，尤其是水果和果用蔬菜，在新疆着色更浓、颜色更艳、品质更好。

新疆冬季温度较低，北疆冷于南疆，东部冷于西部。季节和区域间热量条件有显著的差异，气温变化幅度很大。1月平均气温，新疆北部准噶尔盆地及其以北地区多在-15℃以下，南部地区在-10～-5℃，东部地区在-12～-10℃，西部地区在-10℃以上。

气温的年变化和日变化大。北疆各地气温年较差多在40℃左右，南疆多数地区在30～35℃，东疆在40℃上下。全区各地年平均日较差都高于11℃，日较差大是优质农产品生产得天独厚的自然气候条件。

新疆属干旱地区，降水量较少，多年平均降水量为146mm，仅为全国平均年降水量的25%。降水量区域分布不均，表现为山区高于盆地，北疆多于南疆，西部多于东部。其中，北疆的伊犁河谷、塔城盆地年平均降水量为250～350mm；塔里木盆地东部和南部年平均降水量在50mm以下。山区降水较多，其总量占全区年降水量的84%，形成干旱区的“湿岛”。降水的季节分布不平衡，且年际变化大。山区降水多集中在5～8月，这一时期的降水量一般占全年总降水量的50%。平原地区降水的季节分布则因地而异，北疆西部和伊犁河谷的降水季节分布相对均匀，春夏两季占全年降水量的30%。南疆地区和吐鲁番、哈密盆地，夏季降水占全年的50%～70%，而冬季则不到10%。值得注意的是，降水较多的阿勒泰、塔城和伊犁地区，降水最多年份和最少年份的差距可达2～3倍。

（2）地貌条件

新疆地处欧亚大陆中部，境内山盆相间，呈纬向伸展的阿尔泰山、天山和昆仑山三大山系，分隔着准噶尔与塔里木两大盆地，形成“三山夹两盆”的地貌格局。天山以北，习惯上称为北疆，天山以南称为南疆，吐哈密盆地称为东疆。阿尔泰山与天山之间为准噶尔盆地，天山与昆仑山、阿尔金山之间为塔里木盆地。三大山系和两大盆地大致都是东西向伸展，各种自然资源条件具有鲜明的水平和垂直地带性分布差异。

新疆地貌类型多样，包括高山、高原、盆地、平原等。山地约占全区总面积的40%，高原约占30%，盆地约占20%，平原约占10%。地势由西北向东南倾斜，海拔相差较大。

(3) 水文条件

新疆水资源丰富，拥有众多的河流、湖泊和冰川。全区可分为内流区和外流区两个水文区。内流区主要河流有伊犁河、塔里木河等，外流区主要河流有额尔齐斯河等。湖泊主要为咸水湖和淡水湖，较大的湖泊有博斯腾湖、赛里木湖等。新疆的河流绝大部分属于内陆河流域。根据新疆水文总站按出山口处河流统计，新疆共有大小河流570条。其中，年径流量1亿m^3以下的河流有487条，其径流量占全区径流总量的9.4%；年径流量大于10亿m^3的河流18条，其径流量全区总径流量的59.8%。新疆多年平均地表水资源量为7887亿m^3，多年平均地下水资源总量为503.42亿m^3。地表水资源量中，国外入境年水量为89.61亿m^3，国内邻省（区）入区年水量为0.6864亿m^3。境内河流年径流量全部由山区年降水总量转化而来，河流年径流量的补给主要来源于季节性积雪和降雨，冰川融水较少。河流径流量从行政区分布上主要集中在阿勒泰地区、伊犁哈萨克自治州（简称伊犁州）、塔城地区、巴音郭楞蒙古自治州（简称巴州）、阿克苏地区、克孜勒苏柯尔克孜自治州（简称克州）、喀什地区和和田地区，其地表水总径流量占全区地表水总径流量的90.5%。乌鲁木齐市、克拉玛依市、昌吉回族自治州（简称昌吉州）、吐鲁番市和哈密地区地表水总径流量为57.61亿m^3，仅为全区地表水总径流量的6.6%。新疆地表水资源的年内季节分配不平衡，但年际变化相对平稳，一般夏季（6~8月）水量占全年水量50%~70%，春秋季各占10%~20%，冬季（12月至次年2月）占10%以上。地下水资源总量中，山丘区地下水资源量为328.18亿m^3；平原区多年平均地下水总补给量为310.21亿m^3，地下水资源量为304.94亿m^2；山丘区与平原区地下水资源重复计算量为129.70亿m^3。地下水的主要补给来源除山区地下水为侧渗补给外，绝大部分是垂直补给。

(4) 土壤条件

新疆土壤类型繁多，大致可分为八个土类，包括棕钙土、黑钙土、栗钙土、灰钙土、黄土、砂土、盐土和沼泽土。大部分土壤肥力较高，适宜农业生产。

棕钙土主要分布在新疆的南部和西部地区，这种土壤肥力较高，适宜种植多种农作物。棕钙土的特点是质地较粗，有机质含量较低，但土壤中的钙、磷、钾等养分丰富，有利于作物的生长。黑钙土主要分布在新疆的中部和东部地区，这种土壤肥力极高，被誉为“黑土地”。黑钙土的特点是质地细腻，有机质含量丰富，土壤中的养分均衡，适宜种植粮食作物和经济作物。栗钙土分布在新疆的北部地区，这种土壤肥力较好，适宜种植小麦、玉米等粮食作物。栗钙土的特点是结构紧密，保水保肥能力强，有利于作物生长。灰钙土则主要分布在新疆的东南部地区，这种土壤肥力较高，适宜种植果树、蔬菜等。灰钙土的特点是颜色较浅，结构疏松，有机质含量较低，但土壤中的钙、磷等养分丰富。黄土在新疆的分布较为广泛，这种土壤肥力一般，适宜种植棉花、油菜等。黄土的特点是质地较黏，结构紧密，保水保肥能力强，但土壤中的养分含量较低。砂土主要分布在新疆的南部和东部地区，这种土壤肥力较低，适宜种植果树、蔬菜等。砂土的特点是质地疏松，通气性好，但保水保肥能力差。盐土的特点是盐分含量高，土壤溶液浓度过高，对大多数农作物具有抑制作用，仅适宜种植耐盐碱作物。沼泽土分布在新疆的北部和西北部地区，这种土壤肥力较高，适宜种植水稻、湿地作物等。沼泽土的特点是水分含量高，土壤通气性差，但养分含量丰富。

总的来说，新疆土壤类型繁多，具有较高的肥力，为农业生产提供了良好的条件。在这片土地上，农民充分利用各种土壤的特点，种植出丰富多样的农作物。今后需要继续加强对新疆土壤资源的保护和合理利用，为实现可持续发展奠定坚实基础。

(5) 植被条件

2016年新疆第九次森林资源清查数据表明，新疆森林资源主要分布在阿尔泰山、天山，以及塔里木河等较大河流的河谷两岸。森林植被类型主要有寒温性针叶林和落叶阔叶林。森林由乔木林地和特殊灌木林地构成，其中乔木林地主要为山区天然林、绿洲人工林和荒漠河谷天然林。2016年，新疆林业用地面积为1371.26万hm^2，其中乔木林地为214.8万hm^2，疏林地为41.6万hm^2，灌木林地为593.06万hm^2，未成林造林地为43.06万hm^2，其他林地约478.74万hm^2；森林面积为802.23万hm^2，其中国有林面积占85.57%；森林覆盖率为4.87%；活立木总蓄积量为4.65亿m^3，其中森林蓄积量为3.92亿m^3，森林总量稳步增长、质量不断提高。与2009年第八次清查成果相比，全区林地面积增加271.55万hm^2；森林面积增加103.98万hm^2，其中乔木林林地面积增加28.90万hm^2，特殊灌木林地面积增加75.08万hm^2；森林覆盖率提高0.63个百分点；全区林木蓄积年均总生长量为1654.71万m^3，增长177.87万m^3；乔木林每公顷蓄积量为182.60m^3，每公顷年均蓄积生长量为6.32m^3，平均胸径20.5cm，平均树高在10.0~14.9m的面积最多。

2. 农业资源评价

新疆农业资源丰富，具有巨大的开发潜力。粮食作物、经济作物、果树和蔬菜等种植资源丰富，畜禽品种独特。此外，新疆还拥有丰富的林草资源、水域资源和水资源。

1）新疆的粮食作物资源丰富。得益于得天独厚的自然条件，新疆的粮食作物生长周期短，单产高。这不仅满足了本地区居民的粮食需求，还为全国粮食供应做出了贡献。

2）新疆的经济作物种类繁多。棉花、油料、糖料等作物在新疆有着广泛的种植，其中棉花产量占据全国重要地位。这些经济作物的发展不仅促进了农业产值的提升，还带动了相关产业的发展，为农民增收创造了条件。

3）果树和蔬菜方面，新疆同样具有丰富的种植资源。得益于日照充足、昼夜温差大的气候特点，新疆的果树和蔬菜品质优良，市场需求旺盛。近年来，新疆各地积极推进设施农业和特色农业发展，进一步扩大了果树和蔬菜的种植规模，为农民增收创造了新的途径。

4）新疆的畜禽品种独特，具有很高的经济价值。例如，新疆细毛羊、新疆黑蜂等畜禽品种在国内外市场上具有较高的知名度。新疆各地充分发挥资源优势，大力发展畜牧业，推动畜禽品种改良，提高养殖效益，为农民增收提供了有力支持。

5）在气候资源上，新疆作物生长季节积温丰富，除北疆北部略偏低外，其他地区都接近或高于中国同纬度地区。吐鲁番盆地≥10℃年积温为4500℃～5400℃，南疆平原绿洲多在4000℃以上，充足的热量十分有利于种植业发展，适宜多种作物的种植，一般可一年两熟。

6）新疆土地资源丰富，类型多样，后备资源丰富，开发潜力大。新疆土地面积约占全国陆地总面积的六分之一。截至2024年，新疆划定耕地保有量10 122.63万亩、永久基本农田8226.31万亩，成为全国九个超额承担国家耕地保护任务的省区之一。确定耕地后备资源866.36万亩，约占全国后备耕地总面积的18%，居全国第一位。境内生物气候、地表径流、植被和土壤等自然条件都有明显的水平和垂直地带性差异，导致土地类型及其属性、土地组合既丰富多样，又相互依存。土地资源的这一特点为新疆种植业、林果业、畜牧业和水产养殖业等产业经营提供了物质基础。

3. 农业生产现状

近年来，新疆农业生产取得了显著的成果，粮食产量稳定，特色农产品优势日益凸显。在这一成果的背后，农业产业结构不断优化，种植业、畜牧业、渔业等多个领域实现了全面发展。同时，农业科技水平逐步提升，设施农业、节水灌溉等先进技术得到了广泛应用。

在种植业方面，新疆各地充分利用当地的光热资源，推广高产、优质、抗逆、节水等品种，提高单位面积产量。此外，种植业结构调整也取得了明显成效，特色作物如葡萄、红枣、核桃等产业发展迅速，成为农民增收的重要途径。在畜牧业方面，新疆各地注重良种选育和养殖技术改进，提高肉、奶、蛋等畜禽产品的产量和品质。同时，加强草原生态保护，实施禁牧、休牧制度，促进畜牧业可持续发展。在此基础上，畜牧业产业链不断延长，畜禽产品加工业和流通业得到了快速发展。在渔业方面，新疆各地充分利用湖泊、水库等水资源，发展水产养殖，通过引进优良品种和先进技术，提高水产养殖效益。此外，渔业产业结构调整也取得了积极成果，名特优水产品养殖面积不断扩大，市场竞争力不断提高。在农业科技水平方面，新疆各地加大投入，推动农业科技创新。设施农业、节水灌溉等技术得到了广泛应用，提高了农业综合生产能力。同时，农业技术培训和普及力度不断加大，农民科学种植和管理水平明显提高。

4. 新疆农业自然区划方案

（1）气候区划

新疆的气候特点因其地域的广阔而呈现出显著的差异。为了更好地利用和开发新疆的农业资源，将整个新疆地区划分为北疆、南疆、东疆三个气候区。这三个气候区各具特点，因此在农业生产方面，也需要根据各自的气候条件进行差异化发展。

北疆气候区是我国的一个重要农业生产区。该区域冬季寒冷，但夏季温暖，气候湿润，非常适合发展粮食生产和果树种植。北疆地区的农民可以根据气候条件，选择适宜的作物进行种植，如小麦、玉米、大豆等粮食作物以及苹果、梨等果树。此外，北疆地区还适宜发展畜牧业，尤其是冬季饲料作物的种植，为畜牧业提供重要保障。南疆气候区以其独特的气候条件成为新疆的一个重要农业生产区。南疆地区冬季温暖，夏季炎热，日照时间长，降水量适中。这种气候条件非常适合棉花、油菜等经济作物的种植。南疆地区的农民可以根据气候条件，发展适宜的农业，为我国提供丰富的棉花和其他经济作物。同时，南疆地区还适宜发展特色农业，如葡萄、甜石榴等水果种植，为市场提供丰富的优质产品。东疆气候区位于新疆的东部，气候条件介于北疆和南疆之间。该区域冬季寒冷，夏季炎热，降水量较少。因此，东疆地区适宜发展耐旱作物和节水农业。例如，东疆地区的农民可以种植玉米、高粱等作物，同时还可以发展设施农业，利用现代科技手段，提高农业产量。此外，东疆地区还具有发展特色农业的优势，如种植红枣、枸杞等中药材。

（2）地貌区划

根据新疆地貌类型，将全区划分为山地、高原、盆地、平原四个地貌区。各地貌区根据地形特点，发展相应的农业生产。

山地地貌区占据了新疆的较大比例。这些山地地区海拔较高，地形险峻，但同时也有着丰富的水资源和森林资源，农业生产以畜牧业和林业为主。当地农民充分利用山地的资源优势，发展出了适应高寒、缺氧、地形复杂的农业生产方式，为我国提供了大量的优质畜牧产品和林业资源。高原地貌区在新疆也占有一定比例。这些地区地势较高，空气稀薄，阳光充足，昼夜温差大。因此，高原地区的农业生产以种植业和畜牧业为主。当地农民依据高原的气候特点，种植适应性强、生长速度快的作物，如青稞、小麦、油菜等。同时，高原地区的畜牧业也得到了长足的发展，为我国提供了丰富的肉类和奶制品。盆地地貌区地势相对平坦，水源充足，是我国重要的粮食生产基地。盆地地区的农业生产主要以种植业为主，尤其是粮食作物，如小麦、玉米、水稻等。当地农民充分利用盆地地区的资源优势，发展出了高效节水灌溉技术，提高了农业产量。平原地貌区位于新疆的边缘地区，地势平坦，土地肥沃，农业生产条件优越。平原地区的农业生产以种植业和畜牧业为主，当地农民依据平原地区的地理优势，发展大规模的农业生产模式，提供大量优质农产品。

(3) 水文区划

根据新疆水文条件，将全区划分为内流区和外流区两个水文区，内流区重点发展灌溉农业，外流区重点发展河湖沿岸农业。

内流区是指地表径流最终流入内陆湖泊或消失于沙漠地区，这个区域的水资源主要依靠高山融雪和地下水。新疆内流区的水资源丰富，适宜发展灌溉农业，适宜种植的作物包括小麦、玉米、棉花等。与内流区相对应的是外流区，指地表径流最终流入邻近的河流或海洋的区域。外流区的水资源丰富，河湖沿岸农业得以蓬勃发展，适宜种植水生作物，如水稻、油菜等。

(4) 土壤区划

根据新疆土壤类型，将全区划分为八个土壤区。各土壤区根据土壤肥力和适宜作物，发展相应的农业生产。它们分别是天山南麓土壤区、塔里木河流域土壤区、伊犁河谷土壤区、吐鲁番盆地土壤区、哈密盆地土壤区、喀什地区土壤区、和田地区土壤区和阿克苏地区土壤区。

天山南麓土壤区，因其地势较高、气候湿润、土壤肥沃，特别适合发展林业、草业和粮食作物；塔里木河流域土壤区，因水资源丰富、地势平坦，成为棉花、油菜等作物的理想种植地；伊犁河谷土壤区，因其地形多样、土壤肥力较高，成为特色水果和蔬菜的优选之地；吐鲁番盆地土壤区，因为光照充足、热量丰富，特别适合葡萄、瓜果等特色农产品的种植；哈密盆地土壤区，虽然土壤盐碱化程度较高，但耐盐碱作物和养殖业在此蓬勃发展；喀什地区土壤区，因其地理位置的特殊性，成为棉花、小麦等作物的理想种植地；和田地区土壤区，虽然沙漠化程度较高、土壤贫瘠，但抗旱作物和沙产业在此地生根发芽；阿克苏地区土壤区，因水资源丰富、土壤肥力较高，成为粮食、经济作物和林果业的重要产地。

这八大区域根据其土壤的特性及适宜的农作物进行农业生产，不仅提高了农作物的产量和质量，也使得新疆的农业结构更加合理。同时，这种因地制宜的农业生产方式，也有利于保护环境，实现农业的可持续发展。

(5) 植被区划

根据新疆植被特点，将全区划分为高山、平原、沙漠三个植被区。各植被区根据植被类型，发展相应的农业生产。

高山植被区占据了新疆的北部和西部，该植被区的海拔较高，气候条件较为严寒，因此植被类型主要是草原和针叶林。针对这一特点，高山植被区的农业生产主要依赖于畜牧业。平原植被区，覆盖了塔里木盆地和准噶尔盆地等地。地势相对平坦，气候适宜，非常适合农业发展，农业生产以大力发展粮食、棉花和油料作物为主。沙漠植被区主要分布在塔克拉玛干沙漠和库布齐沙漠等地。这些地区的环境极为恶劣，沙漠化严重，植被稀少。因此当地应发展节水农业，推广耐旱、抗盐碱的农作物，提高农作物的适应性和产量。此外，也可以通过退耕还林、退牧还草等措施来恢复生态环境。

8.2.2 新疆农业部门区划

1. 种植业区划

新疆地区种植业具有悠久的历史。根据地域和气候特点，新疆种植业区划可分为以下几个部分。

(1) 粮食作物种植区

小麦是新疆的主要粮食作物之一，其种植历史悠久，适应性强，产量稳定。新疆的小麦种植主要集中在南部和北部地区，这些地区气候适宜，土壤肥沃，为小麦的生长提供了良好的条件。玉米在新疆的种植也占据重要地位，其种植区域遍布新疆的南北东三部。玉米的产量高，营养价值丰富，不仅可以满足当地居民的食物需求，还可以作为饲料、工业原料等多方面的用途。水稻在新疆的东部地区种植面积广泛，新疆东部地区拥有丰富的水资源，气候条件适宜水稻生长。东部地区水稻的种植不仅满足了当地居民的基本饮食需求，还为粮食市场提供了丰富的产品。

(2) 经济作物种植区

该区域主要集中在新疆的中部和西部地区，种植的经济作物包括棉花、油菜、葵花籽等。这些作物在推动新疆农业经济增长和提高农民收入方面具有重要意义。

棉花作为我国重要的纤维作物，其在新疆的种植规模逐年扩大。新疆的棉花产量占据全国总产量的很大比例，这不仅为我国纺织业提供了充足的原料，同时也带动了当地农业经济的快速增长。油菜在新疆的种植也具有很大的经济价值。新疆油菜种植区域主要集中在天山南北麓及塔里木盆地等地，这些地区的油菜种植业已经成为农民增收的重要途径。油菜籽不仅可以用于食用油的加工，还可以作为饲料、生物能源等方面的原料。葵花籽作为新疆的特色经济作物，其种植效益也日益凸显。新疆葵花籽种植区域主要分布在北疆、东疆等地，这些地区的葵花籽产量逐年攀升，为当地农民带来了丰厚的经济收益。

(3) 特色作物种植区

特色作物种植区分布于新疆各地，根据当地的气候和土壤条件，种植各种特色作物，如甜菜、马铃薯、葡萄、苹果等。这些特色作物不仅丰富了当地农业产品结构，还为农产品加工和产业链延伸提供了原料。

新疆地区的气候条件独特，昼夜温差大，有利于作物糖分的积累。因此，甜菜成为这里的重要经济作物之一。甜菜的种植不仅为当地糖厂提供了优质的原料，还带动了相关产业的发展。同样，马铃薯在这里也享有良好的生长环境，其产量丰富，品质优良，深受市场欢迎。此外，新疆地区光照充足，土壤肥沃，适合葡萄和苹果等水果的种植。这里的葡萄和苹果品种独特，口感鲜美，深受消费者喜爱。这些特色作物在丰富当地农业产品结构的同时，也为农产品加工业创造了有利条件。以葡萄为例，葡萄酒产业在新疆得到了迅速发展，利用新疆特色葡萄品种，生产出的葡萄酒品质上乘，受到了市场的青睐。同样，苹果产业的壮大也带动了果汁、果脯等深加工产品的发展。

总之，新疆地区依据当地气候和土壤条件，成功种植了各种特色作物，为我国农业产品结构和产业链的延伸作出了积极贡献。

2. 畜牧业区划

新疆是我国重要的畜牧业基地，拥有丰富的草原资源。根据地形、气候和草原类型，新疆畜牧业区划可分为以下几个部分。

（1）草原畜牧业区

该区域主要分布在新疆的北部、西北部和南部地区，草原资源丰富，适宜发展畜牧业。草原畜牧业是当地农民的主要生产方式，也是新疆畜牧业的重要组成部分。草原上的牛、羊、马等牲畜为市场提供了丰富的畜产品，满足了人们的生活需求。同时，草原畜牧业的发展也促进了当地就业，提供了众多就业机会。

（2）山地畜牧业区

该区域主要位于新疆的东部和西部地区，以山地为主，具有明显的垂直气候特征，既有寒冷的高山气候，也有温暖的河谷气候，为畜牧业的发展提供了良好的环境。当地居民以饲养羊和牛为主，同时还有少量马、驴、骡等牲畜。在这些牲畜中，羊和牛的养殖规模最大，对当地农业经济产生了深远影响。羊养殖在该区域具有悠久的历史，品种繁多，如新疆细毛羊、阿勒泰大尾羊等，其肉质鲜美，毛质优良，深受市场欢迎。羊毛、羊肉及相关产品已成为当地农民的主要收入来源之一。牛养殖在该区域也逐渐崭露头角，品种主要包括新疆褐牛、哈萨克牛等。这些品种适应性强、生长速度快、肉质优良，为当地农民带来了可观的收益。

（3）河谷畜牧业区

该区域主要分布在新疆的南部地区，河谷地带水源充足，土壤肥沃，适宜发展畜牧业。河谷畜牧业以养鱼、养鸭等为主，丰富了当地的农业产业结构。此外，河谷畜牧业还带动了相关产业的发展，如饲料生产、渔业养殖设备制造等，进一步促进了当地经济的多元化。

3. 经济作物区划

新疆经济作物种类繁多，根据作物类型和地域特点，可分为以下几个部分。

（1）棉花产区

新疆是我国最大的棉花产区，棉花种植主要分布在南部、中部和东部地区。棉花产业在当地经济发展和农民增收方面发挥了重要作用。

（2）油料作物区

新疆油料作物主要包括油菜、葵花籽等，分布在北部、中部和南部地区。油料作物产业对于推动新疆农业经济增长和保障能源安全具有重要意义。

（3）特色作物区

特色作物区分布于新疆各地，根据当地的气候和土壤条件，种植各种特色作物，如甜菜、马铃薯、葡萄、苹果等。这些特色作物不仅丰富了当地农业产品结构，还为农产品加工和产业链延伸提供了原料。

4. 特色农业区划

新疆特色农业区划主要体现在以下几个方面。

（1）沙漠绿洲农业区

该区域主要分布在新疆的南部、北部和东部地区，利用绿洲较为丰富的水资源发展灌溉农业，种植各种适应性强、耐旱性好的作物，如棉花、玉米、甜菜等。

（2）高原农业区

高原农业区主要位于新疆的西部和南部地区，海拔较高，气候寒冷。高原农业以种植马铃薯、油菜、青稞等为主，是当地居民的重要食物来源。

（3）山区农业区

山区农业区主要分布在新疆的东部和西部地区，地形起伏较大，气候多样。山区农业以种植玉米、小麦、油菜等为主，同时发展林业、草业等多种经营。

8.2.3 新疆农业经济区划

1. 新疆发达农业区

该区域主要包括新疆的南部、中部和东部地区，农业基础设施完善，技术水平较高，产品丰富。发达农业区在保障粮食安全、促进农业现代化和提高农民收入方面发挥了重要作用。

发达农业区通过采用先进的农业技术，提高农作物种植面积和产量，为我国粮食市场提供了稳定的供应；在应对粮食需求不断增长、气候变化等挑战方面，发达农业区发挥着“稳定器”的作用，确保了国家粮食安全；在促进农业现代化方面做出了积极探索，大力推进农业科技创新，推广绿色农业和生态农业，提高了农业生产效率。

2. 新疆欠发达农业区

该区域主要分布在新疆的北部、西部和南部地区，在这个区域内，农业生产条件相对较差，包括土地、气候、水资源等自然条件。该区域的农业基础设施相对薄弱，农业生产技术水平相对较低，导致这些地区的农业发展相对滞后。欠发达农业区的发展目标是加大投入，提高农业生产效益，逐步实现农业现代化，如修建水利设施、改善道路通行条件等；优化农业产业结构，引导农民种植高产、优质、抗病的作物，提高农产品的产量和品质；加大农业科技研发力度，推广绿色、生态的农业生产方式，降低农业生产成本，提高农业经济效益；加大现代农业技术推广力度，提高农民科技素质。

8.2.4 新疆农业生态区划

1. 新疆生态敏感区和脆弱区划定

根据新疆的地貌、气候、植被等特征，划定生态敏感区和脆弱区。这些区域主要包括沙漠、草原、山地等，需要加强生态保护，防止生态环境恶化。

沙漠区域在新疆的生态敏感区和脆弱区中占据重要地位。新疆沙漠面积广阔，是我国重要的沙漠区域之一。沙漠生态系统脆弱，容易受到人类活动和自然因素的影响。因此，加强沙漠区域的生态保护，防止沙漠扩张和生态环境恶化，是维护新疆生态平衡的关键。其次，草原区域也是新疆生态敏感区和脆弱区的重要组成部分。新疆草原资源丰富，为众多动植物提供了生存空间。然而，草原生态系统同样脆弱，过度放牧、气候变化等因素可能导致草原退化。因此，保护草原生态环境，促进草原生态系统的恢复和健康发展，对于维护新疆生态稳定具有重要意义。此外，山地区域在新疆的生态敏感区和脆弱区中同样占据重要地位。新疆山地地形复杂，气候多样，植被丰富。山地生态系统在水源保护、生物多样性维护等方面发挥着重要作用。然而，山地生态环境容易受到自然灾害和人类活动的影响。因此，加强山地生态区域的保护和恢复工作，确保山地生态系统的稳定，是新疆生态保护的重要任务。

2. 新疆生态保护与修复

首先，针对新疆生态敏感区和脆弱区，实施一系列生态保护与修复措施，如实施严格的生态保护政策，限制不适宜的开发活动，降低对生态环境的压力。其次，加大对生态恢复工程的投入，治理沙漠、草原、山地等区域，提高生态环境的自我修复能力。最后，加强生态环境监测和预警系统建设，确保及时发现和处理生态环境问题。

保护新疆的生态敏感区和脆弱区是维护新疆生态平衡和促进可持续发展的重要基础。

我们应当充分认识这些区域的生态保护重要性，采取有效措施，加强生态保护，为新疆的绿色发展和生态文明建设贡献力量。

3. 新疆农业污染防治

新疆作为我国重要的农业生产基地，农业污染防治工作具有重要意义。首先，要加强对农药、化肥的监管，推广绿色、环保的农业生产技术，降低农药、化肥使用量，减少农业面源污染。其次，提高农业废弃物处理能力，推动农业循环经济发展，提倡农业资源高效利用，减少农业污染排放。此外，还需加强农业生态环境保护和恢复，实施重点生态功能区修复工程，提高农业生态系统服务功能。

8.2.5 新疆综合农业区划

新疆综合农业区划是根据新疆地域特点、自然资源禀赋、社会经济条件及农业发展战略等因素进行的，根据地域分异得出综合农业区划方案。

气候和生态地带性多元化分布格局使新疆农业生产的地域特征明显，不同气候生态区，农业生产特征和发展重点不同，农产品供给功能的地域差异明显。按照南疆、北疆、东疆三个大的生态区域分区，其区域分异特征表现如下。

（1）南疆

南疆地区属于暖温带干旱区，光热资源丰富，年有效积温在4000℃以上，无霜期180～256d，大部分地区可一年两熟或两年三熟，适宜发展粮食、棉花等经济作物和特色林果生产，是新疆重要的粮食主产区、主要适宜棉区、干鲜果品生产基地和牛羊肉生产基地。该区域土地生产效率高，2021年，小麦套种玉米面积单产可达到18t/hm^{2}的超高产水平，棉花最高单产达1980kg/hm^2。农产品生产和供给能力较强，粮食种植面积和总产量分别约占全区（不含新疆生产建设兵团，下同）的54%和56%，主产区分布在阿克苏地区、喀什市和和田地区，阿克苏地区粮食商品率达到50%以上，喀什和和田地区粮食主要用于满足自给，商品率较低，仅为12%～20%；棉花种植面积和总产量分别约占全区的68%和69%，主产区分布在巴州、阿克苏地区和喀什市；水果种植面积和总产量分别约占全区的82%和63%，主产区分布在巴州、阿克苏地区、喀什市和和田地区。畜产品以肉类产品生产为主，牲畜头数占全区一半左右，肉类总产量约占全区的42%，主产区分布在巴州、阿克苏地区、喀什市和和田地区。其中，巴州和静县的巴音布鲁克草原，可利用草地面积200万hm^2，是南疆重要的草原畜牧业大区，也是南疆农区牛羊育肥的架子畜基地。

南疆地区特色农产品供给优势明显。其中，特色果品梨、杏、红枣、石榴产量分别约占全区总产量的99%、98%、81%、99%；新疆薄皮核桃、巴旦木、晚熟甜瓜、伽师瓜全部产自南疆；喀什市和和田地区又是优质驴肉生产基地，两地驴的存栏头数约占全区总头数的89%；巴州、和田地区和阿克苏地区是新疆甘草、麻黄、肉苁蓉、罗布麻等中药材的唯一产地；焉耆盆地在工业用番茄、辣椒、小茴香、孜然和甜菜等特色农产品生产上，具有明显的规模化和产业化优势。位于焉耆盆地的博湖县还拥有我国最大的内陆淡水湖——博斯腾湖，湖内有30多种人工放养和自然繁殖的鱼类品种，是新疆主要的水产品生产基地。

（2）北疆

北疆地区属于温带干旱半干旱区，农业气候生态类型多样，平原区光热资源丰富，有效积温2000~3800℃，无霜期100~180d；降水量平原区110~200mm，前山带250~300mm，中山带400~600mm。大部分地区为一年一熟，部分地区可一年两熟，适宜发展粮食以及棉花、油料、甜菜等特色经济作物。山区是新疆主要的草原牧区，适宜发展草原畜牧业生产，是新疆重要的粮食主产区、主要适宜棉区、特色农产品生产基地和畜产品生产基地。

北疆地区粮食、油料、甜菜、牛羊肉、牛奶、细羊毛等农产品供给功能突出，土地生产效率高。2021年，主要农作物小麦大面积单产达6300kg/hm^2，甜菜大面积单产69t/hm^2，棉花大面积单产达1920kg/hm^2。农产品生产能力较强，粮食种植面积和总产量分别约占全区的44%和43%，主产区分布在昌吉州、伊犁州和塔城地区，粮食商品率达到50%以上；甜菜种植面积和产量约占全区的87%和85%；油料种植面积和产量分别约占全区的86%和83%；棉花种植面积和产量均占全区的28%左右，主产区分布在昌吉州、塔城地区的沙湾市和乌苏市。畜产品以肉类、奶类和细羊毛生产为主，牲畜头数约占全区的45%，肉类总产量约占全区的53%，主产区分布在昌吉州、伊犁州、塔城地区和阿勒泰地区；牛奶产量约占全区总产量的77%，奶源基地主要分布在昌吉州、伊犁州、塔城地区和阿勒泰地区；细羊毛产量约占全区细羊毛产量的56%，产地主要分布在昌吉州、伊犁州、塔城地区和阿勒泰地区。林果产品生产主要集中在伊犁河谷地区，优势品种有樱桃李、苹果、葡萄和桃。

北疆地区特色农产品生产以加工番茄、枸杞、红花、酿酒葡萄、亚麻、啤酒花、打瓜、花芸豆、蜂产品为主，供给优势明显。其中，加工番茄主产区集中在昌吉州的呼图壁县和玛纳斯县、塔城地区的乌苏市和沙湾市；枸杞种植面积0.36万hm^2，年产量11万t，集中分布在北疆的博尔塔拉蒙古自治州精河县和塔城地区的乌苏市；红花生产集中分布在塔额盆地；亚麻生产集中在伊犁河流域，种植面积达1.93万hm^2；打瓜种植面积和产量分别约占全区的93%和90%，主产区分布在塔额盆地、昌吉州和阿勒泰地区的部分县市；花芸豆产区集中分布在气候比较冷凉的阿勒泰地区；蜂产品生产集中在伊犁谷地，蜂蜜产量约占全区的79%。阿勒泰地区天然淡水资源丰富，特殊的生境条件使其成为新疆主要的冷水鱼繁育、生产和加工基地。

（3）东疆

东疆地区属于暖温带干旱区，是典型的大陆性气候。光热资源丰富，年有效积温3600~

5450℃，无霜期 190～300d，降水稀少，吐鲁番盆地年降水仅为 3.9～25mm，哈密盆地年降水为 33～40mm。年积温高、日照时数多、无霜期长、昼夜温差大，是新疆热量最丰富的地区，可一年两熟，最适宜发展葡萄、哈密瓜、长绒棉等喜温作物和反季节蔬菜生产，是新疆重要的鲜食、制干和制汁葡萄产地，是著名的新疆哈密瓜产地和反季节蔬菜生产基地。特色林果和园艺产品生产功能突出，无核葡萄种植面积和产量分别约占全区的93%和96%，主产区集中在吐鲁番盆地和哈密市；哈密瓜种植面积和产量分别约占全区的26%和30%，主产地集中在吐鲁番盆地、哈密市和伊吾县。长绒棉种植面积和产量均占全区的13%左右，主产区集中分布在吐鲁番盆地。

综上所述，新疆农业区划主要包括以下几个方面。

（1）就业与生活保障复合功能区

就业与生活保障复合功能区，以农业的就业和生活保障功能为主导，可划分为就业和生活保障+农产品供给功能区、就业和生活保障+文化传承和居民休闲功能区两个复合功能类型。该功能区包括 14 个县（市、区）级行政区。

1）就业和生活保障+农产品供给功能区，包括巴楚县、和硕县和阿瓦提县 3 个县。该功能区各县农业容纳农村劳动力就业份额大，农业是农民生活保障的主要来源，这 3 个县又是区内棉花和特色林果生产大县，农业资源禀赋较好，土地生产力较高。

2）就业和生活保障+文化传承和居民休闲功能区，包括克拉玛依区、白碱滩区、乌尔禾区、木垒县、裕民县、哈巴河县、阿克苏市、泽普县、乌鲁木齐县、吉木萨尔县和库尔勒市 11 个县（市、区）。该功能区各县农业就业份额大，除乌鲁木齐县外，其他县（市、区）农业劳动力占乡村劳动力总数极高，农村经济总收入中，农业收入占的比重较大，为农民就业与生活保障提供了有力支撑。同时这 11 个县（市、区）又距离区域中心城市较近，旅游休闲的地域特色和文化特色较明显，随着区域工业化和城市化进程的加快，以及城市居民消费和生活观念的改变，农业的旅游休闲功能将逐步凸显。

（2）生态调节复合功能区

生态调节复合功能区，以农业生态调节功能为主导功能，可划分为生态调节+农产品供给功能区、生态调节+就业与生活保障功能区、生态调节+文化传承与居民休闲功能区三种复合功能类型。功能区包括 30 个县（市）级行政区，其中大部分县（市）所在区域生态环境恶劣，其农业系统的生态功能对维护区域生态环境至关重要，一方面农田和林草地系统承担着重要的生态调节功能，另一方面其本身又是需要加强生态环境建设的重点区域。

1）生态调节+农产品供给功能区，包括伊宁县、清河县、托里县、和布克赛尔县、若羌县、且末县、拜城县、乌什县、阿合奇县、皮山县、于田县、民丰县、乌恰县、疏附县、和田县、墨玉县、洛浦县 17 个县。该功能区中，南疆的 13 个县地处塔克拉玛干沙漠周边地区，区域生态环境的约束较强，绿洲内部农田生态调节功能相对较强，林草地覆盖面积较小，这些县又是南疆三地州重要的粮食产区和自治区规划建设的林果业发展基地，因此必须把强化其农业生态调节功能放在首位。

北疆的和布克赛尔县、伊宁县、清河县、托里县的林草地生态调节功能较强，其覆盖面积占土地总面积的72%以上，托里县和清河县更是高达97%。其中，托里县老风口数十千米的生态防护林在调节气候、改善区域生态环境中发挥了非常重要的作用。

2）生态调节+就业与生活保障功能区，包括柯坪县、策勒县、奎屯市、吉木乃县、岳普湖县5个县（市）。其中，南疆的柯坪县、策勒县和岳普湖县农田生态调节功能较强，冬麦面积占耕地面积的27%以上，林草地发挥着一定的生态调节功能，柯坪县林草地面积约占其土地总面积的82%；北疆2个县（市）则主要依靠林草地的生态调节功能。同时该功能区各县（市）农业承担着为农牧民提供就业和生活保障的功能，农业就业份额较大，农业劳动力占乡村劳动力的比例大，功能区农民生活保障也主要依赖于农业收入。

3）生态调节+文化传承与居民休闲功能区，包括特克斯县、阿图什市、托克逊县、博湖县、阿克陶县、塔什库尔干县和和田市7个县（市）。其中，南疆阿图什市、阿克陶县和和田市3个县（市）农田生态调节功能较为突出，冬小麦种植面积大，占耕地面积的45%以上，阿图什市最大占到60%，有效增加了农田植被覆盖。而且林草地面积也较大，占县域土地总面积的59%以上，阿图什市最大占到64%，具有较强的生态调节作用。博湖县境内的博斯腾湖水域面积1646km^2，约占全县总面积的43.2%，湿地面积大，在补充地下水、净化环境、增加生物多样性方面的生态调节功能显著，同时由于自然景观独特、距离中心城市近、交通方便，具有为城市居民提供旅游休闲服务的功能。塔什库尔干县位于帕米尔高原东部，喀喇昆仑山和兴都库什山北部，是新疆塔吉克族世代居住的地方，作为高原山区，其气候、生态环境条件恶劣，生态环境保护是首要任务。同时，这里是塔吉克高原游牧文化的发源地，塔吉克族的引水节和播种节已被列入国家级非物质文化遗产名录，农业在传承农耕文化和高原游牧文化中具有重要作用，独特的高原自然景象也为发展山区旅游提供了优势资源。

北疆的特克斯县主要依靠山区天然林和天然草地系统发挥涵养水源、保护生物多样性和防止水土流失的生态养护功能，林草地面积占县域总面积的70%以上。特克斯县“八卦城”是新疆历史文化名城。东疆托克逊县荒漠化土地面积较大，水资源紧缺，农业生态调节功能对维护区域生态环境十分重要，是必须重点关注生态环境保护的区域。

（3）文化传承和居民休闲复合功能区

文化传承和居民休闲复合功能区，以农业文化传承和居民休闲功能为主导，可划分为文化传承和居民休闲+农产品供给功能区、文化传承和居民休闲+就业和生活保障功能区、文化传承和居民休闲+生态调节功能区三种复合功能类型。该功能区包括19个县（市、区）级行政区。

1）文化传承和居民休闲+农产品供给功能区，包括昌吉市、米东区、尼勒克县、焉耆县、疏勒县5个县（市、区）。其文化传承和旅游休闲功能主要体现在城市周边乡村旅游休闲和草原风光游上，它们对民间文化艺术“花儿”和维吾尔农耕文化、草原游牧文化的传承起到了重要作用。同时，这4个县（市）也是粮食、糖料、畜产品和特种经济作物的主要供给区。其中，昌吉市肉类和水产品产量均居全区第二。

2）文化传承和居民休闲+就业和生活保障功能区，包括吐鲁番市、鄯善县、塔城市、哈密市、乌苏市5个市（县）。其中，东疆吐鲁番市、鄯善县和哈密市是维吾尔农耕文化传承的重点区域，它们承担农业物质文化遗产“坎儿井”的保护重任，同时，依托其独特的自然、历史人文、民族和民俗风情及农业景观，这些地区成为新疆历史人文和农业观光旅游发展的重点区域；北疆的塔城市和乌苏市具有浓郁的哈萨克族民族风情，有哈萨克族毡房等国家级非物质文化遗产，哈萨克族民间体育、娱乐活动有广泛的群众基础，具有传承和弘扬哈萨克游牧文化的功能。同时，这5个市（县）依托现代农业的发展，都具有在城市周边发展旅游休闲农业的优势和潜力。该功能区各市（县）农业就业份额较大，生活保障功能较强，在农牧民就业和生活保障中发挥占重要的功能。

3）文化传承和居民休闲+生态调节功能区，包括巴里坤县、伊吾县、伊宁市、阿勒泰市、布尔津县、和静县、喀什市、乌鲁木齐市达坂城区和阜康市9个县（市、区）。除喀什市外，其余县（市、区）草原畜牧业历史悠久，在哈萨克族草原游牧文化、蒙古族草原游牧文化传承方面独具特色。大部分县（市、区）山区拥有丰富的森林、草地资源，一方面依托草原自然风光发展旅游业的优势明显，另一方面作为新疆干旱区生态的重要调节区，这些地区具有明显的涵养水源、调节气候、保护生物多样性的生态功能，更是需要加强生态保护和建设的重点区域。东疆的伊吾县地处东天山北麓，荒漠化土地面积占土地总面积的60%，农田和林草地生态功能较弱，与农业生产相比，其生态调节能力建设更为重要。喀什市自然和人文旅游资源丰富，具有浓郁的维吾尔民族特色，是新疆维吾尔民族风情和农耕文化的代表。喀什市地处塔里木盆地西缘平原绿洲，农田是区域生态调节的重要系统，需要进一步扩大林草地面积，建立稳固的防风固沙林草防护体系，增强其生态调节功能。

通过实施新疆综合农业区划，可以优化农业产业结构，发挥新疆农业资源优势，提高农业综合生产能力，促进农业可持续发展。同时，有利于推动农村经济发展，提高农民生活水平，实现新疆农业现代化。

第 9 章

绿洲农业可持续发展

9.1 绿洲农业发展面临的问题

9.1.1 水资源不足

农业是绿洲国民经济各部门中的用水大户。由于干旱缺水的地理环境，绿洲农业发展完全依赖于灌溉。因此，水的问题实际上就是绿洲农业能否存在和发展的问题。水资源利用方式的改变促进了农业发展模式的变迁。绿洲农业的发展史与水资源的开发利用的发展史几乎是同步的。从传统的自然农业到中华人民共和国成立后以渠系灌溉为主的灌溉农业，再到现在的节水设施灌溉农业，干旱区绿洲农业的开发实际上就是水资源开发和利用不断发展的过程。而绿洲现代农业的发展不仅取决于水资源的合理开发，还取决于对水资源的节约利用。因此，水资源的开发利用成为制约绿洲现代农业发展的关键因素。

(1) 可利用的水资源有限

水资源紧缺是绿洲地区面临的最大生态挑战。绿洲农区的自然降水量很少，加上年变化率和月变化率很大，自然降水很不稳定，难以依赖其进行农业生产。因此，绿洲农业只能靠高山的冰雪融水、山区降水形成的地表水和地下水灌溉。干旱区的主要河流，如塔里木河、石羊河、黑河、疏勒河等，均属于西北内陆河流域，它们多以高山冰雪融水为水源，流量小，流程短，水资源有限，而这些流域的水资源要灌溉整个西北地区的大小绿洲，地多水少。因此，能供给绿洲地区灌溉用水的水资源总量并不丰裕，再加上使用过程中的蒸散发、渗漏损失等，无法完全满足绿洲经济发展的需求。目前，河西走廊、准噶尔盆地等中国干旱区最主要的平原区水资源利用率都超过了65%，远远超出世界干旱区平均水资源利用率30%的水平。西北干旱区水资源利用现状如表 9-1 所示。

表 9-1 西北干旱区水资源分区利用情况

分类	地表径流		地下水		总水资源		地表水与地下水重复量/亿 m^3
	地表径流量/亿 m^3	利用率/%	地下水补给量/亿 m^3	地下水利用率/%	水资源利用总量/亿 m^3	利用率/%	
河西走廊	74.2	63.36	43.12	37.22	38.15	80.10	72.06

续表

分类	地表径流		地下水		总水资源		地表水与地下水重复量/亿 m^3
	地表径流量/亿 m^3	利用率/%	地下水补给量/亿 m^3	地下水利用率/%	水资源利用总量/亿 m^3	利用率/%	
准噶尔盆地	127.0	63.90	68.80	49.80	19.00	146.0	64.50
塔里木盆地	407.0	67.0	220.3	196.6	3.90	430.5	65.30
柴达木盆地	45.8	17.1	35.0	31.1	1.8	49.7	17.00
额尔齐斯河	119.0	14.8	20.0	17.7	0.7	121.3	14.60

数据来源：赖先齐，2005

当前，绿洲区水资源收支呈严重的逆差状态，如河西走廊正常年份缺水量 2 亿 m^3，且呈现日益紧缺的趋势。1991～1997 年，石羊河、黑河、疏勒河三大水系的流域总水量较 1956～1960 年段减少 5.208 亿 m^3，造成下游缺水。水资源不足严重限制着光温潜力的发挥。据测算，2020 年河西走廊的粮食产量仅为光温潜力的 13%～38%。20 世纪末，新疆多年水资源地表径流量为 794 亿 m^3，到 2020 年仅为 140 亿 m^3，人均水资源量也由 2000 年的 5255m^3，下降为 2007 年的 4168m^3。吐鲁番盆地的托克逊则因近 20 年平均年降水量仅 6.3mm，成为全国降水最稀少的干旱中心。2010 年以后，我国干旱区降水虽呈增加趋势，但并未扭转绿洲区水资源缺乏的基本现状。

（2）水资源供需矛盾日益加剧

随着绿洲经济的发展，人口快速增加、经济日益繁荣，绿洲水资源的需求量不断增加，可利用的水资源有限，这使得水资源供需矛盾日益突出。首先，农业是用水大户，在西北干旱区，提高单产最可靠和最重要的办法是扩大有效灌溉面积。只有保证灌溉，才能有效抗旱，才能促进作物产量的稳定，这将很大程度上增加水资源需求量。其次，工业发展需水量增加。随着西北地区工业的不断发展，特别是西北地区的石油、天然气、有色金属等工业比较多（相对而言，资源工业耗水多），工业需水量形势严峻。再次，城乡生活用水需求量增加，人口快速增长是绿洲演变过程中最突出的因素，绿洲人均水资源量在不断减少。例如，2020 年新疆绿洲人口密度（约 280 人/km^2）已突破联合国规定的安全界限（137 人/km^2），远超过了干旱区人口承载的能力，而人均水资源量仅为 4000m^3 左右，水资源短缺日益严重。最后，生态需水量不断增加。解决植被破坏、草场退化、水土流失、荒漠化加剧、河流湖泊干涸及恶劣风沙天气等问题，都需要水源；改造土壤次生盐渍化、防止河湖萎缩、还林还草等也需要水，因此生态用水量迅速增加。

此外，区域间水资源竞争、生产与生态用水竞争、产业间用水竞争、水污染日趋严重、地下水超采与水质恶化、植被退化等都与水资源紧缺直接相关。为缓解水资源紧缺，只能通过开源和节流。然而，在工业化和城市化的进程中对水的竞争使用往往导致了城市用水和工业用水大量挤占农业用水，而农业用水又挤占生态用水的恶性局面，导致自然植被退化、森林草原面积减少、河流尾闾湖泊逐渐消失、土地沙化、灌区次生盐渍化严重、沙尘暴频发、地表水和地下水体污染、河流断流、河床淤积、地面塌陷等严重的生态后果。

（3）水资源浪费严重，利用率低

绿洲区水资源不足，还存在水资源浪费现象，农田灌区水资源利用率低。农业用水量在总用水量中占有较大的比例，新疆、宁夏和内蒙古等地在80%以上，而灌溉渠水利用系数却比较低，由于渠系输水、田间灌水、土壤储水保水和作物（植物）用水等环节的大量损耗，水资源利用率低，造成“短缺”与“浪费”并存。西北许多地区农田灌区水定额偏大也是造成水资源浪费的主要因素。传统的灌溉模式导致每公顷农田实际灌水量超过需水量的1倍，有的甚至2倍，浪费极为严重。此外，灌区部分水利年久失修，渗漏量特别大，加上后续资金投入不足，没有及时维修养护，工程损坏、老化、退化、失修现象严重，造成了水资源的浪费。在西北几个大的内陆河流域，如塔里木河、黑河和石羊河，普遍存在上游灌溉面积不断扩大，而下游灌溉面积迅速缩小的状况。部分地区的地表水、地下水合理开发利用缺乏科学指导，地表水不足就“竭泽而渔”地大量开采地下水，导致大范围的地下水水位下降，出现地面裂缝、下沉、水质矿化等问题。同时，局部地下水位下降使地表植被的潜水蒸发补给量减少，导致土壤沙化严重、水土流失、荒漠化、土地盐渍化，使原本脆弱的生态环境进一步恶化。

9.1.2 土地退化

（1）荒漠化

荒漠化实质是由于干旱少雨、植被破坏、过度放牧、大风吹蚀、流水侵蚀、土壤盐渍化等因素造成的大片土壤生产力下降或丧失的自然（非自然）现象，即原本不是荒漠的地区受到人类活动和自然因素的影响导致土地逐渐失去水分和肥力，从而变为荒漠的过程。荒漠化是绿洲地区面临的另一巨大的生态挑战。狭义的荒漠化是沙漠化，指由于过度人为活动与资源、环境发展不相协调下所产生的一种以风沙活动为主要标志的环境退化过程。其成因既有气候干旱、多大风、土壤沙质、河流改道、湖泊干涸等自然因素；也有诸多人为因素，如过度开垦草原、乱砍滥伐地表植被、过量用水打破水平衡等。荒漠化已经是我国西北干旱半干旱地区最突出的生态环境问题之一。在阿拉善、河西走廊、塔里木盆地的绿洲与河流尾闾区，荒漠化问题尤其突出，流动沙丘以每年数米至十数的速度向前推进，不断蚕食着绿洲。绿洲的荒漠化现状不仅严重影响了当地居民的生活和生产，也对生态环境的稳定造成了严重威胁。

气候变化是绿洲荒漠化的重要因素之一。全球变暖导致干旱半干旱地区降水量减少，原本依靠降雨灌溉的绿洲面临水资源匮乏的危机。绿洲荒漠化的进程还会引发沙尘暴和风沙，对人类的健康和生活带来不良影响，特别是在靠近沙漠的地区，影响更加显著。沙尘暴和风沙不仅会损害人们的呼吸系统，还可能造成交通事故、农作物毁坏等问题，给当地居民的生产生活带来极大困扰。同时，气温升高也会导致植被枯萎、土壤含水量减少，进一步加剧荒漠化。我国新疆塔克拉玛干沙漠及附近的库木塔格沙漠就是气候变化导致荒漠化的典型例子。这些地区的降水量已经减少了50%以上，原本生机勃勃的绿洲逐渐变成了荒漠，当地居民不得不依靠人工灌溉和引水来维持生计。

人类活动是绿洲荒漠化的另一重要因素。过度开垦、过度放牧和乱砍滥伐都会导致土地肥力下降、植被减少和水源枯竭，最终使得绿洲变成沙漠。此外，城市化和旅游业的快速发展也会导致绿洲的荒漠化，这些活动会消耗大量的水资源和破坏当地原有的自然环境。摩洛哥撒哈拉沙漠边缘的绿洲就是过度放牧和城市化导致荒漠化的一个典型例子。

荒漠化对绿洲地区的农田以及当地居民的生产生活等都产生了极为不利的影响，特别是绿洲地区的土壤。荒漠化导致土壤水分和养分流失，土壤质量逐渐下降且不断恶化，从而影响农作物的生长和发育。农作物的生长需要土壤中的水分、养分和氧气等元素，而在荒漠化的土地上，这些元素的吸收都会受到限制，导致农作物的产量和品质下降。此外，荒漠化会导致土壤的酸化和盐碱化，进一步破坏土壤结构，使其变得更加难以耕种。

绿洲荒漠化的现状十分严峻，需要全球的关注和努力加以解决。减缓气候变化、合理利用水资源、保护植被和土地肥力是解决绿洲荒漠化问题的关键。通过植树造林、尊重自然生态系统的恢复能力，促进绿洲地区植被的恢复和土地的肥力保持，以减缓绿洲荒漠化的进程。推广节水技术、改善灌溉系统和水资源管理，减少过度抽取地下水和滥用水资源，确保水资源的可持续利用。同时，也需要加强绿洲的管理和保护，防止人类活动对绿洲生态系统的破坏。建立健全的生态保护区体系，加强对绿洲地区的管理和监测，限制人类不合理的开发和破坏性活动，保护和维护绿洲生态系统的完整性和稳定性。加强对绿洲生态系统变化的监测和研究，及时发现问题并采取有效的对策和措施，以促进绿洲地区的可持续发展和生态恢复。

（2）盐渍化

盐渍化是绿洲区域灌溉用水排水不畅，在低洼处积聚后因强烈蒸发而产生的地表积盐、土壤盐化过程。在传统的漫灌式灌溉用水方式下，绿洲区域不可避免地发生盐化。土壤盐渍化是世界范围内的土壤障碍，遍及全球干旱半干旱地区。全世界盐碱地总面积约有10亿 hm^2，各国都在积极研究盐渍化的改良和防治对策，以便有效地开发利用盐碱土地资源。我国盐碱地总面积约1亿 hm^2，占全世界盐碱地总面积的1/10，近几十年来我国北方地区生态环境严重恶化，农田盐渍化面积已达667万 hm^2，还有潜在盐渍化土地约1万 hm^2。在西北各省区，盐渍土都有相当的分布，如新疆的盐渍化土地面积为10.53万 hm^2，占其耕地面积的33.4%；甘肃省的盐渍化土地面积为11.2万 hm^2，约占其耕地总面积的19%。在自流灌溉绿洲，盐渍化生态问题最为突出。例如，由于灌溉退水排入湖泊洼地，甘肃酒泉绿洲形成大片盐碱滩地，7.7%的耕地出现重度盐渍化。

土壤盐渍化是绿洲农业区重大的生态问题和生产难题。在绿洲地区，农业往往依赖灌溉，但如果灌溉方式不合理，会导致土壤中的盐分积累过多。过度的农业开发和过度放牧会导致土地的过度利用，加速土壤中盐碱物质的积累。在一些绿洲地区，过度开采地下水或者气候变化等原因导致地下水位下降，进而使得土壤中的盐分和碱性物质上升到地表。

绿洲农区盐渍化危害最为严重的地区主要分布在周围高山封闭，内部地势低平的内流盆地和山间褶皱带。新疆、甘肃河西走廊、青海柴达木盆地、内蒙古西部一带是我国盐碱荒地分布最广、土壤盐渍化最严重的地区，而该地区光照资源丰富，日较差大，农作物光合产物积累快，是西北最重要的优质高产农区。该地区大陆性气候特征极为明显，雨量稀少，土壤盐渍化速度很快。同时，由于历史上的地质作用和蒸发作用，该地区山脉岩石多为古代含盐沉积物，盐矿被水溶解带入土壤及地下水中。这些地区地下水埋深在3~10m，局部低洼地在1~2m，地下水矿化度达1~2g/L，高者达10~24g/L，在表土形成很厚的盐结皮，含盐量可达3%~10%，甚至超过20%。由于雨量稀少，淋溶微弱，土壤自然脱盐过程不明显。

西北绿洲土壤次生盐渍化与含盐的成土母质、地势低平、地下水位高、蒸发强烈及壤质易于盐化的土壤质地等因素有关，同时人为因素也不容忽视，特别是超过土壤持水能力的过量灌溉，是绿洲土壤次生盐渍化的助推因素。例如，新疆生产建设兵团在原来土壤盐分含量高、改良条件差的盐碱荒滩上垦殖，先后建成100多个国营农场，开垦66.7万hm^2的荒地。由于欠缺相应的土壤改良措施，开垦后灌溉不当，地下水位由原来埋深4~9m很快升到1.5~2.5m，因次生盐渍化危害，已经陆续弃耕13.3万hm^2农田。青海柴达木垦区也有类似情况，1954年后累计开荒面积为6.1万hm^2，因超量灌溉抬高了地下水位，次生盐渍化面积逐年扩大，已有1.87万hm^2地弃耕。

在新疆，已有近126万hm^2的绿洲农田土壤发生程度不等的次生盐渍化，约占全疆绿洲耕地面积的30%。新疆绿洲土地盐渍化，与新疆特有的气候、水文和地貌条件有着直接的关系。一方面，新疆的各绿洲中的水系均属于内陆河水系，为盐分积聚区，仅准噶尔盆地和塔里木两大盆地通过内陆河水系每年就带来以千万吨计的盐分，直接危害绿洲中的土地。由于区域地质的特殊性，天山山地一些第四纪地层含盐量很高，直接造成下游土地的盐渍化。另一方面，不合理的用水导致地下水位上升，也会引起绿洲土地次生盐渍化。大水灌溉和输水过程的渠道渗漏，不仅浪费水资源，而且导致大面积地下水位上升，加剧盐碱化过程。因此，土壤盐渍化是绿洲内部的水循环及水盐失衡的直接结果。尽管通过排水、防渗水利工程措施，以及生物排水、水旱轮作、草田轮作等农业耕作措施，可以部分治理或缓解土壤盐渍化，但绿洲的土地次生盐渍化问题并没有得到根本解决，总体治理效果仍不很理想。

土壤盐渍化对绿洲农业发展造成的影响是多方面的，主要表现在土地利用和农作物生长。盐渍化严重的土地使得植物的生长受到严重限制，导致农作物产量下降。此外，土地的养分含量也会大大降低，影响农作物的质量，导致口感下降，对当地农业产品的品质造成了很大的影响。土壤盐渍化还会影响绿洲生态环境的稳定性，绿洲地区的生态环境非常脆弱，一旦受到影响就容易导致生态平衡的破坏。盐渍化土地的出现会导致土地的退化和荒漠化的加剧，进而影响绿洲地区的生态环境稳定性。在长期的生态环境恶化下，当地的自然资源和生态系统会受到严重的破坏，对当地的社会经济发展带来不利的影响。土壤次生盐渍化对当地农民的生产和生活也造成了很大的困扰。由于土地退化，农民的种植收成会受到影响，直接影响到他们的收入来源。同时，盐渍化土地的耕种和管理也需要更多的投入，是农民面临的另一个挑战。而这些问题的出现，也会进一步加剧当地农民的贫困状况，影响到当地社会的和谐发展。

9.1.3 生态环境脆弱

生态环境是绿洲农业发展和人类生存的物质基础和空间条件，农业经济活动是在一定的生态环境中进行的，生态环境的好坏必然会影响农业经济的发展。良好的生态环境将降低农业经济发展的成本，并为农业经济持续发展提供动力支持。

（1）绿洲干旱缺水

绿洲所处的干旱区是中国降水量最少的区域，受西北气流控制，盛行下沉运动，构成了绿洲干旱少雨的大气环流背景。天然降水少，变率大，使自然降水不能满足5~6月春小麦拔节、抽穗生长关键期需水量的要求，大气干旱十分严重。而强烈的太阳辐射和大气干旱又使土壤蒸发大，植被稀疏，造成土壤水分极度缺乏而引起植株水分平衡失调，构成了土壤干旱，使绿洲干旱出现的频率高，影响的范围大，成为绿洲生态农业最主要的自然灾害。由于绿洲主要依靠高山冰雪水和山区降水形成内陆径流，其季节分配不均，来水量主要集中在夏季，使绿洲（主要是河西走廊绿洲）灌溉用水的高峰季节（4~6月）出现严重缺水。目前，河西走廊绿洲因5、6月份的“卡脖子旱”所造成的减产面积一般在25%~30%。

（2）人地关系失调

绿洲是干旱半干旱地区人类活动的主要场所。长期以来，人类在充分利用自然资源、发展绿洲农业，繁荣绿洲经济的过程中，人口、资源、环境与经济发展的矛盾日益突出，人口快速膨胀、不合理利用水资源等，导致绿洲生态环境恶化，人地关系失调。具体表现在以下方面。

1）人口发展与水土资源不协调。西北干旱地区地域辽阔，人口快速增长是绿洲演变过程中最突出的因素。随着绿洲人口数的快速增长，人均耕地面积、水资源量迅速减少，人口与土地承载力之间的矛盾日益加大。

2）不合理的人类活动引起绿洲生态环境恶化。绿洲人口过快增长，导致其生存的环境压力过大，资源承载量远超容载量。在农业生产中，掠夺式开发利用资源，破坏生态环境，使原本脆弱的生态环境进一步恶化。

(3) 生态环境污染严重

绿洲经济的发展，工矿企业的壮大，人口的迅猛增加，工业废水、生活污水、工业废气及固体废弃物、生活垃圾等污染物的排放量亦日益增加，环境污染已成为绿洲生态环境中的新问题，开始引起人们的重视。

9.1.4 气候变化与农业适应性

1. 气候变化

IPCC 第五次评估报告认为，预计未来 50 年，全球地表平均气温可能会继续升高，会导致农业生产、生态系统的不稳定性增加，病原菌传播途径及概率加大，粮食生产、食品安全、生态安全面临新的挑战。绿洲区是气候变化敏感区域之一，气候变化必将对绿洲农业和区域生态稳定产生显著的影响，且未来气候变化对绿洲农业发展利弊共存，具体表现在以下方面。

(1) 有利影响

①CO_2增加，对大多数植物生长是有利的，因为 CO_2是植物光合作用的原料，若 CO_2增加，大多数植物干物质将增加 10% ~15%，棉花可增产 104%，小麦可增产 38%，大豆可增产 17%，水稻可增产 9%。同时 CO_2增加能使植物部分气孔关闭，蒸腾减少，水分利用相对提高。②温度升高可使有效积温增加，生长期延长，无霜期缩短，熟制改变，复播指数增加。例如，南疆塔里木盆地能确保一年两熟，复播指数提高；北疆天山北麓热量由次宜棉区演变为宜棉区，棉花品种由产量较低的早熟变为产量较高的中晚熟品种；吐鲁番盆地将会变为亚热带地区，可以生产出需要热量更高的产品。③气候变暖削弱了寒潮，可大大减少低温寒冻对大田作物及果树的影响，使一些蔬菜品种由大棚覆盖转为露天生产，果树、葡萄冬天不用压土掩埋。

(2) 不利影响

①CO_2能使作物组织内碳水化合物增加，N 比例减少，导致粮食品质下降。要保持合理的碳氮比，就得多施肥，增加农业成本；另外，对 CO_2增加敏感的 C_3 类杂草，对 C_4作物构成威胁。②冬季降水增加是以雪的形式降落，有利于山区积雪增加。但温度升高时极易发生春洪，则危害很大。夏季降水增加，以暴雨形式居多，易引起山洪暴发，如 1996 年新疆各地发生的特大洪水造成经济损失超过 30 亿元。③沙尘暴天气虽有减少，但强度增加，危害加剧，近半个世纪以来西北干旱区共发生过 10 次特大沙尘暴天气。例如，1998 年 4 月 18 日新疆特大沙尘暴天气，席卷全疆大部分地区，造成直接经济损失超过 10

亿元。④暴风雪增加，局部地区倒春寒加重。例如，2000 年冬，新疆阿勒泰连降大雪，积雪厚度为 1.5 ~2.0m，阻塞交通，大量牲畜冻、饿、病、死，造成重大经济损失。塔里木河下游地区 4 ~5 月频繁的大风降温，使刚播种出苗的棉花冻死或被风刮死。

2. 农业适应性不足

绿洲农业适应性内容广泛，与气候（水热组合）有关的绿洲农业适应性是在充分利用当地降水资源基础上，再采用灌溉等措施改善生态环境（或改良生物），满足作物水分要求，促进绿洲农业生产优质、高产、高效农产品。

随着气候持续变化，涉及绿洲农业生产的积温、无霜期、生长期、降水的变化都会深远地影响各地的农业生产活动。此外，日益频繁的极端天气和自然灾害对农业生产的影响越来越凸显。例如，持续高温、降水不均等开始显著威胁我国农业生产和粮食安全。相关研究表明，如果农户仍不采取适应性措施应对气候变化，极端气候会进一步危害我国农业生产，预计到 2030 年，我国农业生产能力在总体上可能会下降 5% ~10%。

(1) 农户气候适应意识不强

部分地区的农民由于地区经济发展水平落后、教育水平不高等问题导致其缺乏足够的气候变化认知，相应的气候适应意识不强，这也导致相关气候适应性技术的推广受限。农户无法理解采取气候适应性行为的意义，也就难以采取相应的气候适应措施，更难以接受相关新技术、新品种，这给气候适应工作的开展造成较大的困难。

(2) 农业技术开发和推广不足

为适应气候变化，不同地区应因地制宜地开发和推广相应的预警和适应技术。例如，降雨较少地区的灌溉技术研发、高温地区的抗旱品种研发、极端天气频发地区的灾害预警技术都需要进一步地开发和推广，以保障农业生产，减少气候变化可能带来的不利影响，但各种原因引起的气候适应技术的缺失使得气候适应性开展变得更加困难，如对气候变化认识得不深刻、技术条件不够成熟等，都给气候适用技术的研发造成了不小的障碍。

(3) 有关气候变化方面的宣传工作不到位

气候变化宣传方面的缺失也是气候变化适应工作难以开展的原因之一。政府部门、组织需要加强农户对气候适应的认知，积极开展相关内容的培训，落实气候变化适应宣传工作，引导农户意识到气候变化带来的不利影响，并积极采取应对措施。

9.1.5 社会经济问题

随着社会经济的快速发展和全球气候变化的影响，绿洲农业正面临着一系列复杂的社会经济问题，这些问题不仅影响着绿洲农业的可持续发展，也对整个西北地区的社会稳定和经济繁荣构成了挑战。

1. 水资源短缺与利用效率

绿洲区位于干旱半干旱地区，降水稀少，蒸发强烈，水资源极度匮乏。随着人口增长和经济发展，用水需求不断增加，而气候变化又加剧了水资源的不确定性。水资源短缺直接制约着农业生产规模和效益的提升。同时，传统的粗放型灌溉方式导致水资源利用效率低下。此外，地下水过度开采导致地下水位持续下降，引发了一系列生态环境问题。因此，如何在有限水资源条件下提高水资源利用效率，实现水资源的可持续利用，是绿洲农业发展面临的重大挑战。

2. 土地退化与生态环境压力

土地退化与生态环境压力是绿洲农业可持续发展面临的另一个重要问题。长期以来，为了扩大农业生产规模，绿洲区大量开垦荒地和草地，导致生态用地减少，生态系统脆弱性增加。同时，不合理的耕作方式和过度施肥导致土壤盐碱化、沙化等问题日益严重。土地退化不仅降低了农业生产效率，还加剧了生态环境恶化。此外，农业面源污染、地下水超采等问题也对绿洲生态环境造成了巨大压力。如何在保障粮食安全的同时，实现生态环境保护和修复，是绿洲农业发展面临的重要课题。

3. 农业产业结构与市场竞争力

农业产业结构与市场竞争力问题也日益凸显。绿洲农业长期以来以种植业为主，产业结构单一，抗风险能力弱。虽然近年来特色农业和设施农业有所发展，但整体上高附加值农产品占比偏低。同时，由于地理位置偏远，交通不便，绿洲农产品市场竞争力不足，难以形成规模效应和品牌效应。因此，如何优化农业产业结构，提高农产品附加值和市场竞争力，是绿洲农业发展亟需解决的问题。

4. 农村劳动力流失与老龄化

农村劳动力流失与老龄化问题对绿洲农业发展构成了严重威胁。由于农村经济发展相对滞后，大量农村青壮年劳动力外流，导致农村劳动力短缺和老龄化问题日益严重。劳动力短缺和老龄化不仅影响了农业生产效率，还制约了新技术的推广应用。同时，农村空心化现象日益严重，传统农耕文化面临传承危机。如何吸引和留住农村劳动力，应对人口老龄化挑战，是绿洲农业发展面临的重要社会问题。

5. 科技创新与推广应用

虽然近年来农业科技创新取得了一定进展，但与发达地区相比，绿洲农业科技创新能力仍然不足，特别是在节水农业、生态农业、智慧农业等领域的研究与应用相对滞后。同时，科技成果转化率低，推广应用不足，许多先进技术难以在农村基层得到有效应用。此外，农业科技人才匮乏，特别是懂技术、会经营的复合型人才严重不足，也制约了绿洲农业的科技进步和创新发展。

6. 农业政策与体制机制

农业政策与体制机制问题也是绿洲农业发展面临的重要挑战。虽然国家出台了一系列支持西部地区和农业发展的政策，但在具体实施过程中仍存在诸多问题。例如，农业补贴政策未能充分考虑绿洲农业的特殊性，水权制度改革滞后，土地流转政策执行不到位等。同时，农业生产经营体制改革不够深入，新型农业经营主体发展不足，难以适应现代农业发展需求。此外，部门间协调机制不健全，农业、水利、环保等部门之间存在政策执行不一致的问题，影响了绿洲农业的整体发展。如何完善农业政策体系，深化农业体制改革，是推动绿洲农业可持续发展的关键。

7. 城乡发展不平衡

城乡发展不平衡问题也对绿洲农业发展产生了深远影响。西北绿洲区普遍存在城乡发展差距大、农村基础设施薄弱、公共服务不足等问题。西北地区城乡居民收入差远高于全国平均水平。城乡发展不平衡不仅加剧了农村劳动力外流，还制约了农村经济的整体发展。同时，农村教育、医疗、文化等公共服务的滞后，也影响了农民生活质量的提升和人力资本的积累。此外，城乡二元结构的存在，也阻碍了农业与二三产业的融合发展。因此，如何深入推进乡村振兴战略，推动城乡融合发展，是绿洲农业发展面临的长期挑战。

9.2 绿洲农业可持续发展策略

9.2.1 绿洲农业生产模式创新

1. 高效节水农业

节水型生态农业通过调整农业生产结构，更新耕作、灌溉制度，改进生产模式，将宏观系统节水格局与微观节水灌溉、覆膜等技术相结合，大力发展低碳循环农业，将农业生态环境保护与农业经济发展协调起来，实现农业生态环境良好、农业经济持续增长、农民生活富裕的农村小康水平。在西北干旱半干旱区沙尘天气频现、土地荒漠化与绿洲化交错演进激烈、绿洲农业生产与生态风险把控不确定性因素增加的背景下，如何充分发挥节水农业技术的积极效应，有效应对其可能引发的农业生态风险，是干旱半干旱区绿洲农业可持续发展面临的重要问题。

节水农业技术是环境友好型农业技术，有利于提升单位面积水资源利用效率，其作用机制主要体现在与环境密切相关的生产要素投入变化上；在中观和宏观尺度上，节水农业技术将导致水土资源开发和农地规模扩张，对其他景观、用地造成一定替代和挤占，但总体上“节水效应”仍大于“水资源回弹效应”，节水农业技术从整体上对绿洲农业生态效率起到提升作用。

以节水技术为核心的绿洲农业技术体系推广，改变了干旱区绿洲传统“灌溉农业”经营方式，农田排灌渠系的废弃和农田防护林网的削减，相邻田块归并整合加速使得景观“斑块”层面的“单个”农田面积显著扩张，农业规模化、机械化、农业生产效率得以显著提升。

2020 年以来，《中共中央关于制定国民经济和社会发展第十四个五年规划和二〇三五年远景目标的建议》和《新疆维吾尔自治区国民经济和社会发展第十四个五年规划和二〇三五年远景目标纲要》先后发布，在绿水青山就是金山银山的理念基础上，进一步强调了绿色发展。依此，应从人与自然和谐共生、和谐发展层面，系统审视、考虑节水农业技术的性质、功能和推进实施，充分认识、尊重并敬畏大自然的基本规律是人类赖以生存的基本法则，利用节水农业技术合理开发干旱区绿洲水土资源，实现“荒漠与绿洲”“生态与经济”“人与自然”的多层次和谐共生远景目标。

基于目前绿洲渠系利用系数低下，灌溉定额居高难下等实际，我国绿洲农区应不遗余力地全面推行以减量高效为目标的节水技术体系。农业节水技术内涵广泛，目前绿洲农区已从作物布局入手，调整种植结构，压夏扩秋，以整体提高绿洲农区的水分利用效率，成效明显。在工程节水方面，从土地平整、土壤改良、渠系防渗和管道输水等方面入手，初步收到防渗节水、提高用水效率的成效。当前绿洲农区重点推进的节水灌溉技术，虽然名目繁多，但以膜下滴灌最富成效。以新疆绿洲为例。新疆水资源匮乏且生态环境恶劣，节水技术的使用显著提高了水资源的利用率。以膜下滴灌技术为代表的农业节水技术，与常规灌溉相比，每亩耕地节水 50% 左右。

绿洲如岛屿般镶嵌在荒漠中，生态环境恶劣。除了人为的不合理开发外，缺水是生态环境脆弱的重要自然因素，节水技术的推广为荒漠生态恢复提供了可能，进而阻止荒漠化、沙漠化向绿洲的进一步蔓延。新疆土地后备资源丰富，节水技术的使用使得在保证生态环境的条件下开发土地、增加耕地成为可能。另外，节水技术的使用能够提高经济效益，以膜下滴灌节水技术为例，与常规灌溉相比，每亩耕地节水 50% 左右，节约化肥 20% 左右，节约农药 10% 左右，增产 10% ~ 20%，经济效益提高 40% 以上，这就为农户接受节水技术提供了可能。

绿洲高效节水农业是一种利用现代科技手段和农业技术手段，实现农业生产高效、节水、环保的新型农业模式。绿洲高效节水农业以节水、节能、减排、生态保护为目标，通过科学的管理模式和技术手段，实现了农业资源的高效利用和农业生产的可持续发展。绿洲高效节水农业是未来农业发展的趋势，将为我国农业生产的发展提供有力支持。

2. 循环农业

绿洲地区的资源十分有限，因此必须采取循环利用的方式，将农业生产所需的水、土、肥料等资源有效地利用起来，降低浪费，提高资源利用效率，实现农业的可持续发展，而循环农业是实现绿洲农业可持续发展的关键之一。绿洲循环农业是指在干旱地区利用现代技术和可再生能源，采用生态循环的农业生产方式，实现资源的高效利用、环境的保护和农业生产的可持续发展。该模式通过水循环、物质循环和能量循环的有机结合，实现了农业生产与自然环境的和谐共生，提高了土地的生产力和水资源的利用效率，促进了当地经济的发展和社会的稳定。在绿洲地区，人们利用有限的土地和水资源，采用循环农业的方式，实现了高产、高效、生态友好的农业生产。

阿拉伯联合酋长国为了应对水资源短缺的问题，政府实施了多项节水措施，其中包括推广循环农业。在该国的阿布扎比和迪拜，大量采用滴灌、雨水收集等节水技术，利用再生水和海水淡化水灌溉农田，同时也采用有机肥料、生物农药等生态农业技术，实现了高效、生态友好的农业生产。以色列人民采用了许多先进的技术，如滴灌、微喷灌、雨水收集、海水淡化等，实现了高效、节水的农业生产。此外，以色列还大力发展有机农业和生物技术，采用有机肥料、生物农药、生物育种等，实现了生态友好的农业生产。

绿洲循环农业有以下优势。

1）实现资源的循环利用，节约土地、水、肥料等资源，减少浪费，提高资源利用效率。绿洲循环农业通常采用集约化种植方式，如垂直农耕、温室种植等，可以充分利用土地空间，减少农地面积的占用。此外，通过科学的土壤管理和轮作系统，保持土壤的肥力并减少土壤侵蚀的风险。注重节水灌溉技术的应用，如滴灌、喷灌等，可以减少水资源的浪费。同时，采用适合当地气候和土壤条件的灌溉方式，合理调控灌溉水量，达到节水的效果。推崇有机肥料的使用，可以减少化肥的使用量，并且利用农作物残留物、畜禽粪便等有机废弃物进行堆肥或发酵，生产有机肥料，实现肥料的循环利用，减少对化学肥料的依赖。

2）采用生态农业的方式，保持土地和水源的生态平衡，保护生态系统的完整性和稳定性，同时也保证了农产品的安全、健康和品质。绿洲循环农业对农业生产过程中的生态环境保护要求严格，注重保护土壤、水源、空气等资源，保持生态平衡，减少对生态系统的干扰，有利于维持生态环境的稳定和多样性。倡导无农药、无化肥或者少量使用化肥，通过自然的方式控制害虫和病害，不使用抗生素或者激素来促进生长，从而确保农产品的安全和健康。注重保护水源，防止化肥、农药等农业活动对水质的污染，采用合理的水资源管理和节水灌溉技术，有助于维护水质和水量的稳定。绿洲循环农业通常会保留自然植被，注重园艺景观规划，通过合理种植树木、花草等植被，促进生物多样性，从而营造丰富的生态景观。

3）采用了现代化、智能化、高效化的技术手段，提高农业生产的效率和品质，降低成本，增加收益，促进农业的可持续发展。绿洲循环农业使用先进的农业设备，如无人机、智能传感器、自动化灌溉系统等。这些设备可以监测土壤水分、作物健康状况和有害生物入侵等情况，提供准确的农事数据和决策支持，帮助农民更好地管理农田，并及时采取措施，提高农业生产效率。利用大数据分析和人工智能技术，对农田、气象、市场等数据进行收集和分析。通过深度学习算法和模型预测，提供农业决策支持，帮助农民合理安排农作物种植、施肥、灌溉等活动，提高生产效率和农产品品质。同时利用智能温室和设施农业，通过自动化控制温度、湿度、光照、CO_2浓度等因素，优化农作物生长环境。这种方法可以改变传统农业的季节限制，实现全年生产，提高产量和品质。倡导循环利用农产品和副产品，如利用农作物残余物和生活垃圾生产有机肥料、生态鱼养殖和藻类养殖等。这种循环农业模式可以减少资源浪费，提高资源利用效率，并降低环境污染。

绿洲循环农业是一种可持续的农业模式。未来，绿洲循环农业将会不断引入新的技术，如智能化技术、互联网技术、生物技术等，以提高农业生产的效率和品质，同时也将更加注重生态环境的保护；注重合作共赢，促进农业产业链的协同发展，实现农业、工业、服务业的一体化发展，提高农业的综合效益。

3. 精准农业

精准农业是一种以信息技术为核心的先进农业生产管理模式，通过农业科学、信息技术和社会经济因素综合作用，帮助农民更加精细地进行生产管理、决策和生产过程的控制，从而实现农业生产的精准化、高效化和绿色化，提高农业生产的经济效益和社会效益。精准农业的核心理念是，在精确定位的作物种植区域内，应用现代信息技术、传感器技术和智能控制技术，实现管理、生产和监控的整合化，为农业生产和可持续发展提供更加有效的手段。

精准农业技术被视为21世纪领先的农业生产技术，是国际化农业发展的趋势。为了推动这一趋势，必须加强农业信息基础设施建设，并建立和制定信息共享和数据更新的机制、技术规范、标准和政策法规。同时，还需要促进3S等信息设备的硬件和软件设计应用及国产化，建立全方位的农业资源与信息网络系统。在国家西部发展战略的推动下，建设绿洲高效农业被视为西北农业发展的重要步骤。而精准农业技术则是信息时代现代农业的重要内容。因此，西北地区应加强对精准农业技术的研发和推广应用，以提高农业生产的效率和品质，并在经济、社会和环境方面取得可持续发展的成果。为了实现绿洲高效农业的目标，相关部门需加大投入力度，提供资金和技术支持，以鼓励农民对精准农业技术的接受和应用，并致力于培训和培养农民的技术能力。此外，还应加强政府和农业企业的合作，共同推动精准农业技术的发展和应用，以推动西北地区的农业现代化进程。

我国绿洲农业区地势平坦，耕地分布集中、面积较大，拥有大型国有农场群，种植规模、机械化程度等条件基本符合实施精确农业的需要；在3S技术、智能化计算机软件开发等技术方面，绿洲农区已有相当的工作基础，并已在精细整地、精量播种、平衡施肥、节水灌溉、作物长势和产量预报以及农业辅助决策信息等方面，为精确农业技术的推进做了思想、技术和人才的组织准备。精确农业是信息技术在农业生产领域的突破性进展，目标在于提高农业产量，节约资源，高效利用农业资源，缓解农业污染，恢复生态环境，以优势资源吸引沿海要素西移。

以新疆绿洲为例，新疆绿洲启动实施了七大精准农业技术包括精准土壤测试技术、精准种子工程、精准平衡施肥技术、精准播种技术、精准灌溉技术、作物动态监控技术和精准收获技术。这些技术的实施，有效地克服了棉花早播烂种现象，种子发芽率提高到90%以上；减少了传统施肥的盲目性，肥料使用更合理；喷灌、滴灌技术节省用水1/3～1/2。

因此，发展精准农业是绿洲地区最富挑战性和战略性的战略决策，必将为绿洲农业资源开发和生态环境改善，确保经济全面持续发展，带动经济快速发展。

9.2.2 农业资源高效利用

我国农业已进入新的发展阶段，农产品供给由总量平衡且丰年有余，转变为总量基本平衡和结构性紧缺。同时，农村环境恶化、生态失衡、农产品质量安全等问题凸显。走生态农业之路，在发展农业生产的同时开展农业废弃物资源化利用，既保护环境又利用资源，既节约成本又绿色增效，是现代农业发展的必然趋势。

1. 生态农业

生态农业是综合开发利用自然和社会资源，提高资源利用率的现代农业生产体系。西北干旱区绿洲相对脆弱的生态环境是自然环境长期演变的结果，但在近现代又叠加了人类活动的影响，使农业及农业相关资源的开发难以建立起自身良性循环的生态机制，也无法使干旱区绿洲的自然资源优势转化为真正意义的经济优势。不可再生的农业资源毕竟是有限的，特别是可耕地面积在水土流失中不断地沙漠化、荒漠化。有的地方由于水资源短缺，大片土地荒漠化无法成为有效资源，而有的地方水资源充足但传统的灌溉方式不仅浪费大量宝贵的水资源还容易形成土地盐碱化。干旱区绿洲农业长期资源型的发展模式，在一定程度上是以利益损失、资源浪费和环境恶化为代价的，而环境问题又成为发展农业现代化的障碍。因此，在我国干旱区绿洲发展中，农业成为资源供给和环境状况的主要承担者，干旱区绿洲农业的现代化发展既是现有农业资源合理利用，又是潜在经济资源合理开发，是一个双重的过程。因此，生态农业的发展将是干旱区绿洲农业生态高效和可持续发展的重要内容和模式，可从以下方面促进绿洲生态农业的发展。

（1）加强绿色经济意识，促进生态农业发展

大力加强绿色经济意识的培育有助于绿洲生态农业的发展，从而产生与之相匹配的绿色经济行为。绿色经济、绿色产品是21世纪经济的主旋律，绿色生产、绿色消费、绿色市场、绿色产业是绿色经济的重要特征，也是可持续发展对经济生活的具体要求。通过大众传媒的大力宣传，强化社会舆论导向，以期使各级政府及其职能部门具有绿色经济思维，确立企业生产经营者形成绿色营销观念，消费者形成绿色消费偏好，农民生产者看好并积极发展生态农业，推动生态农业的发展。

（2）加快培育和发展优势产业，提高生态农业竞争力

依据绿洲经济发展现状及各地的资源条件，培育和发展优势产业，立足市场、资源和传统产业优势，因地制宜地制定产业发展策略，提高生态农业产业化水平，大力发展农产品加工业，将绿洲大宗农产品的加工、水果加工业、特色农产品加工业确定为主导产业，延伸绿洲生态农业的产业链，提升绿洲产业的增值能力，增加农民收入，带动绿洲经济系统的良性运行，促进生态农业的发展。而对已具备相当规模、发展基础和市场竞争优势的农业主导产业，应将其作为“招牌”产业、“拳头”产业来培植，集中力量扶持培植，推动其实施跨越式突破，进一步扩张生态农业优势，形成地域特色。全面提高农产品尤其是支柱农产品的产品质量，通过满足市场对优质化、多样化农产品的需求，提高农业生产力，增强农业经营效益，形成生态农业产业的核心竞争力。

（3）加大农业基础设施建设，推动农村科技进步

改造生态农业的硬件条件——农田整治、水利建设，以改造中低产田和开垦宜农荒地为重点，山、水、田、林、路综合治理，强化农业基础设施建设，有利于改善生态农业生产条件，提高土地利用率，增加生态农业效益。农业基础设施的建设提高和改善了生态环境，为生态农业的发展提供生态保障和自然资源，有利于生态农业的效益的提高和规模的发展。同时大力推广新品种、新技术，向农民积极推广，对农民进行培训，对推动科技进步、发展农村生产力、增强农业综合生产能力和促进绿洲生态农业的发展都起着重要作用。在村庄的整治、村容村貌的改变的同时，把农业高新科技园区、农业现代化示范园区建设作为重要内容，力图把园区建设成为农业新技术的实验基地、新品种的繁育基地、成熟技术的培训基地和连接市场的纽带，为生态农业的建设提供技术平台和实践经验，推动生态农业的长期发展，展示生态农业的技术优势、生态优势和经济优势，实现绿洲农业的可持续发展。

2. 农业生产废弃物的资源化利用

（1）提升农户认知，逐渐转变农户废弃物处理习惯

“理性小农”理论认为农民是理性的，为追求最大生产利益，会权衡好长短期利益、风险大小，并进行合理选择。政府要做好农户需求调查，从农户需求出发，结合本行政区财政情况，进行最优解决方案。以农业生产物为例，废弃补贴是最有效的方法，但是在调研中发现，在政府补贴情况下，存在过度还田不合理的现象；而政府没有补贴，则农户积极性不强。因此，政府可进行整体规划：第一阶段资源化利用补贴吸引农户参与，第二阶段农户体验到合理的农业废弃物资源化利用带来的优势，逐渐转化农户农业废弃物处理习惯，第三阶段农户农业废弃物合理处理习惯形成逐渐减少补贴，根据各区域不同情况适当补贴。

（2）走近农户，加大对农村实地宣传力度，促使农户的观念转变

目前，绿洲区政府对农业废弃物资源化利用主要推广宣传方式为电视媒体、微信公众号、政府官网等互联网平台。我国农村的社会关系具有熟人社会的特点，政府只用现代媒体进行宣传，达到农户参与农业废弃物资源化利用人数增加的效果是不明显的。农户获得资源化技术指导很难，并且越是大的养殖、种植户对技术指导的迫切程度越高，在种植养殖收入在年收入占比中也有体现，占比越大，农业收入越高，农户寻求农业废弃物最优处理越渴望。政府、企业专业的农业废弃物资源化利用宣传人员应该到农村地区进行实地宣传讲解。农村实地推广能为农业废弃物资源化处理提供良好氛围，可以面对面为有需要技术指导的农户进行技术指导，打消农户疑虑。绿洲区农业生产还存在老龄化现象，老龄农户受传统农业废弃物处理方式以及生活习惯的影响，是开展资源化利用工作中的阻碍，在面对这些老人的时候需要转变角色，通过物质吸引、思想引导、实地考察等方式挖掘老农户不进行资源化利用原因。

（3）政府明确监督管理政策，维护市场运营

第一，结合有效奖励制度，明确监督管理政策。县级政府制定相关土地监管制度，乡镇政府定期对土地使用情况及畜禽粪污处理情况进行抽查，对实施农业废弃物资源化利用起到推动作用的村进行明确的奖励。第二，政府带头维护农业废弃物市场运营，制定明确的鼓励、激励政策推动养殖场与种植主体无缝对接。由于秸秆与粪便运输、储存成本高，鼓励第三方企业参与并给予相应政策补助。有机肥价格高、见效慢且推广困难，政府应建立企业与农户间沟通渠道，同时进行有机肥相关方面的研究，降低其成本，使得其更适合当地农业的生产应用。

（4）建立政府、市场、农户相结合的农业废弃物回收机制

为增加农户参与资源化利用的便利性以及提高获得信息的及时性，在农业废弃物资源化利用中，政府、市场、农户三者地位是缺一不可的。建立政府扶持、农业企业及合作社等为主导、农户参与的农业废弃物回收机制。政府制定政策对参加农户进行奖励，对农业回收企业进行补贴并进行宣传，确保农户及时获得信息。农业企业由于社会资源广泛，可以应用运筹学最优路径在几个村之间选择最合理的位置设立固定回收点。

（5）稳固现有模式，利用周围环境发展适合当地的新模式

目前绿洲农业区资源化利用方式比较单一，但推广秸秆及农业废弃物肥料化利用技术一体化，需要技术与设备支撑，发展新型的投入较大的资源化利用方式实施比较困难。根据绿洲农区多方面情况，需要稳固现有的资源化利用方式，以解决农户实施中困难，并培养农户处理习惯。更多地，可以根据周围环境进行引导，发展适合本地的模式。例如，天津市蓟州区出头岭镇养殖情况利用秸秆制作菌棒，但目前更多的是蘑菇养殖农户自己制作菌棒。出头领镇可以根据当地蘑菇养殖情况以及邻近的河北遵化市蘑菇产业对菌棒的需求，政府带头鼓励发展蘑菇棒制作企业，促进秸秆基料化发展。

9.2.3 生态保护与修复

绿洲的生态环境的好坏，直接关系到干旱、半干旱地区的生态安全、生态稳定和经济发展。近年来，由于人类和自然因素的影响，绿洲的生态环境面临着严重的威胁和挑战，如土地沙漠化、水资源短缺、生物多样性丧失等。加强绿洲生态保护与修复可以促进绿洲地区的生态持续发展，提高当地生活质量和人民生产生活水平，更好地确保绿洲生态的可持续发展和社会经济的协同发展。因此进行绿洲生态保护有利于维护生态系统的平衡和稳定，在保护生物多样性、保障人类生存和发展、防止土地退化等方面具有重要意义。

1. 土壤保育与改良

绿洲是人类生存和发展的重要场所，同时也是生态系统中的重要组成部分。然而，由于气候变化和人类活动的影响，绿洲土壤逐渐受到破坏和污染，因此，保护和改良绿洲土壤显得尤为重要。绿洲土壤保育与改良是保护生态环境和提高农业生产效益的重要手段。需要采取综合措施，以保护和改良绿洲土壤，实现可持续发展。

(1) 合理规划，生态先行

在大农业开发的规划设计中，一个重要原则是“因土制宜”，主要包括以下两方面：一是要考虑改良的难易程度，宜尽量避免盐土、重度盐化类型土壤的开发，盐土、重盐化土壤尽可能安排非农（林牧）用地，农、林、牧用地的安排应充分考虑土壤盐化及养分含量状况予以合理布局，一般土壤盐分含量低、肥力水平较高的优先安排农用，以下再按盐分含量、养分含量水平依次安排种植植牧草或饲料作物、林地。二是利用与保护相结合，积极建立完善的防治盐碱化和风沙危害的措施，提高绿洲的稳定化程度；搞好土壤培肥养地工作，促进土壤的可持续高效化利用，促进生态环境的改善。在对绿洲进行综合开发时，应按照“边发展，边保护或先治理，后开发”的可持续发展原则进行。

(2) 优化水工资源配置

水资源是干旱区最为基本的生产条件，通过水土资源的合理利用，满足各要素间的需求，各地的生物资源与自然条件的组合趋于最优，生物资源与自然生态条件的生产潜力得到充分的释放，从而实现以自然资源为基础的资源配置，促进经济发展的良性循环。因此，以水定地，保证生态用水，成为保护生物多样性的最重要的手段之一。

（3）严格控制地下水位标准

土壤盐分与地下水位埋深密切相关。作物既需水又需要地下水对根层的补给。因此，在作物生长期地下水位可控制在较小的深度。秋收以后至春作物生长期以前，表土裸露，土壤蒸发强烈，导致积盐，地下水位应控制在较大的深度。为了淋洗盐分，在生长期末的秋季或播种前的春季，可加大灌水定额进行秋浇或播前灌水，以保证冲洗压盐和春季作物生长早期有足够的墒情。但在地下水位较差的情况下，冬灌前地下水位较高会影响洗盐效果。因此，控制冬灌前地下水位至一定深度非常重要，不但可以减少冬灌至翌年春播前这段时间的土壤蒸发量和土壤积盐量，还可以减少冬灌定额，既不影响土壤脱盐又可保证春播墒情，使表层和耕作层中土壤盐分控制在作物耐盐极限之内，使作物不受盐碱危害而正常生长。

（4）防治再生盐渍化

在开发规划设计中排出盐土、重度盐化（包括部分中度盐化）土壤后，土壤将以非盐渍化及弱盐化（包括少量重度盐化）土壤为主，直接改良的难度将大大降低，重点将放在开发灌溉后土壤次生盐渍化的防治上，其主要措施应集中于建立新的水盐平衡并保证土壤不发生次生盐渍化以及原有盐渍化水平不提高。

2. 生物多样性保护

《生物多样性公约》第十五次缔约方大会制定了2030年目标和战略计划，我国作为农业大国，有责任进一步推进农业生物多样性保护，推动我国农业的转型和绿色发展，实现生态文明建设。绿洲区农业生物多样性在广义上是指在绿洲农业区有助于粮食和农业的、所有生物的多样性和变异性，涉及生态系统中的作物和家养动物。在物种水平上的多样性包括所有农作物、家畜及其野生近缘物种以及与其相互作用的授粉者、共生成分、害虫、寄生植物、肉食动物、竞争者等多样性。另外，从品种（种内）、半栽培、采集管理到多种农业生态系统，以及由此形成的农业景观相关技术、文化、政策的总和，是指与食物及农业生产相关的所有生物的总称。

绿洲农业区的生物多样性与农业生产密切相关，是支撑农业生态系统作用的物质基础。农业生物多样性保护在粮食增长、环境改善等方面得到了推广并取得了一定成效。不仅在社会文化、经济和环境等方面体现出高度重要性，同时有助于适应和抵御气候变化。全球约40%的土地面积用于农业生产，农业生物多样性直接影响农业生产，最终影响全球粮食安全和生态安全。

绿洲区农业生物多样性保护也面临着一些挑战：①农业生境破坏严重、遗传资源锐减。由于过度开垦和大量农药、化肥的使用，耕地面临着板结、酸化、次生盐碱化等的威胁。生物原生境丧失严重，如草原破坏导致原生境破坏，鼠害、虫害频发等，导致部分地方品种和作物野生近缘种丧失速度加快。②农业生物多样性评价力度不够。目前关于农业生物多样性评价停留在以农户为单位的定性分类描述和多样性水平评价的层面，缺少经济价值指标、农业生态系统和农地景观的生物多样性评价，以及生态系统服务和社会服务的评价。③农业生物多样性政策保护力度不够。我国对于生物多样性保护主要集中在自然生境的保护，如自然保护区，但是对于农业用地缺乏保护农业补贴主要用于农业生产物质，对农业生物多样性相关的生态补偿资金投入不足；在推动城镇化建设和大规模农业发展的趋势下，依旧缺乏兼顾生产和农业生物多样性维持的政策；对外来物种的防控缺乏全面长效的政策和资金支持；另外，缺少促进农业对农业生物多样性保护重要性认识的相关政策。

针对绿洲区生物多样性保护有以下建议。

1）完善绿洲区农业生物多样性评价体系。继续深化农业生物多样性研究，摸清农家品种（地方品种）、野生种、野生近缘种的资源状况。针对不同的农业类型区域进一步完善农业生物多样性的编目、调查和评估，重点是作物农家品种、畜禽地方品种，识别物种易受威胁地区，并建立响应监测体系。加强农田生态系统评价体系建设，结合农业生物多样性保护的目标，加强对作物物种及相关的传统知识、文化的保护，并合理地规划、开发利用，发掘传统农业生态系统的市场价值。

2）加强绿洲区农业文化遗产地生态机理及保护研究。深入挖掘农业文化遗产地良性运转的生态学机理，明确系统中各因子之间的相关关系。开展农业景观生物多样性的监测和评价，识别农业文化遗产系统面临的主要威胁。开展农业生态景观示范区，鼓励传统农业文化的申报，鼓励多学科综合研究揭示系统多层价值。在对农业文化遗产地进行规划和开发利用时，应平衡经营模式与农业生物多样性保护之间的关系，避免过度开发对系统造成破坏。

3）完善绿洲区农业生物多样性保护的法律和政策。出台农业生态系统保护的具体政策，把维持农业生物多样性功能纳入农业生态系统建设中。建立从中央到地方、从区域到物种的长期保护体系，把农业生态系统的良性发展、农业生物多样性的维持作为可持续发展的重点。加强种质资源保护利用的同时制定农业种质资源获取与惠益分享相关的规章制度以及相关生态补偿措施。加大农业生物多样性的国际履约力度，摸清我国履约现状、明确不足之处，制定与国际农业生物多样性保护接轨的策略。

4）加强农业生物多样性保护科普教育。在高等院校、科研院所培养农业生物多样性领域的专业人才，输送到农业生物多样性保护和可持续发展利用的前线。通过科普，提高大众对农业生物多样性的认知；制定新形势下的农业生物多样性科普策略，结合传统媒体和网络新媒体引导农户参与农业生物多样性保护及可持续利用工作。

5）促进农业生物多样性国际合作与交流。农业生物多样性是联合国《生物多样性公约》和历次缔约方大会的重要组成部分。在全球和各缔约方的政策及行动计划中，许多国家、联合国环境规划署和国际农业研究磋商组织等创新和发展的农业生物多样性保护、管理与利用的理论和实践经验，值得我们学习或借鉴。通过加强国际合作与交流，提升农业生物多样性领域的研究、保护、管理与利用等方面的水平。

9.2.4 农业支持政策与法律法规的制定

政府的支持与保护，最重要的是建立有效的法律保障体系和政策激励机制。因此，一是要加快研究、制定“促进绿洲现代农业发展的指导意见”，明确绿洲现代农业发展的总体思路、目标和措施。由于绿洲不属于一个省区，所以在政策制定时可由各省区根据自己的实际情况加以修改调整。二是要开展“绿洲现代农业保险法”“绿洲现代农业投资法”“绿洲现代农业补贴条例”“绿洲现代农业灾害救助条例”等的前期立法调研工作，建立健全绿洲现代农业的政策法规体系。三是要加快制定规范农产品市场建设方面的法律法规，如“农产品市场流通管理法”等，通过立法，确保农民生产的绿色产品能在市场上公平交易，调动农民的积极性。具体政策举措主要表现在以下方面。

1. 加大政策落实力度，实施地方特色的优惠政策

绿洲农业生产模式的选择是一项涉及农业生产的综合性、系统性工程，良好的优惠政策是保障产业发展的基本因素。在加大贯彻落实中央、地方关于现代农业和新农村建设的政策措施外，绿洲农业区还要继续做好土地长期固定工作，努力提高土地固定率，使应固定土地达100%，同时本着“依法、自愿、有偿”的原则，建立土地正常流转机制。结合各绿洲区农业发展具体特点、经济发展水平以及未来发展目标，积极制定和实行符合绿洲农业发展实际的涉及资金、技术、人才、服务、市场等领域的各种优惠政策，积极创建一个适合产业发展的宽松环境，鼓励落实产业结构调整规划，吸引内资、外资注入绿洲农业的发展，鼓励先进生产技术的引进与自主开发。

2. 鼓励采用先进技术，对专业技术进行政策补贴

科技是第一生产力。绿洲农业以传统的化肥、机械和柴油等生产资料的投入实现农业经济增长的方式是不可持续的，也是导致系统生态环境恶化的一个主要原因。依靠科技进步，提高资源使用效率，实现自然资源的充分利用，降低产品生产能耗，可提高该地区发展的环境容量，有利于保护农业环境。提高劳动者素质，是实现科技兴农的有效途径，促进科技在农业生产实践中的推广利用，更加科学合理地利用自然资源。将种植技术、养殖技术推广、深入到生产实践中，是实现农业可持续发展的关键环节。

（1）改变传统农业、水利的规划制定方式，用现代科技支撑发展

我国目前农业用水占总用水量的80%以上，农业水利建设基本上以开源的方式为主，

农田水利也是以渠道的新建和完善为主。建议调整为以节约用水为主要实现方式，在应用现代节水科技成果的前提下规划各种建设方案，打破水利部门和农业部门之间的业务分界，以流域的高效用水为目标，重新调整政府部门的职能分工，把水利建设的重点真正转移到用户的高效利用方面，这是建设节约型社会所必需的。

（2）加强监管、优化各项惠农政策

加大农业农村部“旱作节水项目”的补贴力度，加强资金管理办法，集中项目的统一管理，并扩大节水试点补助项目的面积。膜下滴灌技术是科技含量较高的农业综合配套技术，对于从事农业生产水平较低的农户有一个接受过程，通常需要1~3年的时间才能熟悉掌握。因而补贴方式应集中、补贴时间要持续，采用以点带面的方式发展节水产业，不能每年换新点。同时将项目的管理单位从县级改为省级，尽可能地把小项目组成大项目，方便实施和管理，摸索整理应用技术地产化的成套措施和管理方式为减少农民损失、降低投资风险，应待国家投资、政府出资、农户自筹资金到位后，由各省区面向全国招标，提高投标入围的门槛，杜绝或限制小厂商或中间商的侵入，降低膜下滴灌系统的投入成本。

3. 培育良好投资环境，出台高新技术的市场融资政策

在我国农业用水体系中，国家组织动员机制弱化，社会组织动员机制发育不足，导致我国农村社区农田水利建设落后。政府和有关部门只重视开源和新建灌区工程的建设，而把末级渠系和田间配套设施基本上推给了农民，由于节水灌溉设备前期投入大，农户收入水平低，分散农户根本无力支持一次性的较大投资。因此如何动用社会和市场的力量，为节水灌溉这一农业技术的推广创造一个良好的融资环境就显得十分重要。因此，建议政府出台节水农业及农业技术推广的市场融资政策，营造一个良好的融资环境，具体措施如下。

（1）鼓励非财政性资金对节水农业及农业技术推广进行直接投资，促进农业产业化发展

政府对农业的补贴要发挥杠杆作用，通过采取有效措施，吸引更多的非财政性资金投资到节水农业及农业技术推广领域。在税收上对投资到节水农业及农业技术推广领域的企业在所得税等方面给予减免优惠，减轻它们的负担，发挥税收政策在引导投资方向中的作用；建立信贷补贴，培育若干资产规模较大、主营优势突出、市场占有率高、经营利润稳定、资质信誉高、治理结构规范、在组织制度和经营模式上初步与国际市场接轨的节水农业以及农业技术推广领域的龙头企业，发挥规模效应，降低成本，增强产品的国际竞争力，对这些组织，国家可给予贷款补贴，帮助一批企业脱颖而出走向市场。

（2）尝试在国内创立中国节水灌溉专项基金

设立基金的核心是政府和银行共同培育市场，与业务优良的大企业、龙头企业共同建立收益共享、风险共担的市场运行机制。建立专项基金，使其成为贷款主体或担保主体，

独立承担市场运作责任。

9.2.5 农业科技创新与推广

科技是第一生产力，同时也是农业发展过程中必不可少的推动力。绿洲农业的发展根本上要依靠科技进步，并且在生态农业的可持续发展方面产生了突出的贡献。因此，要继续加大对农业科技的投入支持力度。一方面，要用现代科学技术和先进的工业生产要素装备农业，改变绿洲地区农业发展中的不利因素。另一方面，要增加科技投入，加强农业科研，健全推广体系，促进科技成果转化。同时还需要建立一套农业科研体系，积极地支持农户加入农业科研体系，将农业科研技术在实践中进行应用和应用再创新，农业科技必将是绿洲农业区可持续发展的第一推手。

农业的迅速发展，是同科学技术的应用和推广分不开的。近年来，我国科研人员以高新技术发展农用机械，如摘棉机、地温测量器、病虫害预警机、挤奶机等主要农用机械都实现了更新与普及。将先进的电子技术应用到农业机械，发明配置有计算机的拖拉机，能完成从耕地、种植到收割的全套田间作业，并以最经济的办法保证燃料低消耗和作业速度，既提高了劳动生产率，又提高了经济效益。

加强绿洲农业科研和成果推广，促进科技成果转化，必须做好以下几点。

1）要增加农业科研投入，农业科研成果很大程度上依赖于科研的投入，绿洲地区的农业科研投入明显不足。因此，必须加大政府财政对农业科研的必需经费及设施投入，充分利用银行的专项贷款和国外资金，弥补农业科研经费的不足。

2）在农业科研领域方面，要发挥绿洲地区特点和优势，有针对性地、有重点地攻关主要农业适用技术，力争重大技术的突破，以带动其他相关科学技术的研究、开发和利用。要紧紧围绕绿洲区农业对科学技术的需求，着重优质、高产、高效农业，增加农民收入，保持食物安全，保护生态环境，参与市场竞争等方面的技术要求。

3）要健全科技推广体系建立健全完善的科技推广体系是发挥科技作用，促进科技成果转化的基础和前提。绿洲地区的农业技术推广体系不够健全，各级政府要强化职能支持，监督农业技术推广体系的建立和发展，发挥宏观调控作用，形成县有中心、乡有站、村有技术员、组有科技示范户、户有科技带头人的网络体系，促进科研成果尽快地高效地转化为现实的生产力。

9.2.6 完善农业教育和培训体系

近年来，国家对农业持续发展的重视程度不断提升，不断推进农业结构升级与改造，对农村劳动力结构也产生了深刻的影响，所以应充分重视新型农民培训教育工作，这样才能更好地适应当前农业发展需求，推动农业持续健康发展。农业教育与培训在提高创新能力和提供人力资源方面发挥着重要作用，不仅是农业创新体系的关键部分，还能够促进该体系能够更有效地运作。在绿洲农业的可持续发展的过程中，高素质的农民作为实施的核心主体同时也是未来的农业科技的推广和应用的主体，必须加大高素其人才培养力度。因此，提高绿洲区农民的整体素质主要是加强对于农民的职业培训，使农民的职业培训具有社会公益属性，还需要积极调动社会资本的积极性，引导各个主体参与到农民的职业培训中来，切实提升农民的素质，将农民逐步转变为农场职工，保障绿洲农业的可持续发展能够落到实处。具体表现在以下三方面。

1）强调农业教育重要性。由于文化素质方面因素的影响，农民对于一些新技术、新知识的学习积极性不高，学习效果也大受影响。因此，农业管理部门应进一步加强宣传教育，有效转变农民的思想，调动其参与农业职业培训的积极性，让其充分认识到现代农业发展离不开科学技术的支撑，从而使其加强对新品种及新技术的应用促进农业生产技术水平获得整体提升，创造更大的经济效益。

2）加强培训领导，完善评价机制。职业农民教育培训是一项组织有序的重要工作，在实际工作中应加强教育领导与管理。农业是我国国民经济中的第一产业，也是我国重要的基础产业，对国民经济发展有着至关重要的影响。而农民是农业生产过程中重要的经营主体，应进一步强化对农民职业教育培训的统一领导与管理，确保培训效果与质量。在对农民进行职业教育培训的过程中，应开展深层次教学，让农民充分了解和掌握农业生产过程中的技术应用与设备操作，丰富其农业生产经验，提高农民的综合素质，从而提高农业现代化发展水平。

3）深入一线开展调研。为进一步提高职业农民培育工作水平，增强培训效果，应组织农业技术骨干力量深入一线开展详细的调研工作。通过了解农村农业发展现状，对制约农牧民持续发展的因素加强研究，增强职业农民培训内容的针对性，提高职业农民教育培训效果，满足农民需求，将农业技术的应用落到实处，推动农业持续健康发展。

参考文献

白成栋，王宏锦，高治军 . 2012. 宁夏枸杞的功能及其加工利用［J］. 农产品加工，(4)：68-69.

白燕娇，李义学，刘任涛，等 . 2022. 干旱绿洲区枸杞林地面节肢动物功能群结构季节分布特征［J］. 生态学报，42（15）：6239-6249.

曹利建 . 2023. 环保工程中污水处理问题的有效解决路径分析［J］. 皮革制作与环保科技，4（24）：123-125.

陈典强，孙民金，刘良源 . 2011. 鄱阳湖生态经济区森林涵养水源和净化水质及固碳释氧价值核算——以万年县为例［J］. 现代园艺，(18)：29-30.

陈芳，魏怀东，丁峰，等 . 2014. 干旱绿洲农业区社会–经济–自然复合生态系统可持续发展综合评价［J］. 中国农学通报，30（11）：39-43.

陈峰 . 2019. 蒙育瓦铜矿露天开采半连续开拓运输工艺多目标模糊决策分析［D］. 昆明：昆明理工大学.

陈俊良，胡志根，刘全 . 2015. 基于 Vague 集的水电工程导流方案模糊多目标决策研究［J］. 中国水运（下半月），15（3）：334-336.

陈平，侯聪 . 2014. 大学生物质奖励与精神奖励互补激励机制浅析［J］. 长江大学学报（社科版），37（12）：153-155.

陈涛 . 2008. 多指标综合评价方法的分析与研究［J］. 科技信息（学术版），(9)：350-352.

陈文泽，李广培 . 2019. 福建省沿海与腹地城市产业布局及融合发展研究［J］. 物流工程与管理，41（7）：124-129，150.

陈欣 . 2006. 区域水资源合理配置仿真模拟系统研究［D］. 南京：河海大学.

陈源重 . 2010. 基于目标规划的 H 公司市场营销资源配置决策［D］. 兰州：兰州大学.

程立新 . 2009. 我国西北地区玉米制种可持续发展对策研究［D］. 郑州：河南农业大学.

程中海 . 2013. 干旱区绿洲农产品虚拟水贸易足迹实证研究——以新疆为例［J］. 国际贸易问题，(10)：77-89.

程中海 . 2013. 西向开放战略下新疆与中亚经贸国际大通道建设与战略实施［J］. 对外经贸实务，(10)：8-11.

揣新军 . 2009. 河套灌区农田防护林对小麦增产效益的研究［D］. 呼和浩特：内蒙古农业大学.

丛迪，李强 . 2011. 房地产风险评价常用方法分析［J］. 企业研究，(11)：78-79.

崔炳强 . 2015. 新疆对外贸易失衡分析［J］. 中国商论，(33)：125-127.

崔旭辉 . 2013. 甘肃省农用地经济质量分布特点及成因分析［J］. 现代商业，(16)：90-92.

戴桂林，袁铀升 . 2010. 钻石模型视角下青岛市对外贸易竞争力分析［J］. 黑龙江对外经贸，（2）：30-32.

戴晓伟 . 2007. 生态足迹在小型城市的运用——以高邮市为例［J］. 考试周刊，(5)：118-120.

邓丽媛，胡广录，周川，等 . 2022. 荒漠绿洲过渡带不同固沙植物根区土壤养分空间分布特征［J］. 西北林学院学报，37（5）：17-23.

丁娜，王坚，赵霞，等 . 2010. 中国科研项目后评估发展现状［J］. 科技信息，(33)：64-65.

董贵明 . 2006. 基于 GIS 的南水北调中线工程河南受水区水资源优化配置决策支持系统研究［D］. 郑州：华北水利水电学院 .

董君 . 2023. M 市化工园区可持续发展能力评价研究［D］. 福州：福建工程学院 .

樊根耀，吴磊，蒋莉 . 2005. 新疆绿洲节水生态农业建设的路径选择［J］. 新疆农垦经济，(3)：23-28.

樊华 . 2009. 栽培技术对新疆长期连作棉田生产力影响的研究［D］. 石河子：石河子大学 .

范玉龙，胡楠 . 2023. 生态系统服务理论与国土空间生态红线实践［J］. 国际城市规划，38（2）：107-112.

冯耀龙，韩文秀，王宏江，等 . 2023. 面向可持续发展的区域水资源优化配置研究［J］. 系统工程理论与实践，23（2）：133.

甘奇慧 . 2010. 基于精明增长的铜山县土地资源优化配置研究［D］. 咸阳：西北农林科技大学 .

甘肃省农牧厅 . 2008-10-16. 独特资源优势造就甘肃特色产业发展［N］. 农民日报，(8).

高旺盛 . 1994. 试论可持续农业及中国农业发展方略［J］. 农业现代化研究，(6)：324-327.

耿焕侠，张小林，李红波 . 2013. 基于生态足迹模型的南京城市可持续发展研究［J］. 国土与自然资源研究，(4)：1-3.

顾列铭 . 2008. 中国物种资源：正在消失的宝库［J］. 观察与思考，(7)：46-47.

顾倩 . 2022. 气候变化下的农业适应性行为研究［J］. 农业灾害研究，12（11）：79-81.

韩德麟 . 1995. 关于绿洲若干问题的认识［J］. 干旱区资源与环境，9（3）：19.

韩娜娜 . 2011. 绿洲区耕地可持续利用水平研究：以酒泉市为例［D］. 兰州：兰州大学 .

郝志虎 . 2008. 高速公路特长隧道群安全综合评价研究［D］. 西安：长安大学 .

何鹏飞，潘东云，粟燕 . 2011. 基于生态系统认识的 Logistic 土地模型［J］. 凯里学院学报，29（3）：5.

何彤慧，米文宝，李陇堂 . 2002. 论绿洲区域开发与生态建设［J］. 水土保持研究，(3)：161-163.

何文娟，张红丽 . 2010. 新疆农业可持续发展综合评价研究［J］. 新疆农垦经济，(6)：34-37.

何新哲 . 2022. 共同富裕背景下新型职业农民培养：基于开放教育视角［J］. 职教通讯，(5)：52-59.

贺峰 . 2008. 在甘肃推广玉米全膜双垄沟播栽培技术的必要性分析［J］. 农业科技与信息，(13)：12-14.

贺剑，汪英 . 2006. 决策理论在产品概念设计中的应用［J］. 长沙通信职业技术学院学报，5（1）：72-75.

胡晓寒 . 2004. 福地湖水环境价值定量计算与分析研究［D］. 西安：西安理工大学 .

胡友成 . 2008. 县域土地资源优化配置研究［D］. 长沙：湖南师范大学 .

胡源 . 2013. 不同配比下褐煤混合燃烧特性试验研究及评价［D］. 昆明：昆明理工大学 .

黄领梅，沈冰，张高锋 . 2008. 新疆和田绿洲适宜规模的研究［J］. 干旱区资源与环境，(9)：1-4.

黄强，孟二浩 . 2019. 西北旱区水文水资源科技进展与发展趋势［J］. 水利与建筑工程学报，17（3）：1-9.

黄逸敏 . 2019. 乡村地域功能空间分异特征与定位研究［D］. 福州：福建师范大学 .

纪立东，孙权，马秀琴，等 . 2007. 宁夏引黄灌区农田土壤酶活性及其空间变异［J］. 生态环境，(6)：1737-1741.

江澄 . 2004. 某高校建设新校区项目选址方案研究［D］. 南京：南京理工大学 .

姜雨青，李宝富，宋美帅，等.2018. 定量评估我国西北干旱区土地利用变化对植被指数的影响［J］. 冰川冻土，40（3）：616-624.
蒋桂英，白丽，赖先齐，等.2006. 绿洲农区棉花生产的生态适应性分析［J］. 干旱地区农业研究，（5）：157-160，192.
蒋集中，杨丽，熊佳.2012. 基于价值工程的住宅结构体系评价［J］. 山西建筑，38（4）：45-47.
蒋有绪，卢永根，刘瑞玉，等.2004. 关于海南热带陆海生物资源保护和利用的对策建议［J］. 中国科学院院刊，19（3）：174-176.
焦凤梅，余京琛.2014. 高校思想政治理论课教学中加强社会思潮引导的途径探析［J］. 北京教育（德育），（10）：59-62.
金雪江，裴新华，尤滨乾.2014. 生态农业教育培训的研究与探索［J］. 科技信息，（7）：253-278.
柯来章，胡刚.2004. 开发利用山区草地资源发展畜牧业——以皖南山区为例［J］. 南方国土资源，（6）：19-20.
孔慧清，吴波.2009. 城市郊区生态经济规划的理论思想［J］. 防护林科技，（3）：93-95.
寇有观.2018. 智慧生态农业推进绿色发展［J］. 办公自动化，23（4）：8-13.
赖先齐.2005. 中国绿洲农业学［M］. 北京：中国农业出版社.
赖先齐，李万明，张伟，等.2014. 中国西北及中亚干旱区绿洲降水年内分配特点与现代节水农业［J］. 农业资源与环境学报，31（4）：328-334.
赖先齐，王江丽，程勇翔，等.2015. 中国西北及中亚主要绿洲农区分类［J］. 生态学报，35（2）：237-245.
赖先齐，王江丽，马玉香，等.2013. 亚欧大陆中心区域水热资源配合状况与绿洲农业适应性研究［J］. 干旱区资源与环境，27（10）：1-7.
雷波.2005. 我国北方旱作区旱作节水农业综合效益评价研究［D］. 北京：中国农业科学院.
雷军，张小雷，阚耀平.2004. 新疆绿洲农业结构调整战略研究［J］. 干旱区资源与环境，（1）：1-6.
雷玉桃，王雅鹏.2002. 西部地区农业资源可持续利用的障碍因素分析［J］. 中国人口·资源与环境，（5）：67-69.
李博.2010. 多指标综合评价方法应用中存在的问题与对策［J］. 沈阳工程学院学报（社会科学版），6（3）：349-351，363.
李晨华，李彦，谢静霞，等.2007. 荒漠-绿洲土壤微生物群落组成与其活性对比［J］. 生态学报，（8）：3391-3399.
李诚志.2012. 新疆土地沙漠化监测与预警研究［D］. 乌鲁木齐：新疆大学.
李冬云.2017. 论精准扶贫的重大意义及对策措施［J］. 山西农经，（19）：24.
李锋瑞，刘七军，李光棣.2009. 干旱区流域水资源集成管理的基础理论与创新思路［J］. 冰川冻土，31（2）：318-327.
李锋瑞，刘七军.2009. 我国流域水资源管理模式理论创新初探［J］. 中国人口资源与环境，（6）：55.
李海涛.2008. 绿洲水资源利用情景模拟与绿洲生态安全：以石羊河流域武威和民勤绿洲为例［D］. 北京：北京大学.
李含琳.2014. 甘肃省旱作节水农业运行模式探讨［J］. 甘肃农业，（7）：12-14.

李红，张凤荣，孙丹峰，等．2005. 北京西部山区 1999 年生态足迹计算与可持续性分析［J］．农业工程学报，(201)：207-211.

李红伟，魏胜文，张东伟．2022. 甘肃旱作农业地区粮食综合生产能力影响因素的实证分析［J］．国土与自然资源研究，(6)：48-54.

李佳．2007. 绿洲生态系统服务功能价值评估——以民勤绿洲为例［D］．兰州：兰州大学．

李建华，米文宝，朱志玲，等．2015. 宁夏盐池县地名文化景观与空间特征［J］．中国地名，(4)：36-38.

李建文．2013. 大型复杂工程项目管理及决策技术［J］．中国铁路，(9)：1-3.

李江，郭春红，岳春芳．2018. 新疆中型水库建设的工程水文计算与实践［J］．水利规划与设计，(10)：41-47.

李俊岭．2019. 我国多功能农业发展研究——基于产业融合的研究［J］．农业经济问题，（3）：4-7，110.

李令福．2006. 论淤灌是中国农田水利发展史上的第一个重要阶段［J］．中国农史，(2)：3-11.

李梦苏．2014. 用企业绩效制论高校财务绩效评价的若干问题［J］．企业导报，(1)：131-134.

李鹏伟．2009. 绥芬河市土地利用结构优化研究［D］．哈尔滨：东北农业大学．

李生秀．1999. 解决我国西北水资源匮缺发展旱地农业的思考［J］．中国科学基金，13（1）：8-10.

李生秀．2003. 西北地区农业持续发展面临的问题和对策［J］．干旱地区农业研究，(3)：1-10.

李外禾．2008. 小康社会与生态文明建设［J］．人才开发，(1)：54-55.

李万明，刘磊磊．2009. 绿洲生态农业现代化评价指标体系的设计构想［J］．生态经济，(4)：42-44.

李心远，徐会军．2013. 基于模糊综合评价法的煤矿环境评价［J］．煤炭工程，45（8）：119-121.

李欣颖，张萌，郭洋楠，等．2022. 采煤沉陷区林下植物多样性与土壤因子的关系［J］．水土保持学报，36（1）：268-276.

李永华．2009. 甘肃省主体功能区划中的生态系统重要性评价［D］．兰州：兰州大学．

李云．2020. 巴里坤县水土保持与生态治理措施分析［J］．山西水利，36（4）：22-24.

李志伟，王慧彦，王立卫，等．2011. 基于 AHP 的工业企业震后恢复重建优先等级评价［J］．防灾科技学院学报，13（2）：85-89.

李忠杰．2012. 小麦高产栽培技术浅议［J］．农民致富之友，(6)：65.

李宗江，马自学．2001. 发挥优势把甘肃建成马铃薯强省——马铃薯实现产业化经营的研究报告（摘要）［J］．发展，(1)：4-5.

梁伟．2010. 甘肃省草食畜牧业产业化发展研究［J］．中国畜牧杂志，46（10）：22-26.

刘浩．2020. 人工智能的法律治理研究［D］．银川：宁夏大学．

刘慧．2010. 绿洲现代农业节水技术支撑体系及效益评价研究［D］．石河子：石河子大学．

刘军．2010. 湖南省农业功能区划研究［D］．长沙：湖南农业大学．

刘丽．2012. 与水结缘的农业地域类型［J］．地理教育，(4)：24.

刘普幸．2000. 绿洲生态环境及其保护［J］．农业环境保护，(2)：126-128.

刘晓凯，柯文杰．2021. 基于层次分析法的城市河道综合整治工程措施选择［J］．广东水利电力职业技术学院学报，19（2）：30-35.

刘永萍，户涛，支小军．2009. 新疆绿洲生态承载力分析［J］．生态经济，(11)：5.

刘钰华 . 1995. 新疆绿洲防护林体系［J］. 干旱区资源与环境，9（4）：187-192.
刘云慧，王诗皓，陈宝雄，等 . 2021. 中国农业生物多样性保护主要政策、措施回顾及 2020 年后展望［J］. 生态与农村环境学报，37（10）：1225-1233.
柳延涛，李鲁华，陈树宾，等 . 2005. 绿洲农区玉米生产的生态适应性初步分析［J］. 新疆农业科学，42（5）：323-325.
卢颖，刘白林，刘萍萍 . 2011. 教学质量评判算法研究及在质量监测平台中的实现［J］. 现代电子技术，34（6）：55-58.
鲁丰先 . 2009. 河南省综合生态承载力研究［D］. 郑州：河南大学 .
吕辰鹏，何泉泉，王丽斐，等 . 2015. 清咽功能保健食品的研究进展［J］. 食品工业，36（9）：215-220.
吕春艳，王静，何挺，等 . 2006. 土地资源优化配置模型研究现状及发展趋势［J］. 水土保持通报，26（2）：6.
吕晶晶 . 2022. 新疆生产建设兵团绿洲生态农业可持续发展探讨［J］. 安徽农业科学，50（14）：241-243，263.
吕新，杨磊，张凤华，等 . 2005. 荒漠绿洲区农业特征及其可持续发展策略［J］. 中国沙漠，（4）：599-603.
吕新，张伟，张凤华，等 . 2005. 西北干旱区内陆绿洲农业特征及可持续发展策略［J］. 新疆农业科学，（1）：1-4.
吕昭智，田长彦，胡顺军 . 1998. 绿洲农业资源高效利用与技术集成——以石河子为例［J］. 资源科学，（5）：62-69.
罗昊 . 2011. 铁路枢纽智能运输系统服务水平评价方法研究［D］. 北京：北京交通大学 .
罗其友，唐华俊，陶陶，等 . 2009. 我国农业功能的地域分异与区域统筹定位研究［J］. 农业现代化研究，30（5）：519-523.
罗其友，陶陶，高明杰，等 . 2010. 农业功能区划理论问题思考［J］. 中国农业资源与区划，31（2）：75-80.
马广林 . 2013. 陕西省榆林的现代农业园区之路［J］. 北京农业，（12）：242-243.
马乐军，陈伟光 . 2010. 甘肃省蔬菜产业的 SWOT 分析及对策研究［C］. 兰州：2010 年中国农业资源与区划学会学术年会论文集：9.
马乐军，祁永安，郭明华，等 . 2014. 甘肃省特色优势农产品区域发展研究［J］. 甘肃农业，（8）：97-99.
马琴琴 . 2013. 新疆绿洲生态环境与经济发展的协调关系研究［D］. 石河子：石河子大学 .
马苏文 . 2008. 宁夏引黄水权初始分配模式及应用研究［D］. 西安：西安理工大学 .
马彦琳 . 1998. 新疆农业可持续发展问题研究［J］. 干旱区地理，（4）：49-55.
马彦琳 . 2000. 干旱区绿洲可持续农业与农村经济发展机制与模式研究——以新疆吐鲁番地区为例［J］. 地理科学，20（6）：540-544.
毛靓 . 2012. 生态生产性土地视角下的辽西地区村落生态基础设施研究［D］. 哈尔滨：哈尔滨工业大学 .
梅成瑞 . 1990. 绿洲建设在干旱区经济发展中的地位和作用——以宁夏平原绿洲为例［J］. 干旱区资源

与环境，(3)：102-109.
牟炳友 . 2005. 新疆兵团农七师垦区绿洲农业经济发展研究 [J] . 石河子大学学报（哲学社会科学版），(3)：17-18，30.
牛静 . 2012. 种养业农民创业问题及对策研究 [D] . 北京：中国农业科学院 .
裴源生，孙素艳，陆垂裕 . 2007. 绿洲生态稳定性预测 [J] . 水利学报，(4)：434-442.
彭刚 . 2012. 大断面黄土隧道施工过程数值模拟研究 [D] . 西安：长安大学 .
彭珂珊 . 2001. 跨入二十一世纪我国粮食生产布局构思之分析 [J] . 国土经济，(3)：39-41.
彭琳 . 2000. 21 世纪中国粮食生产布局构思 [J] . 资源开发与市场，(2)：74-77.
彭少明，郑小康，王煜，等 . 2017. 黄河流域水资源-能源-粮食的协同优化 [J] . 水科学进展，28 (5)：681-690.
蒲红艳 . 2007. 干旱荒漠区新垦绿洲土壤水盐动态研究 [D] . 乌鲁木齐：新疆农业大学 .
齐瑞晴 . 2020. 我国种植业走向何方 [J] . 今日财富，(16)：35-37.
乔永刚，宋静，柴生武 . 2002. 甘草人工栽培技术 [J] . 种子科技，(4)：57-58.
丘宝剑 . 1985. 中国的干旱气候 [J] . 河南大学学报（自然科学版），(1)：11-19.
邱东，蔡立，李鹏，等 . 2017. Excel 规划求解在顺序输送计划编制上的应用 [J] . 石油库与加油站，26 (3)：4-5，8-12.
全国农业区划委员会办公室 . 1982. 农业自然资源和农业区划 [J] . 农业区划，(2)：3-47.
赛派尔库力 · 加派尔库力，马米孜曼 · 西尔艾力 . 2005. 1998 年新疆塔什库尔干县学龄儿童甲状腺肿大调查 [J] . 地方病通报，(2)：26.
邵克文 . 2006. “十一五”时期甘肃经济社会发展的总体要求和主要措施 [J] . 宏观经济研究，(4)：27-34.
申元村 . 2000. 绿洲发展面临的挑战、目标及 21 世纪发展研究展望 [J] . 干旱区资源与环境，(1)：1-11.
宋灿 . 2016. 事件对于举办地的环境影响综述 [J] . 经营管理者，(21)：188.
宋春晓 . 2023. 夯实农业基础设施助力乡村振兴发展 [J] . 农村 · 农业 · 农民（A 版），(3)：17-18.
宋静，王会肖，王飞 . 2013. 生态环境质量评价研究进展及方法评述 [J] . 环境科学与技术，(22)：448-453.
宋绪忠，王成，彭镇华，等 . 2007. 生态系统服务功能多样性与农业生态系统复杂性 [J] . 山东农业大学学报（自然科学版），(1)：81-85.
宋英杰，龙春林 . 2023. 农业生物多样性研究进展：可持续农业背景下的功能、评价、管理和保护 [J] . 中国农学通报，39 (24)：69-76.
宋毓 . 2005. 基于 GIS 和 Geo-CA 的土地利用模型研究 [D] . 西安：陕西师范大学 .
苏婷 . 2013. 新疆绿洲土地资源的可持续利用与保育对策 [J] . 新疆畜牧业，(9)：60-62.
苏志珠，卢琦，吴波，等 . 2006. 气候变化和人类活动对我国荒漠化的可能影响 [J] . 中国沙漠，26 (3)：329-335.
粟晓玲 . 2022. 农业水资源优化配置研究进展 [J] . 灌溉排水学报，41 (7)：1-7，34.
孙大权 . 2016. 中国经济史学的新探索——民国经济学术史中的胡焕庸 [J] . 贵州社会科学，(9)：

14-21.
孙凤莲 . 2012. 农业基础设施建设现状分析及对策探讨 [J] . 北京农业，(27)：141.
孙瑞玲 . 2008. 现代农业建设的现状、制约瓶颈及其出路探析 [J] . 农业经济，(8)：81-83.
陶黎新 . 2004. 我国生物资源的可持续利用 [J] . 内蒙古科技与经济，(4)：65-66.
腾艳莉，丁德会 . 2010. 认清新形势把握新机遇牢记新使命跟随现代化大农业的步伐创建农业现代化 [C] //哈尔滨：黑龙江垦区现代化大农理论研讨会优秀论文集：5.
田家乐 . 2013. 新疆非政府性投资水利项目投融资模式研究 [D] . 乌鲁木齐：新疆农业大学 .
田瑾 . 2008. 多指标综合评价分析方法综述 [J] . 时代金融，(2)：25-27.
田鹏 . 2008. 生态足迹法评价水工程环境效应探析 [D] . 咸阳：西北农林科技大学 .
田倩 . 2021. 天津市农业废弃物资源化利用研究 [D] . 天津：天津农学院 .
田燕 . 2016. 可持续发展与环境艺术设计的关系 [J] . 山海经，(1)：168.
田源 . 2009. 干旱区典型绿洲空间热环境遥感研究 [D] . 乌鲁木齐：新疆大学 .
万素梅，胡建宏，王龙昌，等 . 2004. 不同紫花苜蓿品种特性分析 [J] . 干旱地区农业研究，22 (2)：59-62.
汪希成，王慧敏 . 2006. 绿洲农业的市场环境分析 [J] . 甘肃农业，(1)：93.
王德忠，孙永强 . 2004. 绿洲农业结构调整的问题探讨 [J] . 干旱区地理，(3)：447-450.
王红 . 2013. 绿洲城镇化与水土资源利用效益协调度分析：以武威市为例 [D] . 兰州：西北师范大学 .
王剑，严宝杰，李华，等 . 2008. 土地资源优化配置与区域公路网建设规模 [J] . 长安大学学报（社会科学版），(3)：34-38.
王菊翠，曹明明 . 2003. 二十一世纪西北地区水资源合理开发利用研究 [J] . 干旱区资源与环境，(3)：70-74.
王立明 . 2014. 科技进步与可持续发展 [J] . 青海科技，(6)：18.
王龙昌 . 2003. 旱区农业发展热点透视 [J] . 世界农业，(3)：7-9.
王龙昌，马林，赵惠青，等 . 2004. 国内外旱区农作制度研究进展与趋势 [J] . 干旱地区农业研究，(2)：188-193，199.
王龙昌，谢小玉，杨瑞吉，等 . 2006. 论西部地区现代农作制度发展模式与对策 [J] . 西南农业大学学报（社会科学版），(4)：127-131.
王宁庚，左忠，潘占兵 . 2016. 宁夏引黄灌区农田防护林网胁地情况调查研究 [J] . 宁夏农林科技，57 (11)：22-25，2.
王农 . 2006. 地下水过量开采对绿洲水文生态系统的影响研究 [D] . 重庆：西南大学 .
王锐 . 2009. 提高垂直潜流人工湿地氨氮去除效果的技术研究 [D] . 北京：北京化工大学 .
王锐，谢恺 . 2020. 炮位侦校雷达模拟训练考核评估系统研究 [J] . 现代雷达，42 (9)：17-20.
王绍玉，唐桂娟 . 2010. 汶川地震堰塞湖地区水安全综合评价 [J] . 四川大学学报（工程科学版），(201)：76-81.
王士武，陈雪，郑世宗 . 2006. 水资源合理配置诠释 [J] . 浙江水利科技，(3)：54-55，59.
王卫红，赵劲松 . 2001. 生态系统服务功能的保护与可持续发展 [J] . 科技情报开发与经济，(2)：73-74，76.

王炜，柴宗文，岳云 . 2013. 甘肃发展现代农业的研究［J］. 甘肃农业，(7)：43-46.
王曦，张含 . 2010. 城市非建设用地生态功能区划研究：以松华坝水源保护区为例［J］. 现代城市研究，(11)：37-43.
王亚俊，米尼热 . 2000. 中国绿洲研究回顾［J］. 干旱区资源与环境，(3)：92-96.
王占峰，刘丹，何一峰 . 2007. 商业银行“多维度风险管理”［J］. 金融研究，(6)：63-68.
王正宇 . 2007. 发展现代农业与农业现代化［J］. 商场现代化，(26)：202-203.
王志娟 . 2008. 综合评价方法的评述［J］. 现代商业，(3)：147-148.
韦凤琴 . 2010. 绿洲现代农业发展模式研究［D］. 石河子：石河子大学 .
魏洁麟 . 2010. 啤酒花中黄腐酚的提取分离及胶囊的研制［D］. 乌鲁木齐：新疆农业大学 .
魏岚 . 2008. 走农业现代化道路发展现代农业［J］. 现代农业，(4)：53-54.
魏书威，郭映岚，卫天杰，等 . 2021. 绿洲乡村地名文化景观的分布特征、成因分析及现实启示——以民勤绿洲为例［J］. 新疆师范大学学报（自然科学版），40（2）：22-28.
魏腾展，查菲，黄河，等 . 2013. 大学生创业基础课教学效果评价研究［J］. 中国科教创新导刊，(23)：16-17.
魏巍，张晓莉，李万明 . 2012. 新疆绿洲农业技术进步模式创新研究［J］. 农业经济，(9)：23-24.
魏志远 . 2003. 新疆生产建设兵团绿洲生态农业实验室［J］. 中国基础科学，(3)：72-74.
翁中银，李维庆，李永鑫 . 2015. 成都市生态环境质量评价［J］. 地理空间信息，13（4）：11-13.
乌仁花尔 . 2010. “3S”技术在草地资源调查中的应用——以内蒙古四子王旗为例［D］. 呼和浩特：内蒙古农业大学 .
吴大旬，陈延安，张琦 . 2011. 近年新获吐鲁番出土文献概述［J］. 贵州民族学院学报（哲学社会科学版），(6)：39-44.
吴淑梅，刘伟 . 2007. 区域土地利用结构优化模型应用现状［J］. 资源与产业，(1)：77-80.
吴燕芳 . 2011. 干旱绿洲县域土地利用分区研究：以民乐县为例［D］. 兰州：西北师范大学 .
伍光和，张英 . 2000. 中国绿洲地域系统研究［J］. 干旱区资源与环境，(3)：1-10.
夏月琴 . 2011. 新疆绿洲生态农业的规模、结构和效益研究［D］. 石河子：石河子大学 .
肖自立 . 2017. 民勤县绿洲农业结构调整对策研究［D］. 兰州：兰州大学 .
谢芳 . 2011. 兵团绿洲现代农业发展模式研究［D］. 石河子：石河子大学 .
谢双红 . 2005. 北方牧区草畜平衡与草原管理研究［D］. 北京：中国农业科学院 .
熊必军 . 2011. 制度分析对研究中国特色政党制度的启示［J］. 广东省社会主义学院学报，(4)：41-45.
徐伟巍 . 2008. 赊销客户信用评价与管理方法研究［D］. 武汉：武汉理工大学 .
许锦英 . 1998. 现代化农业与可持续农业［J］. 发展论坛，(10)：47-48.
薛达元 . 2006. 我国生物物种资源受到严重威胁［J］. 复印报刊资料（经济政策信息），(14)：27-28.
严弋 . 2008. 人工湿地系统处理干旱区农村生活污水的应用研究［D］. 北京：北京化工大学 .
杨发相，付强，穆桂金，等 . 2007. 中国绿洲区划探讨［J］. 干旱区研究，(5)：569-573.
杨封科，何宝林，高世铭 . 2015. 气候变化对甘肃省粮食生产的影响研究进展［J］. 应用生态学报，26（3）：930-938.
杨海霞 . 2005. 宁夏草原围栏对退化草场与野生甘草资源恢复的影响［D］. 北京：中国农业大学 .

杨敬宇 . 2011. 甘肃区域特色农业现代化政策研究：基于现代生态农业的视角［D］. 兰州：兰州大学 .
杨开忠，杨咏，陈洁 . 2000. 生态足迹分析理论与方法［J］. 地球科学进展，(6)：630-636.
杨苏磊 . 2011. 如何理解马克思关于“宗教是人民的鸦片”的论断［J］. 胜利油田党校学报，24（3）：76-77.
杨晓民，杨稼琳 . 2018. 小麦超高产栽培技术［J］. 乡村科技，(5)：83-85.
杨亚东 . 2023. 筑牢乡村振兴的农业自然资源区划基础［J］. 中国发展观察，(2)：32-35.
杨正忠，徐昔保，李景宜，等 . 2023. 生态系统服务流研究进展与展望［J］. 生态与农村环境学报，39（7）：827-838.
杨枝煌 . 2020. 中美经贸关系 70 年的基本图景和未来展望［J］. 成都行政学院学报，(1)：40-47.
姚林杰，张佳宁，张恒瑞，等 . 2023. 基于生态足迹的内蒙古自然资源可持续利用分析［J］. 生态环境学报，32（8）：1525-1536.
姚玉璧，刘吉宁，张民，等 . 2020. 气候变化对河西绿洲农业的影响及对策［J］. 生态环境学报，29（8）：1499-1506.
易中懿 . 2022. 科学谋划农业资源高效利用路径［J］. 群众，(20)：49-50.
尹剑慧，卢欣石 . 2009. 草原生态服务价值核算体系构建研究［J］. 草地学报，17（2）：174-180.
雍会 . 2011. 农业开发对塔里木河流域水资源利用影响及对策研究［D］. 石河子：石河子大学 .
于金媛 . 2009. 基于生态足迹理论的西藏土地资源可持续利用研究［D］. 重庆：西南大学 .
于琳 . 2006. 新疆绿洲生态经济系统可持续发展研究［D］. 重庆：西南大学 .
于美玲 . 2010. 20 个红花品种的耐盐生理及农艺性状的综合评价［D］. 新乡：河南师范大学 .
俞艳芳 . 2015. 浅谈皋兰县蔬菜产业发展现状与存在的问题［J］. 甘肃农业，(20)：14-15，17.
张宝秀，熊黑钢，徐长春 . 2008. 新疆于田绿洲生态弹性度与景观环境分析［J］. 水土保持研究，15（6）：112-114.
张春燕，范小冬，孔文强，等 . 2019. 抗抑郁新制剂复方佛手口服液研究概况［J］. 中国药业，28（21）：95-96.
张凤华，赖先齐，潘旭东 . 2004. 沙漠增温效应特征及绿洲农业热量资源分异规律的研究［J］. 中国沙漠，24（6）：751-754.
张凤华，赖先齐 . 2003. 西北干旱区内陆绿洲农业特征及发展认识［J］. 干旱区资源与环境，(4)：19-23.
张凤华 . 2004. 玛纳斯河流域绿洲农业生态系统演替及可持续发展研究［D］. 北京：中国农业大学 .
张刚 . 2022. 典型干旱地区水土流失特征及防治对策——以巴里坤县为例［J］. 现代农业科技，(4)：181-186.
张国庆 . 2008. 乌兰布和沙漠人工绿洲土壤动态变化及稳定性研究［D］. 杨凌：西北农林科技大学 .
张国卫 . 2007. 基于生态足迹的内蒙古自治区可持续发展评价［D］. 呼和浩特：内蒙古农业大学 .
张建龙，张军民 . 2006. 气候变化对未来绿洲发展的影响及对策研究［J］. 石河子大学学报（自然科学版），(3)：285-289.
张杰，周哲，任朝霞，等 . 2000. 在石河子垦区发展精确农业的战略构思［J］. 石河子科技，(4)：1-3.
张静，薛白，寇江 . 2015. 陕西省农业发展中的金融支持［J］. 商，(36)：202.

张雷．2014. 投入产出指数（IOP）核算理论与推导［J］．中外企业家，（3）：3-4.
张立中，辛国昌．2013. 农牧结合型草原畜牧业发展模式探索——以新疆为例［J］．科技和产业，13（11）：72-76，80.
张前兵．2013. 干旱区不同管理措施下绿洲棉田土壤呼吸及碳平衡研究［D］．石河子：石河子大学．
张强，胡隐樵．2002. 绿洲地理特征及其气候效应［J］．地球科学进展，（4）：477-486.
张薇．2014. 滨海盐碱土改良后水盐动态及理化性质的研究［D］．北京：北京林业大学．
张维祥，眭金娥，孙武，等．1992. 干旱内陆流域绿洲农业生态系统分析［J］．干旱地区农业研究，（1）：93-99.
张小盟．2005. 开放条件下的农业特征及发展策略［J］．农村经济，（12）：43-45.
张昕，朴金波．2001. 发挥森林武警作用，为西部开发做贡献［J］．森林防火，（3）：19-21.
张秀云，姚玉璧，杨金虎，等．2017. 中国西北气候变暖及其对农业的影响对策［J］．生态环境学报，26（9）：1514-1520.
张岩．2009. 海岛县主体功能区划研究［D］．大连：辽宁师范大学．
张永清，司建宁，何宝银．2002. 我国麻黄资源现状及开发利用对策探讨［J］．世界科学技术—中医药现代化，4（4）：63-68.
张勇勇，富利，赵文智，等．2017. 荒漠绿洲土壤优先流研究进展［J］．中国沙漠，37（6）：1189-1195.
张玉进，刘玉甫，吴健军，等．2004. 新疆水资源分布及绿洲水资源开发利用探讨［J］．水土保持研究，（3）：157-159.
赵虎基，乐锦华，李鲁华，等．1998. 园艺业在新疆绿洲建设中的作用与可操作性问题的探讨（综述）［J］．石河子大学学报（自然科学版），（3）：81-88.
赵洁．2006. 农村居民就业与农业可持续发展问题研究［D］．杨凌：西北农林科技大学．
赵娜．2008. 基于系统动力学的土地可持续利用研究：以垦利县为例［D］．南京：南京农业大学．
赵强．2006. 准噶尔盆地沙漠增温效应下绿洲热量资源分异规律的研究［D］．石河子：石河子大学．
赵翔宇．2007. 乌鲁木齐市土地资源优化配置研究［D］．乌鲁木齐：新疆农业大学．
赵新泉，彭勇行．2008. 管理决策分析［M］．北京：科学出版社．
赵毅，于立新．2011. 对新疆国债资金（天然草原退牧还草）建设项目实施效果的评析［J］．新疆畜牧业，（6）：43-45.
钟学娥．2016. 实地考察对思政课能力本位的项目化改革的意义思考——以延安实地考察为例［J］．课程教育研究，（9）：10-11.
周禾，陈佐忠，卢欣石．1999. 中国草地自然灾害及其防治对策［J］．中国草地，（2）：2-4，8.
周立三．1981. 农业区划问题的探讨［J］．地理科学，（1）：11-21.
朱乐斯·帕帕特．2021. 成本效益分析［J］．中国护理管理，21（7）：1078.
祝宏辉，杜美玲，尹小君．2022. 节水农业技术对绿洲农业生态效率的影响：促进还是抑制？——以新疆玛纳斯河流域绿洲农业为例［J］．干旱区资源与环境，36（10）：34-41.
Safavi H R，Esmikhani M. 2013. Conjunctive use of surface water and groundwater：Application of support vector machines（SVMs）and genetic algorithms［J］. Water Resources Management，27：2623-2644.